孙毓敏

《红娘》，孙毓敏饰红娘

《玉堂春》，孙毓敏饰苏三

《杜十娘》，孙毓敏饰杜十娘

《荀灌娘》，孙毓敏饰荀灌娘

《霍小玉》，孙毓敏饰霍小玉

《金玉奴》，孙毓敏饰金玉奴

《红楼二尤》，孙毓敏饰尤三姐

《勘玉钏》，孙毓敏饰韩玉姐

《狮吼记》，孙毓敏饰柳氏

《探母回令》，孙毓敏饰萧太后

《乌龙院》，孙毓敏饰阎惜娇

《白蛇传》，孙毓敏饰白素贞

《双玉缘》，孙毓敏饰袁玉梅

《蝴蝶杯》，孙毓敏饰胡凤莲

《宋宫奇冤》，孙毓敏饰李太后

《贾巫云》，孙毓敏饰贾巫云

《穆柯寨》，孙毓敏饰穆桂英

中国京昆艺术家传记丛书
谢柏梁　主编

毓秀钟灵　荀韵新声
——孙毓敏评传

李成伟　著

2015年·北京

图书在版编目(CIP)数据

毓秀钟灵　荀韵新声：孙毓敏评传 / 李成伟著. —北京：商务印书馆，2015
（中国京昆艺术家传记丛书）
ISBN 978-7-100-11136-2

I. ①毓… II. ①李… III. ①孙毓敏—评传 IV. ① K825.78

中国版本图书馆 CIP 数据核字（2015）第 050078 号

所有权利保留。
未经许可，不得以任何方式使用。

毓秀钟灵　荀韵新声
——孙毓敏评传
李成伟　著

商 务 印 书 馆 出 版
（北京王府井大街36号　邮政编码100710）
商 务 印 书 馆 发 行
三河市尚艺印装有限公司印刷
ISBN 978-7-100-11136-2

2015年8月第1版　　开本710×1000 1/16
2015年8月北京第1次印刷　印张17¼ 彩插8页

定价：50.00元

总　序

谢柏梁

一

　　在宇宙的浩瀚星空中，我们人类所居住的地球，无疑是最有灵性的星球之一。

　　人类作为地球的主人，其源远流长的创造与发展变化的历史，主要由各行各业的杰出人物来代表，各色各样的奋斗历程来体现。

　　在美丽地球的东方世界，在古老而又年轻的中国，历朝历代的历史大家们，一向以对各式各类人物事迹的记述与描摹为己任。我国的人物传记体裁丰富多样，大约可以分为纪传（皇家大事记）、文传（文学化传记）、史传（历史家所写人物传记）、志传（各地方志中所记载的本地人物传记）这四大类别。四类传记彼此发明，互为补充，构成了中国传记文化的多元谱系。

　　从左史记言、右史记事的专业化分工，到《左传》《国语》《战国策》式的整体氛围感的描述，最后由司马迁振臂一呼，以人物传记体为中心的宏伟《史记》横空出世。该书记载了我国上自传说中的黄帝时代，下至汉武帝元狩元年（前122）共三千多年的历史。概述历代帝王本末的十二本纪、记录诸侯国和汉代诸侯兴废的三十世家、描摹重要历史人物的七十列传，都使之成为号称"史家之绝唱，无韵之离骚"的中国历史上第一部纪传体通史。

　　在《史记》的《孔子世家》中所记的夹谷会盟中，孔夫子面对着"优倡侏儒为戏而前"，在严肃而又力图放松的外交场合下，做出了特别粗暴野蛮的极端化处置。这也是历代梨园子弟对孔子不够恭敬的原因。此后历代史书方志，都不同程度地涉及优伶们的言行事迹。

魏晋以降，文史两家由混成到分野，自一体而两适。文者重藻饰心曲，史家认材料事实，各臻其至，泾渭分明。隋唐而后，碑铭行传，五花八门，高手操觚，佳作如云。韩愈《祭十二郎文》情深委婉，柳宗元为慧能作碑文机趣横生。

北宋乐史作《太平寰宇记》，分地区而织入姓氏人物，因人物详及诗词、官职。"后来方志必列人物艺文者，其体皆始于史。"（《四库全书总目》）

太平世界，因人物而繁盛；梨园天地，赖优伶而生存。

美妙绝伦的中华戏曲艺术从唐代的梨园开始，至少存在了漫长的十个世纪。千百年以来，戏曲艺术一直在蓬勃兴旺地发展，成为中国人民雅俗共赏的朵朵奇葩、民族文化中不可忽视的重要部类、戏剧天地内中华文化的闪亮名片、国际社会审美天地中的东方奇观。

较早对优伶进行分类撰述的史书，是宋代大文学家欧阳修的《新五代史》。该书包含了分类列传四十五卷，这种分类列传的体例较有特色，其中就包括了《伶官传》。该传一向被人们所津津乐道。《五代史伶官传序》甚至还被收入中学教科书，内云："《书》曰：'满招损，谦受益。'忧劳可以兴国，逸豫可以亡身，自然之理也。故方其盛也，举天下豪杰，莫能与之争；及其衰也，数十伶人困之，而身死国灭，为天下笑。夫祸患常积于忽微，而智勇多困于所溺，岂独伶人也哉！"尽管欧阳修的本意是说祸患之起乃多方面的原因所累积爆发而成，但还是给表演艺术家们带来了较大的负面影响。

与东土中国的情形完全不同，西方世界中对于戏剧艺术家的看法与评价完全不一样。对以埃斯库罗斯、索福克勒斯、欧里庇得斯三大悲剧家和阿里斯托芬一大喜剧家为代表的古希腊戏剧家，对以莎士比亚、歌德、席勒等的西方戏剧界灿烂明星，西方人给予了无限崇敬和由衷热爱。

中晚清以来最早"睁开眼睛看世界"的中国人，是那些在西方世界出使、考察或者游学的官员士子。当他们观赏到西洋剧院建筑艺术之华美绝伦、内部装饰之金碧辉煌之后，不由得发出由衷的赞美，感叹西洋剧院其"规模壮阔逾于王宫"；特别是舞台上机关布景之生动逼真，变幻无穷，"令观者若身历其境，疑非人间"；至于西方的戏剧艺术家地位之高贵，更是令国人叹为观止，所谓"英俗演剧者为艺士，非如中国优伶之贱"，"优伶声价之重，直与王公争衡"！

人类的艺术天地，原本可以共同分享的。何以东西方对于戏剧艺术家的认同度与景仰度，相差之大犹若天壤之别呢？泱泱中华，文明古国，难道就没有有识之士站出来振臂一呼，为戏剧艺术家们说几句公道话吗？

二

江山代有才人出，是非终有识者论。

我国历史上对戏曲艺术家们首度给予全方位高度评价的文人，是元代的钟嗣成（约1279—约1360）。这位祖籍大梁（今河南开封）的人士，长期生活在素有天堂之称的杭州城。他先在杭州官学读书，师从邓文原、曹鉴、刘濩等名家宿儒，又与对戏曲有着共同爱好的赵良弼、屈恭之、刘宣子、李齐贤等人同窗攻书，其乐融融。有记载说，钟嗣成一度在江浙行省任掾史。他自己写过《寄情韩翊章台柳》《讥货赂鲁褒钱神论》《宴瑶池王母蟠桃会》《孝谏郑庄公》《韩信泜水斩陈馀》《汉高祖诈游云梦》《冯驩烧券》等七种杂剧，但不知为何皆已散佚。

真正使得钟嗣成开宗立派、名传青史的著作，还是其为中华民族有史以来第一代剧作家描容写心、传神存照、树碑立传的《录鬼簿》。

《录鬼簿》上卷分"前辈已死名公有乐府行于世者""方今名公""前辈已死名公才人有所编传奇行于世者"三类。这三类名公才人之情形，乃其友陆仲良从"克斋吴公"处辗转所得，故"未尽其详"。下卷分"方今已亡名公才人余相知者为之作传，以【凌波曲】吊之""已死才人不相知者""方今才人相知者，纪姓名行实并所编""方今才人闻名而不相知者"四类。这上下两卷书大体依据时代之先后加以排列，一共记述了一百五十二位元杂剧及散曲作家的基本情况，同时也记录了四百余种剧目。

我很欣赏钟嗣成的"不死之鬼"说。在他看来,天地开辟,亘古及今,自有不死之鬼在,何则?圣贤之君臣,忠孝之士子,小善大功,著在方册者,日月炳焕,山川流峙,及乎千万劫无穷已,是则虽鬼而不鬼者也。

不死之鬼,是为不朽之神或曰永恒之圣。在钟氏的神圣谱系中,那些门第卑微、职位不振的剧作家,那些高才博识、俱有可录梨园才人,都值得传其本末,叙其姓名,述其所作,吊以乐章,使之名传青史,彪炳千秋,泽及后世。

因此,写作《录鬼簿》更为重要而直接的意义,还在于其对后学的直接指导和充分激励。"冀乎初学之士,刻意词章,使冰寒于水,青胜于蓝,则亦幸矣。名之曰录鬼簿",唯其如此,则杂剧戏文创作之道,才可能被一代代年轻的才人们所自觉自愿地衣钵相传,推陈出新,生生不已,得到更加健康的发展。

元杂剧作为中国戏剧史上第一个黄金时代,需要有人进行认真的归纳和总结。从此意义上言,钟嗣成在中国的地位,因为其成书于至顺元年(1330)的《录鬼簿》之横空出世,甚至可以与西方的大学问家亚里士多德等人的《诗学》等书相提并论。

有明一代,在贾仲明所增补的天一阁蓝格钞本《录鬼簿》之后,又附有约成书于洪熙(1378—1425)、宣德(1425—1435)年间的《录鬼簿续编》一卷。该书直接受到《录鬼簿》的影响,以相同的体例记述了元、明之间一些戏曲家、散曲家的大致事迹,接续前贤,踵事增华,令人欣慰。

自兹之后,从总体上对于当代戏曲作家进行专门记载和研究的著作,从明清两代以至中华民国,皆未得见。中华人民共和国成立以来,王安奎的《当代戏曲作家论》和谢柏梁的《中国当代戏曲文学史》等相应的专著,都属于《录鬼簿》的悠远传统在新时代的传承、示范和发展。

三

与《录鬼簿》蔚为双璧的元代重要戏曲典籍,是生于元延祐年间、卒于明初的华亭（今上海松江）人夏庭芝所撰的《青楼集》。前者论作家，后者集演员，正好勾勒出元代戏曲艺术家中两个最为重要部类的旖旎景观和绰约风采。

《青楼集》成书于元至正乙未十五年（1355），该书记述了从元大都到山东、从湖广武昌到金陵、淮扬以及江浙其他地方的歌妓、艺人共一百一十余人的简约事迹。这些女演员各自身怀绝技，有的在杂剧、院本、诸宫调方面负有盛名，有的在嘌唱、乐器和舞蹈等项目上造诣颇深。有的演员如珠帘秀的弟子赛帘秀在双目失明之后，依然能在舞台上正常表演，"出门入户，步线行针，不差毫发"，脚步地位，规范犹在，这是多么高深的艺术造诣！

也正是因为她们的色艺双绝，声名鹊起，所以才引起了社会各界的热切关注和诸多应酬往还。书中除了记载与她们有过合作关系的二十多位男伶之外，还记录了她们与诸多文人士子的深厚交情。甚至连达官贵人、明公士大夫五十多人，都与这些女演员有着广泛交往。《青楼集》作为第一部简练而系统的表演艺术家史传，对研究元代演剧、表演艺术、演员行迹与时代风尚等，都具有非常重要的史料价值和文化意义。

与明清以来关于戏曲剧作家的记录相对寂寥的研究局面不一样，类似明代潘之恒《鸾啸小品》之类关于演员与表演艺术的文献，相对较多。表演艺术家们的优美声容及其较大的社会影响力，使之留下了较多的关注和充盈的记载。

清代的演员记录蔚为大观。《清代燕都梨园史料》中所收录的《燕兰小谱》《日下看花记》等几十种书目中，都对演员予以了主体性的关注。如小铁笛道人序其做传源起云：

> 唐有雅乐部。宋时院本始标花旦之名，南北部恒参用之。每部多不过四三人而已。有明肇始昆腔，洋洋盈耳。而弋阳、梆子、琴、柳各腔，南北繁会，笙磬同音，歌咏升平，伶工荟萃，莫盛于京华。往者，六大班旗鼓相当，名优云集，一时称盛。嗣自川派擅场，蹈跷竞胜，坠髻争妍，如火如荼，目不暇给，风气一新。迩来徽部迭兴，踵事增华，人浮于剧，联络五方之音，合为一致，舞衣歌扇，风调又非卅年前矣。……录成一稿，名之曰《日

下看花记》。梨园月旦，花国董狐，盖其慎哉。余别有《杨柳春词》一册，备载芳名，以志网罗无俾遗珠之叹。凡不登斯录者，毋怼予为寡情也。噫！

这段序言，既有史识在，又见人情浓，令人为之莞尔首肯。

近代以来，出版业的发达与报刊传媒业的勃兴，又使得关于演员的记载、评选和评论蔚为大观。例如王芷章（1903—1982）的《清代伶官传》（中华书局1936年版）辑录清代曾在宫廷内当差演剧的"内廷供奉"演员、乐师及检场、衣箱等人的小传；由徐慕云编著的《中国戏剧史》（上海世界书局1938年版）卷一专列《古今优伶戏曲史》，采用编年体形式，以研究家的眼光，纵述自先秦以来直到中华民国戏曲演员的大的历史线索与知名演员，颇具史家眼光。

近些年来，北京学者孙崇涛、徐宏图等人合著的《戏曲优伶史》（文化艺术出版社1990年版）和上海学者谭帆的《优伶史》（上海文艺出版社1995年版）先后问世，这都是关于中国历代戏曲演员事迹的研究著作。

本套"中国京昆艺术家传记丛书"所收人物的时间跨度，大抵在中华民国和中华人民共和国期间。某些独传与合传之人物，也可以上溯到明清两代。

四

中华人民共和国成立以来，戏剧艺术家的社会地位得到了前所未有的提高。在全国政协委员和全国人大代表的席位中，戏剧家特别是戏曲表演艺术家都占有一定的名额。

与此同时，关于戏曲表演艺术家的各种传记资料更加繁盛。最负盛名的自传性著作，是梅兰芳的《舞台生活四十年》。关于盖叫天的《粉墨春秋》，也激励过业内外的诸多读者。

20世纪末以来，关于戏曲艺术家的传记蔚为大观。诸如河北教育出版社、中国戏剧出版社、中国青年出版社、文化艺术出版社等多家单位，都出版过不少戏曲家传记。

　　有鉴于目前出版的一些戏曲家传记，还存在着收录偏少、体例不全的遗憾。随着新资料的发现，新人物的涌现，社会各界迫切需要一套相对系统完整的戏曲人物传记资料。这既是对于钟嗣成、夏庭芝等人开拓曲家与伶人传记之风的现代传承，也是在国学与民族艺术学越来越受到全民重视的前提之下，从戏曲艺术家传记方面所做出的积极呼应。

　　在中国已经崛起为世界第二大经济体的今天，在中国商品出口多、文化输出少的不相称的背景下，在国际社会与世界戏剧界关于中国民族戏剧的热切关注下，一部系统的中国戏曲家传记丛书呼之欲出。

　　作为中国戏曲人才培养与学术研究的最高学府，中国戏曲学院理所当然地担当起编纂中国戏曲艺术家传记丛书的重任。而且今天的戏曲艺术家丛书，既包括了演员与编剧，也不会遗漏著名的戏曲音乐家和舞美设计家等不同专业的代表人物。

　　中国戏曲学院的表导音舞美等不同系科，都对本专业的佼佼者了如指掌。在教师、研究生和本科生三结合的编纂模式下，在文献资料收集、当事人采访调查、专辑文本写作修改等较为漫长的过程中，学院都有着较为雄厚的人才基础。有道是铁打的校园流水的学生，也只有学院才能一直具备较为丰富而新鲜的专业化人力资源。

　　从2009年发端，在北京市财政局的大力支持下，在北京市教育委员会的慧眼关照下，在中国戏曲学院领导与师生的有效指导与大力参与下，在社会各界贤达众人相帮、共襄盛举的高尚姿态下，中国戏曲艺术家丛书中的"中国京昆艺术家传记丛书"终于正式立项，并从2010年开始，由上海古籍出版社、上海人民出版社、商务印书馆、中国文史出版社等相关出版社共同推出百种传记。目前本丛书的出版计划已经实现过半，近五年当可出齐一百部。

　　从2015年发端，在中国戏曲学院和中国文联出版社的共同努力下，在中国口头与非物质文化遗产戏剧传承人的前提限定下，关于地方戏曲艺术家的传记丛书也正式拉开了编写出版的大幕，评传工程将向着越剧、黄梅戏和豫剧、粤剧等各地地方戏的领军人物们华丽转型，持续推进。

积之以时日，继之以心力，伴随着梨园界各方贤达和海内外各界有识之士的支持，中国戏曲艺术家的系列评传，就一定能够在太平盛世当中积少成多，聚沙成塔，共同托举出中华文化中戏曲艺术家的辉煌群像。

五

"中国京昆艺术家传记丛书"已经出版的三十二种传记和即将推出的二十八种传记，已经构成了有史以来最成规模的京昆人物传记丛书。

昆曲，既是京剧之前最具备代表意义的"前国剧"，又是戏曲剧本文学性较强、表演艺术趋于典范精美的大剧种，还是2002年起首批被联合国教科文组织列入"人类口头与非物质文化遗产"名录、具备较大国际影响的古典型剧种。

从1917年开始，吴梅先生在北大开辟了戏曲教学的先例。在他的指导、启发和参与下，由上海的实业家穆藕初赞助，昆曲传字辈在苏州正式开班。涉非如此，兰苑遗音，古典仙音，险些儿做"广陵散"，斯人去矣，芳踪难寻。至于北昆的韩世昌、白云生等人，也都是正式拜过吴梅先生的嫡传徒弟。这些人，这些事，不可不写，不可不传。

京剧，被公认为中国戏曲最具备代表性的剧种，海内外的不少人索性将其称之为国剧，也能得到社会大众的认同。京剧表演艺术家，流派纷呈，各呈其盛，具备非常广泛的群众基础，在世界各国也都具备较高的知名度。这些角儿，这些流派，不可不述，不可不歌。

因此，昆曲类传记中，首先推出的是近代戏曲学术大师吴梅、昆曲表演大师俞振飞和素负盛名的"传"字辈老艺人；京剧类传记中，梅尚程荀等"四大名旦"的传记当然也会名列前茅。王卫民、唐葆祥和李伶伶等戏曲传记方家，给了我们莫大的支持，在此致以衷心谢忱。

细心的读者，很快将会发现，在本套丛书中，既有世所公认的戏曲界名家大师，也有正处在发展过程中的正当胜年的代表人物。或许有人要问：既然曰传，树碑立传，盖棺才能论定，中年才俊尚处于发展过程之中，缘何仓促为之写传？

此问有理，但又不全正确。须知任何一时代较有影响的人物，首先是被同时代的人们所热爱。举例说来，于魁智、李胜素和张火丁等人都还处在发展前进的艺术路上，可是他们也确实拥有大量的观众群。那些忠实的粉丝，迫切需要知道他们心中偶像的更多情形。那么，为同时代人们的戏曲界偶像树碑立传，实属必要。再比方今天我们的诸多梅兰芳传记，实际上更多的是具备历史文献的意义，因为现存的大部分观众，再也无缘得睹梅大师演出的现场风采了。

更有甚者，我们与《中国京剧》杂志的朋友们，老是在计划某月某日去采访某一位德高望重的艺术家。可是当我们如期去实地采访时，常常会发现老人家年事已高，对于昔日的风采与精彩的艺术，已经很难清楚地加以表述了。英雄暮年，情何以堪？

至于有时候看到讣告上的名家，原本已经列入我们要拜访的日程表，但是拜访者尚未成行，受访者却已驾鹤，远行至另外一个遥远而不可即的世界！天壤永隔，沟通万难，那就更属于永远的遗憾了。

有鉴于此，我们提倡两次写传法或曰多次写传法。此次先写名家的壮年时期，未来再补足传主的晚年事迹，这样的传记，也许更加齐备可靠一些。必要年老而可写，若等盖棺而论定，但后人对前辈艺术家知之甚少，叙之渺渺，称之信史，恐难采信。

评传的生命力所在，正在于其讲述一个个真实的故事，演示一出出人生的大戏。但是如何讲好故事，怎样使得故事讲得精彩动人，令人读后余香满口，味道袭人，实属不易。《史通》说："夫史之称美者，以叙事为先。至若书功过，记善恶，文而不丽，质而非野，使人味其滋旨，怀其德音，三复忘返，百遍无致。"

戏曲艺术家们在舞台上创造了富于美感的各色人物形象，但在生活中还是一位凡人，或者说往往更是一位烦恼颇多的凡人。如何使得生活中的凡人和舞台上具备各色美感的佳人才子、贤士高官、英雄豪杰和其他各色人等有机地对接起来，更是亟须在传记写作过程中不断探索的难关。

传记包括家族身世、教育承传、艺术人生和舞台创造等部分，也酌选精彩而有历史价值的照片，以期图文并茂，赏心悦目。评传强调文献记载、口述历史与适度评述相结合。附录包括大事年表、研究篇目等。每位传主的评传大约二十万字，俱以单行本方式出版印行。至于清代伶官传和昆曲传字辈等一些合传，丛书也予以了部分收纳。

本套丛书所收人物的时间跨度，尽管曾经上溯到同光十三绝时期，但总体上还是聚焦于20世纪初叶到21世纪初叶的百年之间。百年之间，风云变幻，梨园天地，名家辈出。区区一套丛书，尽管编者力图使之相对完整系统一些，但挂一漏万、沧海遗珠的现象，还是会在所尽有。即便收入本丛书中的名家大师，由于多侧面历史的诸多误会以及材料的相对匮乏，由于诸多热情有余、经验不足的年轻人的参与，错讹之处，在所难免。尚求方家不吝指正，遂使学问一道，有所长进；梨园群星，光芒璀璨。这也正好呼应了马克思的人物传记理想，那就是写人物应当从感情气势上具备"强烈色彩""栩栩如生"，力求达到恩格斯关于人物形象应当"光芒夺目"的审美理想。

尽管为梨园界的艺术家们作传，从理论上看厥功甚伟，但是要做好任何事情常常会举步维艰。甚至梨园界的一些同人乃至某些传主的家属学生，也都会存在着不一定一致的想法。尽管前路漫漫，云雾遮蔽，甚至常常会峰回路转，坎坷难行，但是坚定的追求者和行路人还是会历经千辛万苦，抹去一路风尘，汇聚文章锦绣，迎来晨曦微明。

彼时彼刻，仰望戏曲艺术的长天之上，那一颗颗晶莹的晨星正在深情地闪烁着动人的光华。晨钟暮鼓响起，无限芳馨远播，那正是全体传记写作人和得以分享传记的读书人，以及关心本套丛书的戏迷和社会各界朋友们的无量福音。

2013 年 12 月 25 日

序　言

李佩伦

6月19日，我参加了四卷本《孙毓敏随笔集锦》学术研讨会。会议原指定我为重点发言，因时间关系迫降为即兴发言，终于意犹未尽，笑而止于不当止。

偶闻会上有人谈及"随笔"与"学术"二词，我的发言便以此而入题。

随笔之随者，发于性情，随心所欲，俱道所怀，百无遮拦。而笔者，正是史家的行文恪守的金箴，不二规臬，"笔则笔，削则削"。即尊重历史，守护良知，敢于褒贬，勇于扬弃。当爱则爱，当恨则恨，笔底无媚态，无虚文。古人云：随心所欲不逾矩。矩者，即原则、规范。即客观法则对主观意欲给予制衡。矩者，就是做人原则、著文规范。可见随笔并非完全是置身小楼一统，耕耘小我天地，应是笔随我意，不回避诸多人生命题。

随笔不仅是一种散文体制，也是一种内在的文品特征。以此二重标准阅读、评价的四卷本《孙毓敏随笔集锦》，才会深入表里，独具只眼，才不至于流于泛泛空谈，人云亦云。这次研讨会大多言及一个"真"字。我以为评人论著，这《孙毓敏随笔集锦》四卷绝非一个"真"字了得。

毓敏老师对这次会议以"学术研讨会"命名，尚有所保留，而乐于用"专家座谈会"。这是可贵的谦虚品格。我在会上作了正名。学，是学问、学识，有理论价值。术，是手段、技艺，有实践价值。学乃形而上，术乃形而下。若论戏曲艺术，简言之，戏曲美学归于"学"，唱念做打归于"术"。"学"以"术"为依托，"术"以"学"为指归。当今戏曲界，所谓学者多是有学而乏术，演员多是有术而学浅。为此，我们呼唤新时代的阿甲、张庚、汪笑侬、梅兰芳。

孙毓敏是位学以专、术以精，案头舞台两擅的京剧表演艺术家。十四本专著及其舞台成就，便合成了一个有学有术的京剧人。知人论世，执着两端，定名为"学术研讨会"，当是名实相符，并无僭越。

归来，兴犹未尽，当晚，便捉笔为《毓秀钟灵　荀韵新声——孙毓敏评传》作序。

我于6月2日晚九时余，得毓敏老师电话，嘱我为其传记作序。她赞我文笔不俗云云，如此鼓励，我诚惶诚恐。尽管我正忙于我创作的三十六集电视剧剧本《马连良》（2013年获得第二届全国少数民族题材"电视剧优秀剧本奖"第一名）的筹拍工作，却还是一口答应下来。6月12日，收到作者李成伟的《毓秀钟灵荀韵新声——孙毓敏评传》打印稿。几天来挤时间认真阅读，感而动心，思而志凝，才有了今天会上未了的发言，才有了今天笔底不尽的感怀。

著名表演艺术家孙毓敏，其人其事，闻之于言传，见之于践履，会意之于其笔下自白，激赏于其红氍毹上的唱念做舞。从这本传记中，更见其许多未知的人生表里。

友人孙毓敏的这本个人传记，把光明与黑暗交织出的寸寸往昔光阴，用语言建构为帧帧画面，折射出社会的雨雪阴晴、人性的善恶美丑，供人回眸，供人沉吟。那是一段浸透着血泪，浮动着啼笑，高扬着不屈头颅，行进着歪斜步履的生命的轨迹。近似绞刑架下的放歌，令人无语；活泼泼地戴着镣铐跳舞，令人沉思；因寻觅人生的真谛而苦闷，令人心碎；因迎接丽日中天而喜悦、而奋起，令人心醉。

从孙毓敏个人传记中可以得出这样的结论：一个人虽被卷入历史的旋涡中，但坚守自我，志不被沉沦牵引，情不被欲望裹挟，信仰不与权力换位，理想不向金钱叩首，面对种种世间事而淡定从容，见怪不怪。自然能以心中之目，洞穿无限；在困惑中，以目中之心，了悟百劫而不颓唐。实至荣归，依旧不失做人身段的定力。

毓敏身世坎坷，绝境是她生存的常境。暗淡的童年，心底总是浸透着苦涩。她寻寻觅觅，在无望中酿造着丝丝光影。沉重的青春，总在希望的门槛上跌出。

序　言

心身两损，却是悲情化育出了一个倔强的灵魂。

当我们在台下看到她那娇娆的脚步，难以想象那残肢，怎样再为京剧艺术的发展而挣扎。

当我们为她真诚的笑而动容，谁知这笑的深处曾淤积了多少难挨的悲愁与屈辱。

当我们聆听到她的快人快语，那是一道道人性与知性的闪光。谁又知道有多少光阴，在她伏案阅读掩卷沉思中，轻轻滑过。

当我们捧读她化为铅字的心语，或慷慨陈词，或娓娓道来，或痴情褒赞，或无畏针砭，一时若相对而坐，香茗在握，一时若风雨交加，彼此挺然而立。一言以蔽之，这长文或短章都是她生命的放歌，人格的具象。

文如其人，话如其人。然而，孙毓敏的"艺"非如其人，所饰演舞台众生，尽显人物的万千色相。相隔中的相近，相似中的相远，台下依旧是孙毓敏，台上则变幻莫测，让观众产生熟悉又陌生的艺术享受。

孙毓敏拜于荀门，荀慧生大师识才爱才，引领她登堂入室，尽获荀派宝藏。恰应了金代诗人元好问《论诗三十首》所云："眼处心生句自神，暗中摸索总非真。"若将"句"字改为"艺"字，则贴切孙毓敏的从师之道。

有人入而不出，驻足于门墙之内，必是袭貌而失魂，点滴所得，难获神韵。有人浅尝辄止，只是皮毛相似，止步于自许，失去根底，何来花满枝头？有人已是尽学，墨守规范，不越雷池半步，失去自我，只是大师的身影。有人则是学而通，通而化，不仅占尽荀门风光，且能开拓荀门新境。孙毓敏当属于后者。

身残志坚的孙毓敏，更为荀师归去，荀魂不失，为培养诸多荀门后人，用尽心机。在慧生师的大纛之下，百余才俊云集。不只荀派花开京剧艺苑之中，更让花种播撒到其他剧种的沃土上。荀派艺术之美，在众多剧种中获得了别样生机。

艺术的创造是自我的，艺术的传承是无我的。自我，在于刻苦求进，不愧为名师之后；无我，则是只为了心中的艺术，不是为了艺术中的自己，甘为人梯，培养后人。

孙毓敏可贵之处，是她不自恋于我是荀派传人，而是钟情于我为荀派树人，为京剧事业从夕阳到朝阳的新轮回奉献终生。

倘有事业意识,当浓缩自我,不计个人得失荣辱。倘只是职业追求,则膨胀自我,唯图一己虚名实利。事业乎?职业乎?视力所及,一望便可看穿。孙毓敏当属前者,她为人师、办学校、传道艺、敬前贤,种种作为尽在大家耳目之中。故我又称她是京剧事业家。

孙毓敏不只搬演、新演荀慧生大师的骨子戏,而且还创作、改编了许多新的荀派剧目。剧目是支撑着戏剧大厦的梁柱,并通过演员的舞台创作成为某一剧种、某一流派审美特质的最集中的最生动的立体显示。有思想的戏剧演员都知道,旧剧目是看家戏,新剧目是发家戏。流派要继往开来,不致沦为断港绝河,必须为新剧目的创编投入精力。新的剧目,为流派艺术拓宽了空间,打开了视野。通过新题材的开掘,新角色的创造,为流派注入了新鲜血液,激活了新的生机,找到了新的亮点。这是流派生存与发展的根本条件。孙毓敏对创造荀派新剧目的痴情、执着,正是源于她的艺术远见及作为荀派传人的孝子之心。

在京剧圈内,京剧表演与文学创作二者兼擅的不多。孙毓敏凭着十四本专著的刊梓入世,称之为丰产作家并不为过。她却自称"业余"一类,应是过谦。

她的作品基本上是她的台下生命之路,台上生命之路的写实。两条路多有交叉,她把两个生存空间又不时叠印在一起,让我们看到了一个不会表演、坚守本色的生活中的孙毓敏和一个最擅表演、创造多样人格的舞台上的孙毓敏。前者有着生活中做人的色调的单纯性。后者有着舞台上人物创造的色调的多样性。二者相辅相成,基于她做人、从艺的可贵的道德看守。有些演员因不断在台上虚拟自我,积久成疾,结果失落本真。台下的孙毓敏依旧是不加雕饰的、本色的"这一个"。

她的著述,文道相偕,情理相融,从不以游戏文字游戏人生。她敢于担当,笔触深入事象,真情不掩,刚柔并济。读其文章,仿佛在听她从容地一一道来,不故设语言障碍,不卖弄梨园套话。她不求文字奇,唯求入人心。不少文章读来轻爽爽,掩卷思之,时常心底沉甸甸。

当今文坛,一片繁荣景象。坚持为时为事而作,以中国心,写中国事,发

序　言

出中国的声音，以正能量还馈于社会大众的作家很多。但也有不少人，咀嚼纯粹个人愁怨与愤懑，斜睨着目光寻找他定义下的不公与黑暗，发泄着对真善美的诅咒。孙老师的作品，是为凸显良知而作，进而使人品味良知。

她的文章题材，基本上是对舞台上下、菊苑内外的人与事的书写。由于她精通京剧三昧，熟悉中国戏曲文化生态，由于她的生活的起伏跌宕，对戏曲对人生往往有自己独特视角，独特感悟，独特开掘，不少凡人俗事，在她笔下能让人感受别样风味，令人思而得之。或是由此及彼，让人放眼开来；或是小中见大，浅中见深，引领读者跨上一重新境界。

孙老师的文章风格可用一个俗字加以概括。这个俗，是面向大众的通俗，而不是浅俗，庸俗，媚俗。读来毫不吃力，有到口即消的美感。古人说，寻常言语口头话，便是诗家绝妙辞。她的语言在通俗性方面显示风采。由于语言组合后的含水量少，含金量高，常让人去回味其中的妙语精思的美。

孙毓敏是个演员，由于社会的使命感，她笔下的文字可用"笼悲喜人生于形内，措甘苦菊苑于笔端"予以概括。

她那叩问现实的力作，当是许多历史碎片的筛选与组合。她对现实的关注，为这一段历史留下了实证。它作为某人、某些人群、某些领域的历史见证，或可成为一个国家、一个民族历史记忆的最可信、最生动、最有价值的文献。元代诗人刘因在《读史》诗中云："记录纷纷已失真，语言轻重在词臣。若将字字论心术，恐有无边受屈人。"孙老师的许多文章，不趋时，不唯上。在现实与历史的换位中，后人回首前尘，梳理史实史训，甄别史实真伪，孙老师的这些闲情偶记，野史逸闻，当是重要依据或参照。

20世纪意大利史学家克罗齐认为"一切历史都是当代史"，他这一观点的含义，是指历史要在现实精神中发酵，要在未来生活中复苏。孙老师笔下众多人物，众多事件，具有后人反观历史的认识价值，和矫正今人步履的一些疗救之效。

明代思想家李贽在《续焚书》卷一中云："世间有骨头人太少，有识人尤少，聪明人虽可喜，若不兼此二种，虽聪明亦徒然耳。"可谓鞭辟入里，足令人格塌陷者为之一惊。孙毓敏老师的聪明，表现为饱谙世事，痴心艺事，会尽人情，无意矫情，近于卓吾老的做人标准。

中国戏曲学院谢柏梁教授主编的"中国京昆艺术家传记丛书"，已完成几十余家。所见俱是精品。戏剧家柏梁先生，又作为日日必有诗作的诗人，这一项目的构思与启动，的确显示了一种颇富想象力的诗人气质。这一工程对艺术家的艺术与人生给予总结，为中国戏曲的继承与发展，为戏曲后来人的做人从艺留下了宝贵财富。我本人也承担了四大坤旦之一的雪艳琴的评传。如今在他策划指导下，著名荀派传人、表演艺术家孙毓敏的传记问世，又为京剧艺术殿堂再添砖瓦。谢柏梁先生功不可没。

本书作者年青学子李成伟初涉梨园，却能完成一位京剧艺术家评传，令人刮目相看。传记写作，最难把握。当代人物传记，材料易得，论述较难。尤其给予历史定位、人格评价、艺术解析更须小心谨慎，公正客观。李成伟以平实的手法，对孙老师的前半生给予了梳理，又给予了点睛式评说，夹叙夹议，自然流畅，展示了一定的文学功底。

法国思想家伏尔泰说过："人这种类型，融化在历史过程中。人是什么？不是靠对人本身的思索来发现，而只能通过历史来发现。"我写雪艳琴先生，和所有为他人写传记的笔者，都应该朝向这个目标濡毫命笔。

最后且以宋代文学大家欧阳修两句诗作为收束：

  老骥骨奇心尚壮，青松岁久色逾新。

与孙老师共勉。

2014 年 6 月 21 日定稿

目 录

第一章　父弃家眷　母女相依
　第一节　一母三女　悲苦哀婉 / 1
　第二节　八岁登台　才华初显 / 6

第二章　苦亦京城　甜亦北京
　第一节　偶入戏校　录取晚成 / 9
　第二节　遍尝苦楚　练就金嗓 / 13
　第三节　孤身北京　处处温情 / 18
　第四节　义无反顾　巧学张派 / 21

第三章　初出茅庐　前途坦荡
　第一节　步入荀门　继承荀派 / 27
　第二节　以爱之名　苦亦思甜 / 35
　第三节　灯火舞台　声名鹊起 / 40
　第四节　主演梅剧　幸遇佳师 / 44

第四章　命中多舛　悲剧连连
　第一节　下放河南　悲情伊始 / 48
　第二节　受尽折辱　轻生致残 / 57
　第三节　瘫痪卧床　慈母离世 / 60

第五章　坎坷艰辛　苦尽甘来
　第一节　百般苦练　重新站起 / 69
　第二节　三次平反　沉冤昭雪 / 95

第三节　讲学任教　重返舞台 / 101

　　第四节　再返京城　终回正轨 / 105

　　第五节　凤凰涅槃　振翅奋飞 / 112

第六章　重返母校　精诚奉献

　　第一节　尊师重教　开门办学 / 122

　　第二节　克服困难　博得重点 / 132

　　第三节　募集资金　兴办大赛 / 135

　　第四节　力捧新人　巡演四方 / 144

第七章　传承技艺　广收门徒

　　第一节　贵朋良友　雪中送炭 / 165

　　第二节　鞠躬尽瘁　感念师恩 / 170

　　第三节　广收才俊　倾囊相传 / 176

　　第四节　教学相长　育人有道 / 183

第八章　继承传统　频创新剧

　　第一节　毓秀钟灵　承前启后 / 199

　　第二节　华美灵动　荀韵新声 / 208

　　第三节　移植《痴梦》　一片痴心 / 219

第九章　传播戏曲　海峡内外 / 228

第十章　频获殊荣　享誉四方 / 238

附录一　孙毓敏大事年表 / 246

附录二　孙毓敏源流谱系 / 256

代　跋 / 259

"中国京昆艺术家传记丛书"出版情况 / 261

第一章　父弃家眷　母女相依

第一节　一母三女　悲苦哀婉

童年对每一个人来说，都应该是一个金色的梦，充满了美好与幸福。但当我们遥望历史长河时，却不难发现，许多戏曲名流的童年似乎并不那么如意，其中便有荀派传人——孙毓敏。

20世纪40年代的上海，在一个普通家庭里，哭声、吵声、骂声、摔东西的声音充斥着整个房间。那时，孙毓敏只有两岁，然而这样的场景竟成了她人生的最初记忆。日后，孙毓敏在回忆童年时，曾经在某栏目访谈中这样说过："我从小生活在一个不太富裕的家庭里，父母不和，在我刚刚七岁的时候就离婚了。我们姐妹三人跟着母亲过日子。这是一个由四位女性组成的家庭，我们经历了漫长的艰苦道路。"

关于家庭的不和，有诸多复杂的因素，但不得不从她的母亲说起。孙毓敏的母亲姓孙，原名为墨筠，她打心底里认为，这个名字只能表现出她的儒雅，而无法体现出她真正的理想与抱负。她极其尊敬的人是宋朝女词人李清照，自然也想成为诗中那种"生当作人杰，死亦为鬼雄"一样的人，所以根据诗句更名为孙杰。孙毓敏在性格上像她的母亲一样坚强，从这一方面来讲，当"文化大革命"的大潮袭来时，孙毓敏选择以死明志，也是渊源有自的。孙杰自小父母双亡，跟着奶奶长大。奶奶格外疼她，送她到教会学校读书。只是读到高中的时候，奶奶去世，孙杰便一边当家庭教师，一边上夜校大学，拿到了大学文凭。如此可见，

孙毓敏百日时与母亲合影

孙毓敏的母亲在面对生活中的艰难困苦时，是多么的努力。

　　一位女子在旧社会的生活很不容易，孙杰做过中学教师、律师秘书、英文打字员等工作，因为要强的性格和认真的态度，每项工作都能做得很出色。孙杰年轻貌美，追求她的男子很多。但她一直受陈旧观念影响，从未主动追求过自己的理想。孙杰志向远大，性格孤傲，直到三十一岁，也没有任何男士能走进她的心里。最终还是通过外人介绍，才认识了孙毓敏的父亲。两人仅仅见了两次，便匆匆结婚了。如此仓促的结合，导致他们对彼此的了解并不透彻。孙毓敏的父亲隐瞒了真实年龄，甚至还隐瞒了结过婚的事实。这为两个人后来的家庭矛盾埋下了隐患。

　　两人结婚初期，感情很好，生活也很幸福。但伴随着孙毓敏及其大妹毓皓两个女孩的出生，父亲对母亲便不似从前那般疼爱了。他经常将外面受的气撒在孙杰身上，发脾气、骂人甚至家庭暴力，这些已经成了父亲与母亲交流的一种习惯。究其原因，在那个时代，生男生女都被认为是女人一个人的问题。生不出男孩的妻子在丈夫面前，总是抬不起头，处处忍气吞声。

　　小妹毓伟的出生使父亲彻底失望了，导致家庭矛盾到了不可调和的地步。母亲整日郁郁寡欢，有时会把小小的孙毓敏当成出气筒。而每当这种情况出现，孙毓敏就会委屈得泣不成声，甚至哭到双手抽筋，手指像被冻僵一般动弹不得。吓得孙杰慌作一团，端来热水让女儿泡手，直至手指泡红，自然伸开，哭出声来，才松一口气。从那时起，孙毓敏就渐渐养成了用实际行动去表达内心想法的习

第一章　父弃家眷　母女相依

惯，就如同她用一生的时间去热爱京剧艺术一样义无反顾。

父亲常常不回家，母亲只好选择外出工作赚钱养家。她请了一位叫蔡妈的保姆照顾三个孩子。但这位蔡妈对三个孩子极其狠毒，尤其对待大妹格外残忍，这让孙毓敏幼小的心灵又蒙上了一层阴影。不仅如此，蔡妈还有偷钱的劣习。有一次大妹撞到她偷钱并告诉了妈妈，便被蔡妈记恨在心，将她抛到浴缸几经折磨之后才肯罢休。在很大程度上，蔡妈影响了孙毓敏对子女的教育，让她在日后对请保姆这件事情不免有些心有余悸。

孙毓敏父母结婚照

在她六岁多的时候，孙毓敏的父母选择了离婚，当时的场景让她至今仍然难以忘怀。当她看到母亲拎着包袱往楼下走时，迅速跑出去大喊了一声："妈妈，您去哪儿？我也跟您去！"也许当时还是孩子的孙毓敏并不知道这意味着什么，只是在潜意识里害怕母亲一去不回。她认为自己应该永远和母亲在一起，母亲才是她一生的依靠。随后两个更加年幼的妹妹也跑了出来，喊着："妈妈！妈妈！"母亲边擦眼泪边下了决心："好吧，都走，都跟我走。"于是，母女四人便开始了一段相依为命、漫长艰苦的岁月。

母亲在上海小巷内的一个简易平房里，找到了四人的安身之处。在那个旧社会里，孤儿寡母想要生活下去非常困难。孙毓敏还经常听到邻里之间谈论说，"拖着三个油瓶，真不容易"。这是外人对孙毓敏一家的真实评价。年幼的孙毓敏无法理解"拖油瓶"的含义，她怀着一颗童真的心去问母亲。含辛茹苦的母亲含泪诉说："油瓶就是你们三个呀！你爸爸重男轻女，我又偏偏一连生了你们三个女孩，生养的痛苦换来的只是无休止的毒打。我舍不得你们，你们也非要跟

3

我不可,再者我也真怕你们留下会受气或被弄死,才把你们三个拖油瓶都带了出来。"听到这些话,孙毓敏的心都要碎了,不知不觉间眼泪纵横。她拉着两个更为年幼的妹妹一齐跪在母亲面前,说:"我们是妈妈一个人养大的,等于没有爸爸,他不养活我们,我们也不跟他姓,我们改姓孙。"

从那时起,自卑与自强一直陪伴着她,折磨着她,让她下定决心去努力生活,去改变整个家庭的生活状态。于是,自强自立成了孙毓敏一生的信念。

对于已经失去父亲疼爱的孙毓敏来说,受到母亲的影响最大。母亲在教会学校中接受过严格的礼仪教育,所以她对孙毓敏的要求也非常高,比如:吃饭时,嘴不能张得太大;坐着时,双腿不能分开;走路时,保持端庄的姿势;与大人说话时,不得顶嘴,等等。直到现在,孙毓敏还一直保持着这些良好的行为习惯,这正是在她母亲的教育下养成的。为了教育他们,孙毓敏的母亲也曾编造一些迷信故事吓唬三个孩子,比如"昨天晚上打雷了。一声霹雳过后,街上躺着一个人,浑身都烧成了黑炭,背上还写了四个大字:不孝之子"。在孙毓敏小小的心灵里,母亲是世界上最伟大的女性,是独一无二的,所以即便是带有些许迷信色彩的故事,她也深信不疑。

长姐如母,穷人家的孩子早当家,对于孙毓敏来说,更是如此。

当时上海的社会治安比较乱,母亲外出工作,只能把孩子们锁在屋里。虽然孙毓敏比大妹妹毓皓仅大两岁,比小妹妹毓伟大四岁,但照顾妹妹的重任还是落在了她的肩上。但那时,孙毓敏也不过只有六岁而已。在那个生活贫穷的年代,在那个生活艰难的家庭里,孙毓敏姐妹没有玩具,她们最大的乐趣只是趴在窗口往外

童年时期的孙毓敏、孙毓皓、孙毓伟三姐妹

看。小妹总是要求长姐抱着她，然而还是个孩子的孙毓敏根本没有多大力气，结果失手把小妹掉在了地上。不知所措的她，只能陪着妹妹一起哭，整个房间里都是孩子们的哭声。这是整个家庭的无奈，一方面狠毒的蔡妈给这个家庭留下了极大的阴影，另一方面也实在拿不出余钱去请保姆了。有些事总让孙毓敏懊恼不已，而日子总要过下去，生活也总要继续，每一个家庭都有属于自己的生活方式。孙毓敏一家的日子也就在这种艰难、相互扶持中渐渐过来了。在孙毓敏的成长过程中，母亲把全部希望都寄托在她们姐妹身上了。

随着孙毓敏渐渐长大，上学读书这件事就被安排到了日程上。在当时，有太多贫穷家庭会强迫孩子放弃读书，但母亲一直坚持"再穷也不能穷教育"的观念。即便日子过得再艰难，母亲也坚决要送孙毓敏去上学。因为经济困难，孙毓敏只能报考公立小学，但因为报名人数非常多，所以并不容易考取。为此，拥有大学文凭的母亲为孙毓敏补习了一年。她要求孙毓敏每天都要练习毛笔字。起初，孙毓敏在写字时小拇指总是翘起来，孙杰就用筷子去敲打。孙杰的严格教育，一刻也不肯放松，造就了孙毓敏日后优秀的书法功底。好事多磨，孙毓敏在考试前发起了高烧。但她依然挣扎着用凉水洗脸，坚持考试，并成功考取。小时候的孙毓敏便有了倔强的性格，并伴随着她一生的成长。在"文化大革命"后，小腿肌肉萎缩，但她为了能够回到舞台，依然坚持每天爬一千多级台阶，靠的就是这股倔劲。

在上海这个浮华的大环境里，即便如此穷困潦倒，孙毓敏姐妹三人却都有一件薄呢大衣，孙杰不愿意自己的孩子被人瞧不起。在她的影响下，孙毓敏的自尊心也格外强。在一个孩子纯洁的心灵里，本应没有任何卑微意识，没有任何等级观念，她们更愿意相信一切都是美好的。但在一次家长会的过程中，母亲却因为没有给老师送礼而遭到冷落。这是孙毓敏第一次感受到人与人之间的不同，这些等级观念在她的记忆里留下了深深的烙痕。

家庭的悲苦并没有使孙毓敏变得自卑，却促使她更愿意相信凭借自己的努力会慢慢改变整个家庭状况。所以，孙毓敏不仅在功课上非常努力，也经常帮母亲做一些力所能及的家务。母亲越夸她，她便做得越好，用她自己的话说"我不能吃批评，稍稍说我一句，我就会哭的。"在孙毓敏的童年里，那些能够支配她一生的性格已经形成了。在夸奖中并不会产生骄傲的姿态，反而会愈加努力。但当不符实际的批评袭来时，总会有些难以接受。

由于家境贫穷，营养跟不上，孙毓敏姐妹三人的身体都很虚弱，小病小痛都已常见，但孙毓敏总是选择默默忍受病痛，生怕母亲担心。后来有一次，母亲看到她的小脸儿通红，才意识到孙毓敏发烧了，去医院检查，结果是肺炎，孙毓敏住进了医院。雪上加霜的是两个妹妹也受到了传染，也住进了同一家医院。为了照顾妹妹，孙毓敏开始了一段医院生活，也因此差一点成了日本人。

那时的孙毓敏白皮肤，圆脸蛋，还梳着小辫子。医院里的人都很喜欢她，说她像个洋娃娃。许多人都叫她去唱歌，她也不怯场，一开口就能得到夸奖。那个医院的院长是日本人，他也很喜欢聪明懂事、喜欢唱歌的孙毓敏。他曾经请孙毓敏的母亲到办公室，说："太太，你的孩子我很喜欢，我不久就要回日本了，你能把她送给我吗？"日后，孙毓敏每每想起此事，都会有一些后怕：差点儿成了日本人。

孙毓敏的母亲是一个戏迷，还曾经演出过京剧《梅龙镇》。此外，孙杰还曾经资助过一位农村的小伙伴学戏。这位小伙伴后来考入上海戏曲学校，成了正字科的名演员，还拜了梅兰芳为师，只是渐渐疏远了。孙杰很快发现了女儿的天赋，便立下誓愿，要把孙毓敏培育成京剧名角儿。

第二节 八岁登台 才华初显

20世纪40年代末，孙毓敏远在青岛的父亲，委派自己的账房先生来与她们母女讲和。孙杰与女儿们商量后，踏上了前往青岛的轮船。

到达青岛一段时间之后，母亲为孙毓敏请来了她的第一位老师葛绥芝，她是京剧四小名旦之一许翰英的琴师。葛琴师教会了孙毓敏人生中的第一出戏——《女起解》。正是这出戏使孙毓敏与京剧艺术结下了不解之缘。

通过第一出戏的学习，孙毓敏对京剧产生了浓厚兴趣，不管是吃饭还是睡觉都想着戏，完全着了迷。她的记忆力好，领悟能力强，一出新戏，很快就能掌握关键要领，深得老师喜欢。学完《女起解》之后，孙毓敏又学了《红鬃烈马》和《祭塔》。学戏的时光总是过得特别快，八岁时，孙毓敏参与了人生中的第一场演出。

当时学校的春节晚会需要节目，让孙毓敏演《女起解》。为此，母亲还特地为她准备了一套小小的戏服，有罪衣、罪裤和一件青褶子。但当终于盼到演出的那天时，却出现了一段不愉快的小插曲。

原本晴朗的天却吹起了冷风，很快就下起了雨。晚饭过后，迷信的母亲改变了主意："第一次演出就碰到这样的坏天气，又是刮风、又是下雨，这是个恶兆头。"幸亏一位机警的叔叔，灵机一动，说出了"龙行带雨，虎行生风"的俗谚，才使母亲勉强同意。

天黑雨密，赶到会场时，戏已经快开演了。匆忙化完妆，换好行头，孙毓敏登上了人生中的第一个舞台。观众并没有因为糟糕的天气而降低看戏的兴致，孙毓敏心中充满了兴奋，一心想要唱好这出戏。孙毓敏上场后才发现自己的状态并没有平时好，嗓子有些紧。本应顺利进行的演出，孙毓敏却因为紧张把词儿忘了。演员在台上忘词是一件大事，没有舞台演出经验的孙毓敏十分着急。这时恰巧要与崇公道交错走八字，灵机一动，侧过头悄声问："下面是什么词儿？我忘了！"扮演崇公道的演员很冷静地说："可恨皮氏太狠……"借着这个走八字，孙毓敏终于将演出顺利地进行下去了。但她并没有因为出错而慌张，

孙毓敏初次登台

依然非常从容地应对接下来的演出，尤其是此后一句"此一去有死无有生"的高腔，得到了热烈的掌声，首次登台亮相荣获成功。

　　这次演出让孙毓敏爱上了舞台，与舞台结下了不解之缘。所以当"文化大革命"期间，孙毓敏不甘屈辱，一跳致残，"辗转病床达五年之久"，留下终身创伤时，她凭借着对京剧的热爱，对舞台的执着，又顽强地重新站立起来，回到了舞台上，雪后寒梅愈加光彩照人。

　　上海，是孙毓敏出生之地，是她的故乡，但留给她的并非是一个金色美好的回忆，而是为生活而劳苦奔波的无尽苦难。孙毓敏在离开上海的那一刻，没有遗憾也没有期望。

　　青岛，是孙毓敏一个不可忽略的转折点，她在这里第一次登台演出，也在这里拥有了前往北京的机会。

第二章　苦亦京城　甜亦北京

第一节　偶入戏校　录取晚成

　　1952年，孙毓敏帮母亲去买盐，细心的她在包盐的纸上看到北京艺培戏曲学校的招生简章，正是那次买盐的经历开启了她的另一段人生。

　　孙毓敏将这消息告诉了母亲，母亲比她还高兴，连连说这是一个千载难逢的机会。焦急地倒出盐，仔细查看了简章，母女发现孙毓敏完全符合北京戏校的招生条件，但报名时间已经过去了三个月。

　　在这种情况下，孙杰作为母亲也只能无奈地安慰孙毓敏，希望她能够再努力一年，耐心等待第二年招生。听到这样的劝说，一般的孩子也就放弃了，认为是命运弄人，垂头丧气。但倔强的孙毓敏不愿就此放弃，等母亲和妹妹们熟睡的时候，偷偷从床上爬起来，打算给远在北京的艺培戏曲学校校长写一封信。

　　从睡梦中醒来的母亲，看到女儿的坚持，也决定助她一臂之力。母亲不但帮她出主意，敲定语言的表达，还拿出孙毓敏八岁登台表演《女起解》的剧照附在信中，希望能够感动学校的老师，收下她的女儿。

　　这封信一直写到深夜，孙毓敏在信里满含热情地叙说了自己京剧学习和舞台演出的经历，表达了她对进京学戏的诚挚渴望。信件寄出后，她开始了漫长的等待。这对满怀期望的孙毓敏来说是一个极其煎熬的过程，她每天都会到门口张望，深切地期待着惊喜。她每天都是从希望走向失望，一连几天，执着地等待着。也许是她的真诚感动了当时北京艺培戏曲学校的校务主任沈玉斌先生，也许是命运的安排，总之，在经历了一周的等待之后，孙毓敏终于收到了北京艺培戏曲学校的回信。

信中只有二十一个字：来信收悉，可以额外考虑，但须来京面试，及格后录取。这短短的二十一个字，对于渴望学戏的孙毓敏来说，字字如宝，字字珍惜。也正是这二十一个字改变了孙毓敏的命运，让她走上属于她的戏曲之路，开始了一段不平常的生活。

给孙毓敏无限希望的这封信，正是创办艺培的沈玉斌先生所写。那时，北京艺培戏曲学校的试学期刚过，沈玉斌先生正在筹办开学典礼仪式。但即便在这种极端忙碌的情况下，一向为人和善、做事严谨的沈玉斌先生，还是在百忙之中认真阅读了孙毓敏的信件。他被孙毓敏恳切的言辞所感动，亲笔写了那封只有二十一个字的回信，并让时任校长秘书的荀令文先生寄出。那封信在交通落后的年代，仅用了几天时间就邮到了孙毓敏手里。正是这位先生让她从此走上了科班学习的生涯，为日后踏上舞台、成为职业演员打下了良好基础。孙毓敏曾在多种场合上表达过对沈玉斌先生的感激之情。

当随母亲乘火车来到北京后，原本对首都满心期待的孙毓敏却有些失望。她发现北京跟想象中有点不同，完全没有大都市的感觉，除了灰秃秃的古老城墙，就是灰蒙蒙的天空。特别是干燥的天气，让身为南方人的孙毓敏娘俩很不适应，她们没有感到半点惊喜与激动，内心充满了压抑与苦闷。

不熟悉的北京城，不标准的普通话，克服种种困难，孙毓敏和母亲终于找到了她日后学习七年的学校。孙毓敏多次幻想过她所向往的殿堂，屋舍俨然，鸟语花香，有来往的人群，有许许多多怀有同样梦想的同学。但事实却让孙毓敏大跌眼镜，与她梦中所见千差万别，学校内鲜有人迹，坟包零落，乌鸦啼叫，到处充满了恐怖气息。

那场插班考试是在校长室里完成的，给孙毓敏留下了深刻印象。当听到主考老师让她以《女起解》溜嗓子的时候，原本满怀信心的孙毓敏却突然紧张起来，

第二章 苦亦京城 甜亦北京

面对人生抉择的关键一刻，嗓子紧得几乎张不开口，孙毓敏觉察到自己的小腿在瑟瑟发抖，整个身体似乎都要瘫软下来。当发出第一声的时候，已觉失望，孙毓敏能够清楚地觉察到并非是平日里的状态。在这种情况下，还是孩子的孙毓敏眼泪差点夺眶而出。她突然感到害怕，害怕以往的努力付诸东流，害怕与梦想失之交臂。

出乎意料的是，考官们善意地将孙毓敏的糟糕状态，归结于旅途劳累，进而肯定了她的潜力。母亲赶紧拿出孙毓敏演出时的剧照给考官看，这些舞台经验与演出经历给考官们留下了深刻的印

孙毓敏（后排右一）与同学在校园里

象，为孙毓敏加了不少分。在随后的几个身段和表情的表演过程中，考官们对孙毓敏的基础和态度十分满意。她终于如愿以偿地获得了北京艺培戏曲学校的入学资格。

对于孙毓敏来说，这来之不易的录取是一种莫大鼓舞，一腔热血终于得到了回报，孙毓敏母女相顾无言，流下了泪水。孙毓敏认为能够在首都北京学习与生活，是一件极其幸运的事，她告诫自己，竭尽所能，努力学习。

当时，北京艺培戏曲学校没有专业的练功房，没有完善的教学设备，甚至没有可以让学生栖身的宿舍。孙毓敏在北京没有家，只能借住在母亲的朋友家里。虽然住在一个离学校很远的胡同里，但孙毓敏还是很高兴。她走在前往理想的道路上，苦痛与快乐并存。

于是，只有十二岁的孙毓敏，开始了一个人在北京的学戏生活。但对于一个孩子来说，要在偌大的京城独自生活谈何容易。对母亲强烈思念的煎熬，使得孙毓敏的日子并不好过。但为了自己挚爱的京剧，她还要坚持一个人默默忍受，她

必须学会独自承受孤独与思念所带来的痛苦。在那段时间里，孙毓敏越来越坚强，越来越能担当，她学会了一个人去面对困难。

在那段母亲长久不来探望的日子里，孙毓敏有过各种猜测，但她根本想象不到母亲在青岛的遭遇。当孙杰回到青岛时，正好赶上"三反五反"运动。所谓的"三反五反"，就是指1951年底到1952年10月，国家开展的"反行贿、反偷税漏税、反盗骗国家财产、反偷工减料、反盗窃国家经济情报"等运动。像孙毓敏这样的平民家庭，按理说很难与这类运动有任何瓜葛。但有人为了个人私利造谣说孙毓敏的母亲是某酒店的老板娘和负责人。其实那个酒店是孙毓敏的父亲曾经营过的，后又转手给一个姓魏的，况且，孙毓敏的父母已经离婚多年，可以说那个酒店跟孙杰毫无关系。那人在孙杰去火车站买票的时候从中作梗，导致她没能顺利买到去北京的火车票，不得不将回京日期一拖再拖，让母女饱尝了太多痛苦。

在这期间，孙杰还遭到了"打倒不法资本家""坦白从宽，抗拒从严"的恐吓。直至后来，在政府派来指导运动的工作组的协调帮助下，她才办好了户口迁出证，带着孙毓敏的妹妹们坐上了去北京的火车。能够安全离开，已然知足。在经历了这一系列的灾难之后，原本生活就很艰难的家庭更是雪上加霜，甚至连过冬的衣服都没有了，剩下的只有满腹的委屈和无尽的泪水。

孙毓敏逐渐成熟起来，对于母亲的心思开始能够更好地领悟了，对于整个家庭也多了一份担当。不管经历了怎样的苦难，对于一个家庭来说，一家人能够团圆在一起，就是最真切的幸福。孙毓敏母女四人搬出了朋友家，在北京的杠房胡同租了一间小屋，在那个只有十二平方米的狭小空间里，开始了又一段新的生活。

操一口上海话的南方人，在北京很难与人融洽交流，况且孙杰又带着三个孩子，无法完成稳定的工作，收入没有保障，所以生活极为困难。孙杰为了能供应孙毓敏继续学习，维持全家的最低生活需求，只好给有钱的人家缝补拆洗衣服，能够勉强凑足最基本的生活开支。即便生活如此艰难，孙毓敏却从未产生任何气馁和放弃的念头。她坚信终有一天，一切会慢慢好起来。

第二节　遍尝苦楚　练就金嗓

　　培养了众多戏曲名家的北京艺培戏曲学校，没有光辉的前身，没有显赫的背景，也没有历代相传的校舍，它的前身只是一座名为"松柏庵"的庙宇。初始并非专供尼姑出家修行，而是停放某一王爷的灵地，王爷的遗孀在此居住后，变成了荒凉之地。但庙宇附近曾经有梨园义地，经过梨园艺人的修葺后，便逐渐成了梨园祠堂。在戏曲学校建校时，因资金短缺等各方面的原因，这里就顺理成章地成了校址。因为戏曲学校并不是国家出资建设，而是由许多梨园界的艺人义演募资所建，所以条件比不上国家创办的学校。但相较新中国成立前的科班，取名"艺培"的戏曲学校，师资强大，教学系统，算得上是戏曲学习的理想殿堂。所以，对于学校以佛殿为课堂的简陋条件，学生们并不以为意。

北京艺培戏曲学校旧址（1952年）

在这样艰苦的环境里,许多戏曲演员完成了一生中最重要的专业学习与个人成长。戏曲演员的练声和西洋声乐发声练习有些类似,做"啊……""咿……"等各种方式的发声练习。但戏曲的发声位置尽量靠前,不能发出任何颤音和抖动的声音,它们一般练习的顺序是先找亮音,再找宽音。与西洋声乐的学习有所不同的是,戏曲发声没有形成系统的练习套路,更缺乏完整的科学体系。传统技艺的传承大部分都是通过老先生的示范,新学员的模仿来完成的。每一个喜爱戏曲或者学过戏曲的人都知道,有一个"好嗓子"至关重要。所以在艺培戏曲学校,老师要求学生们每天都要早起练嗓子。

在欣赏戏曲表演时,观众最为看重的也是演员的嗓子。孙毓敏自然也懂得这个道理,所以练嗓非常用功,每天早上都要成为第一个到校的人。第一天,天还没亮,六点半左右就到学校了。可竟然没能拿到第一,这让她很不高兴。所以第二天六点前就到校了,终于如愿以偿。在很长一段时间里,第一班路过戏曲学校的公交车上,总有一个倔强的小女孩儿。这种不甘人后的态度一直影响着孙毓敏日后的方方面面。

孙毓敏有时也会像以往的戏班学徒一样寻找水边喊嗓子,陶然亭成了她的最佳选择。但当时的陶然亭并不像如今这般漂亮,只有一洼死水潭。冬天的清晨,天未亮,雾未散,陶然亭总有一种神秘的色彩,有时竟会出现"鬼火"之类,有些让人害怕。但却从未吓倒孙毓敏,阴森的氛围里经常传出"咿咿呀呀"的童音,打破了陶然亭公园一贯的沉寂。

众所周知,京剧在韵白上是湖广韵与北京音的结合。在发声方面,身为上海人的孙毓敏遇到了难以克服的难题。在学戏的过程中,她的发音经常被同学们取笑,甚至被当成笑话拿来讨论,这的确为孙毓敏的学习平添了太多烦恼。有些唱词可以借助曲调得以掩饰,但念白部分就彻底暴露了孙毓敏的南方口音。她不甘心遭受嘲讽,所以立志一定要学好北京话。

对于一个南方人来说,学习北方的语言,难过学习一门外语。孙毓敏并不胆怯,她敢于张开嘴,强迫自己多与同学交流。北京话卷舌音、儿化音特别多,她去尽力模仿,找对了着力点后,很快就说得有模有样了。经过半年的努力,再也没有人说她是一位上海姑娘了。这让老师和同学们看到了一个不一样的孙毓敏，她容不得自己存在任何瑕疵，哪怕仅仅只是个别口音问题也不允许。

在戏曲学校的七年学习，给孙毓敏日后的舞台演出打下了坚实基础。无论将来演什么行当，学校要求每一位学生文功和武功兼修。除了喊嗓之外，孙毓敏还要练习武功的基本功。这一系列的基本功包括拿顶、下腰、前桥、后桥、乌龙搅柱、屁股座子、抢背、耗腿、踢腿、圆场、蹉步、台步……在这些基本功中，前几项叫毯子功，后几项叫腿功。除此之外，还有一项叫把子功，也就是刀枪把子的对打，如枪对枪，枪对刀的小五套、小快枪、三十二刀以及锁喉、夺刀、大刀枪等武打套路。在练习这些的同时，还要练习枪下场，刀下场或双枪下场，大刀下场和各种刀花、枪花。而这一系列的基本功加上喊嗓子，都属于早功，在早饭之前必须完成。

吃过早点，才是正式学习的开始。根据学生自身特点，将他们分组到生旦净丑各个行当，由舞台经验丰富的教师以口传心授的方式，手把手地教学。这是从科班延续下来的必修课。这样的授课方式表面看上去属于成品教学，其实不然，因为京剧的各种功夫技巧都贯穿在剧目中，比如学生通过学习《二进宫》就能学会京剧的各种二黄板式的唱腔，通过学习《红鬃烈马》就能学会各种西皮板式的唱腔，通过学习《铁弓缘》就能学会花旦的各种表演技巧，通过学习《探庄》就能学会武生最基本的表演功架。这样的教学方法是行之有效的，在学会一出戏的同时也学会了其中表演的程式和技艺，梨园界称之为"以戏带功"。

孙毓敏当年的老师赵德勋，在教学中就总结出一套完整的"以戏带功"的经验。赵德勋老师教武旦戏，他认为在教基础戏《打焦赞》的时候，可以教会武旦的唱念和武打，在这些基本功中包括棍对打和棍花。孙毓敏通过学习软靠功架戏《扈家庄》就能够学会靠功和翎子功，以及昆剧的边唱边舞、起霸、戟对枪、戟对双刀等武打的基本功；通过学习《小盗草》就能学会舞剑、剑袍的技巧，对剑等武打；通过学习女扮男装戏《挡马》就能学会表演功架和厚底功；通过学习短打戏《武松打店》就能学会摸黑表演的技巧，匕首对打和手把子；通过学习闹妖戏《金山寺》就能学会打出手、双枪花和双枪对打；通过学习硬靠戏《红桃山》就能学会大靠功架和武打。这七出戏为戏曲表演奠定了一定的基础，从而掌握了武旦表演技艺的核心。以后在排演其他剧目的时候，虽然结构与情节有所不同，但都可以通过触类旁通的方法，在其中找到可以借鉴或套用的技艺或手法。许多剧目经过众多艺术家的加工变成流派经典之后，表演技艺会得到质的提高，因此借鉴流派剧目教学往往会取得事半功倍的效果。

经历了一系列刻苦的基本功练习后，孙毓敏终于练就了一副金嗓子，有太多人不禁为其赞叹。为此，孙毓敏付出了超乎常人想象的努力。日后，孙毓敏竟能一天连唱多场，嗓子却不觉得累，她能够唱别人不能唱之唱。这样的嗓子或许有遗传的因素，但更多的是依靠她平日里无尽地付出，这让她的嗓子比别人更加耐受疲劳。

孙毓敏起初被分到了武旦组，学的第一出戏是武戏《打焦赞》。武旦也是旦角中的一种，顾名思义就是有武功的旦角，成为武旦的首要条件就是要同武生一样掌握一定的武艺。虽然她出身寒门，但母亲一直非常宠爱长女，这不免让她有些娇气。

这是学生的第一出戏，李金鸿老师教得非常认真，孙毓敏学得也格外卖力。孙毓敏学习的是杨排风的戏路，每一出戏都有出彩的点，《打焦赞》的出彩点在于杨排风耍的棍花，为了能将其演绎到极致，孙毓敏每天都在反复练习。棍花是把棍子耍出各种姿态，好像翻滚的车轮，一圈儿一圈儿，十分好看，但练起来却十分困难。

在戏曲舞台上追求艺术化，杨排风耍的棍子上会绑上各色布条，这样耍起来会更加漂亮。戏曲演员要掌握各种棍花，且不能记混，需要下功夫。孙毓敏非常害怕串指儿，它需要将手指头伸出去，接着棍子，很容易伤着手指头。越害怕就越练不好，孙毓敏就直接和老师讲明，她不想练，因为怕疼。如果这种情况发生在早期戏班，轻则被骂，重则痛打，但李金鸿老师和蔼可亲，安慰她要找窍门，语气十分关切，边说边示范。孙毓敏开始慢慢学着老师的样子扔，但依旧不敢接，李金鸿老师把自己的皮手套给了孙毓敏，又耐心地鼓励她，经过多次练习之后，孙毓敏终于敢把手伸进去，接住了棍子。在学习的道路上，老师们的悉心照顾与亲切关怀，让孙毓敏的内心充满了幸福。

第二章 苦亦京城 甜亦北京

赵绮霞（前中）与花旦组学生

孙毓敏紧接着又学了《扈家庄》，该戏的故事并没有难点，但同为武旦戏《扈家庄》比《打焦赞》更加需要演员掌握一定的功夫。《扈家庄》因剧情需要，有一系列很有难度的动作，起霸、掏翎子、耍戟等都需要孙毓敏付出极大的努力才能学会。《扈家庄》的看点就是演员身上不断展露的功夫，孙毓敏对待每一出戏都很认真，为了能够熟练完成《扈家庄》，她几乎每天都要练很多遍。

经过一年的学习后，因为种种原因，孙毓敏被调到了"花旦组"，开始了跟随赵绮霞老师的学戏生涯。直到毕业，孙毓敏都在学习花旦戏，七年学习一个行当，也还算漫长。

那个时代的孩子对待任何事都很认真，戏曲学校的孩子尤为如此。不甘落后的孙毓敏抽出了更多时间来练功。她不仅轮番练习扎大靠等基本功，还抄一些唱词，以便记忆和练习。她要成为赵绮霞老师那样的"戏包袱"，并以此勉励自己不断奋然前行。虽然孙毓敏自小学戏，并且对戏曲充满了热爱，但她的身体条件算不上优秀，人们都说唱戏对身体要求很高，比如对柔韧性的要求要达到柔若无骨的状态。孙毓敏的柔韧性很好，但缺乏力量，这让她在许多地方吃了苦头。孙毓敏利用业余时间，坚持不懈地"下私功"。同学们也想出了各种练功的方法，他们相互竞赛一般用功，比如利用午睡的时间进行耗腿直至麻木，然后再踢腿，这一系列苦办法伴随着那些孩子们的成长，让他们承受了太多的常人无法理解的痛苦与快乐。

第三节　孤身北京　处处温情

谈到北京戏曲艺术职业学校（下文简称为"北京市戏曲学校"或"北京戏校"），就不得不提及孙毓敏在校时的校长——郝寿臣先生。以私立学校的身份运行一段时间之后，在1953年，北京艺培戏曲学校正式由国家接管，更名为北京市戏曲学校（2002年更名为"北京戏曲艺术职业学院"）。得到国家的资助以后，戏曲学校发生了翻天覆地的变化，专业的练功房，崭新的宿舍楼，以前想都不敢想的基础设施都齐全了。这让整个学校像过年一样喜庆，更让他们欢欣鼓舞的是戏曲名家郝寿臣校长的到来。

在相处一段时间之后，学生们渐渐地发现，郝寿臣先生功力深厚，授课认真。但他的思想观念非常传统，见不得男女同学之间的亲密相处。某次一男一女在一起讨论题目，被郝校长撞见，就遭到了严厉训斥。不仅如此，郝寿臣校长还反对同学们看电影，认为男男女女关掉灯在一个房间里有伤风化。郝校长给学生们留下了一个古板的形象。但后来发生的一件事，改变了孙毓敏对校长的看法。

郝寿臣校长

第二章 苦亦京城 甜亦北京

孙毓敏周末照常回家，母亲带着妹妹无法外出工作，为了维持生计，只能接一些零散的活计。屋子里来不及收拾的棉絮遍布在每个角落，这不免让孙毓敏感到酸楚。当她第二次吃没有半点油水的菠菜时，就明白了一切，意识到家里正面临着前所未有的艰难困苦。她一心扑在学习上，却忽略了她最亲爱的人正在经历着贫穷。那一次，她提早回到了学校，家里的一切给她增添了太多顾虑。她忽然意识到自己为了个人所爱，却让亲人们牺牲得如此之多，不免有些太自私了。有史以来，孙毓敏第一次想到了放弃学习，以便承担起长姐的责任。

一边是挚爱的戏曲，一边是至亲的家人，这个抉择是痛苦的。孙毓敏来到了郝校长的家里，她打算向校长告别，改行去当工人。孙毓敏哭诉了家庭状况，郝校长耐心地安慰她，并给予了最直接的帮助。郝校长推荐孙毓敏的两个妹妹去新疆剧团考试，还为母亲在新疆安排了工作。两个妹妹最终顺利通过了考试，郝寿臣先生还要为她们践行。这让孙毓敏真切地体会到了郝校长对她那慈父般的关怀。

孙毓敏的母亲和两个妹妹就这样踏上了前往新疆的火车，那个离别未眠的夜晚，让孙毓敏难以忘怀。可是为了生计，她们只能选择骨肉分离，踏上西行的火车。但母亲和妹妹去新疆的旅途非常艰难，直到后来孙毓敏才了解到，她们由火车转汽车，一路颠簸，缺粮少水，经历了漫长的十五个昼夜。郝校长帮孙毓敏的学习排除了后顾之忧，但她也不得不从此面对孤独，开始了一个人在北京的生活。

没有家人陪在身边，孙毓敏就没了家，她不得不回到母亲朋友的家里住。孙毓敏并不放在心上，刻苦练功也能消磨一部分思念。可是一旦到了节假日，看着同学们一个个回家，回到了家人的身边，孙毓敏就倍感孤单，苦楚也如潮水般袭来。在那段度日如年的日子里，多亏了善良的老师们，是他们的体贴与安慰帮助孙毓敏渡过了难关。热情的赵绮霞老师主动邀请她到家里做客，实在架不住老师的一再邀请，孙毓敏竟然养成了在老师家过周末的习惯。

孙毓敏喜欢看书，经常待在图书馆，还是北京图书馆西单分馆的义工。在书里，孙毓敏看到了五彩斑斓的大千世界，增长了知识，启迪了智慧，弥补了不足。日后，孙毓敏在紧张忙碌的工作之余，还能够勤于笔耕，撰写小传、论文、剧评以及随笔，结集出版了《含笑的泪》《我这两辈子》等十几本书。于是她在京剧表演艺术家、戏曲教育家之后，又多了一个作家的头衔。人们不禁要问，孙毓敏的工作那么繁忙，何以能够写下如此多样的文字？"读书破万卷，下笔如有神"是有道理的，少年时期的阅读量给孙毓敏的文字打下了良好的基础。使得她的文字带有直抒胸臆、率真朴实的风格，其文思之敏捷、笔下之勤奋十分可贵。

除此之外，孙毓敏还爱上了看电影。电影对她的舞台表演产生了很多启发。她经常选择完整的一天待在电影院，观看一天之内的所有电影。长安大戏院也是孙毓敏常去的地方，只可惜她买不起门票，所以总是在门口徘徊。后来机缘巧合，认识了负责检票的大爷，使她成了长安大戏院学生免票的第一人。

孤身一人在北京生活的日子里，有太多好心人帮助过她，赵绮霞和张晓晨老师、图书馆的叔叔阿姨、长安大戏院的大爷，等等，他们让这个异乡的孩子感受到了首都的温情，让她在幸福中度过了一个又一个冬天。

张晓晨（前中）与学生合影（1955年）

第四节　义无反顾　巧学张派

孙毓敏曾说自己是"荀派的底子，张派的爱好"。在跟荀慧生先生正式学习荀派京剧艺术之前，她在张派表演艺术上，也下过一番苦功。

孙毓敏非常喜欢《望江亭》，在戏校时就经常哼唱几句。这出戏经过几代艺术家的传承与改编，最终由张君秋先生发扬光大，风靡全国。"舞台小天地，天地大舞台"，在这个小小的天地中，张君秋先生将各种艺术风格杂糅并蓄，由戏而见天地见众生。张君秋的嗓音"娇、媚、脆、水"，甜润清新，高低随意，舒展自如。梅派的华丽、尚派的刚劲、程派的轻柔、荀派的婉约都被他很好地融合在自己的表演艺术风格之中。张君秋与李世芳、毛世来、宋德珠被评为"四小名旦"。报界评价其"扮相，如窈窕淑女，似梅；唱功，有一条好喉咙，似尚；腔调，婉转多音，似程；做功，稳重大方，似荀"。在《望江亭》中他把谭记儿的聪慧、果敢、才情充分地展现了出来。

孙毓敏尤其喜欢其中的一些台词，比如杨衙内的那首歪诗："月儿弯弯照楼台，楼高又怕摔下来。今天遇见张二嫂，给我送条大鱼来"，常逗得她哈哈大笑。但那时的孙毓敏还不认识张君秋，想跟他学戏却苦无门径，就只好凭借自己的记性，将其中的一些腔调唱法用简单符号记录下来，东拼西凑，总算能将整出戏的唱腔记个七七八八。当时学校里有一位琴师叫燕守平，根据孙毓敏的记录，两个人尝试着将这部戏还原了。孙毓敏凭着出众的记忆力，竟学会了部分唱腔。此后机缘巧合，她终于从张君秋先生的琴师那里要到了张派唱法的谱子。机会总是留给有准备的人，如果没有孙毓敏前期的功课与努力，想得到张君秋先生的真传，着实不易。

不久之后，学校邀请张君秋先生来戏校讲课，但却只针对青衣组，这令孙毓敏悲喜交集。张先生的女儿张学敏跟她是同班同学，她急中生智，条条大路通罗马，既然无法在学校跟张先生学戏，那就转变思路，如果能到张君秋先生家里学戏岂不更好。凭着她热情和不时地送"小礼物"，孙毓敏跟张学敏的关系迅速升温。在此期间，她和张学敏谈了一些关于张先生的话题，不断试探着询问是否能

《望江亭》，孙毓敏饰谭记儿

跟她父亲学戏。张学敏很快就把孙毓敏带回了家，正式认识了张君秋先生。

范仲淹曾说："云山苍苍，江水泱泱，先生之风，山高水长。"凡是在京剧行当中出彩的大师，似乎都具备杰出的品性。张先生有着温和的性格和谦虚的态度，与之交谈起来如沐春风。当孙毓敏跟张先生熟悉之后，这种感觉就越发深刻了。

孙毓敏第二次去张家，恰巧赶上张先生的母亲过生日。张先生带领全家人向老人家磕头的时候，孙毓敏正在旁边，也学着张学敏的样子，给老太太磕了头。孙毓敏不算是张家的人，本来不需要磕。这一跪，是对老人家的尊重，也代表着对张先生本人的尊重。

在梨园界，拜师的礼节很隆重。拜师之后，就达成了一项不需明言的约定，彼此之间有了一种类似亲人的关系。孙毓敏向张先生学戏，并不算是正式的拜师学艺，但孙毓敏所学的每一出戏，张先生总是尽心竭力地教导。孙毓敏向张先生请教技艺，也帮张先生教导孩子读书学戏，两人算是亦师亦友。

孙毓敏成为张家的常客。张先生有七个儿女，因为忙于工作就很少有时间陪伴他们。孙毓敏自觉地当起了"大姐姐"，无微不至地照顾着他们的生活。孙毓敏活泼开朗的性格很容易跟孩子们打成一片。孩子们都很依赖她，只要孙毓敏一到，总能像见到亲人一样高兴。孙毓敏与张家上下很快就熟悉了，她不仅和孩子们玩得开心，还主动帮助张家打扫卫生。这一切，张先生都看在眼里。

有一天，张君秋先生把孙毓敏请到了后院。按常理，接待客人一般在前院，后院因为住有家眷，非亲近的人是不能随便进的。张先生的邀请，已表明他不再把孙毓敏当作外人了。张先生表示愿意教孙毓敏唱戏，而且还让她有空教一下自家的孩子，这让孙毓敏高兴了许久。

《望江亭》这出戏经过张君秋先生的改造之后，唱腔与别派已经大不相同了。内行看门道，外行看热闹，孙毓敏注意的是起承转合之间的各种变化。在得到张君秋先生指导之前，孙毓敏就已经能够还原这出戏的大略，所以向张先生学习的大多还是其中的一些细节。看到孙毓敏学得认真，张先生非常高兴，也就愿意拿出心力来教。

张派艺术博大精深，仅仅学会一出《望江亭》，如同管中窥豹，显然并不能掌握其中精髓。孙毓敏又提出了学其他戏的请求，张先生竟然爽快地答应了。在学习的过程中，孙毓敏不但逐渐领略了张派艺术的风格，还得以更深层地认识到张先生深厚的艺术造诣。

有一次孙毓敏在学唱另一出戏，张先生兴之所至，拉了一段【二黄】为她伴奏。在此之前，孙毓敏并不知道张君秋先生在胡琴方面的研究如此之深。听他拉起来，流畅自得，显然是学了很久之后才有的功力。"君子之心事，天青日白，不可使人不知；君子之才华，玉韫珠藏，不可使人易知"，如果不是这一次偶然的机会，孙毓敏恐怕难以了解张先生竟会有这般才能。正像民国时期其他艺术大师一样，张君秋也是一位多才多艺的艺术家，但却很少向别人展露，只是将其内化为个人学养而融入生活之中。在张先生看来，这些本领只是为生活增加趣味的一些小习惯而已，并不需要加以炫耀。

孙毓敏十分痴迷于张派艺术，对于自己小小年纪就能够得到张先生的真传，感到十分荣幸。所以她懂得这次机会来之不易，时刻告诫自己要好好珍惜，要用心琢磨张先生教她的点点滴滴。

在京剧的演唱学习环节中，最重要的不是记牢京剧选段的旋律，而是每一个音节与唱词节奏的搭配，快一拍则过急，慢半拍则过慢，恰到火候才行。这种把握程度只能靠戏曲演员的自身天分与后天努力才能实现。对孙毓敏而言，对节奏把握的难度并不大，呼吸的转换与嘴皮的灵活确实令她头疼。京剧中的换气是

孙毓敏（左）与张君秋（右）

一大学问，名师的经验传授能够降低不少难度，但在反复练习中总结出属于自己的心得也是必不可少的。嘴皮子的灵便程度，与后天练习的刻苦程度成正比。孙毓敏给自己制定了高标准的要求，每学一段都会逐字逐句肢解，耐心地反复揣摩，争取挖掘到最深层次的精华。每次从张家出来，孙毓敏都要步行回家，边走边唱，常常忘记置身何处。为了能取得更大进步，孙毓敏还不断地动脑筋钻研窍门，力求达到事半功倍的效果。她几乎把全部心思都用在跟张先生学戏上，所以进步很快，每次都能得到张先生的认可。

不管观摩谁的戏，孙毓敏习惯把优点和缺点都挑出来，默默记住。当她有幸与其当面交谈时，喜欢提出自己看法。张先生是一个比较谦和的人，孙毓敏敢给他提意见。有时张先生竟会开玩笑地问她："今天你有没有带小本本来？"孙毓敏每次都会羞涩地把小本子拿出来，开始和张先生谈论一些个人见解。而张先生是一个胸襟宽广的人，不管孙毓敏指出的问题是否幼稚，他都会认真倾听与思考，

第二章 苦亦京城 甜亦北京

从来不摆架子，更不会生气，反而总是夸奖一番孙毓敏的聪敏好学。

孙毓敏"提意见"的对象不仅仅是张君秋一位艺术家，有一次在看完裘盛戎先生的一场戏后，对他提出了有关扮相的几点建议。她认为裘先生在勾脸时，面颊下部的一条深色条条勾上后，看上去显得有些嘬腮。裘先生听后，一句话都没有说就离开了。这让孙毓敏忐忑不安，感觉自己的举动有些造次。但是当她再次看到裘盛戎先生的演出时，发现已经按照自己的建议在扮相上做了修改，这令她感到很欣慰。真正的艺术家都是虚怀若谷的，越是热爱艺术的人，就越精益求精，只有那些没有达到登峰造极的人物，才会故步自封。

孙毓敏为了更好地跟张先生学戏，就更加频繁地出入张家。然而，张君秋先生的演出十分繁忙，不会有太多时间去教孙毓敏。孙毓敏就另动脑筋，想到了张君秋的琴师何顺信先生。何顺信虽然一直做琴师，但在京剧行当中资历非凡，对戏的理解也非同一般。艺术家的成功不仅需要不懈地努力，更需要恰当的机会，还要拥有敏锐的眼光。由此可见，孙毓敏是一个聪明人，在学习上的确下了一番心思。孙毓敏为了能向何顺信先生学戏，每次去他家都会精心准备一些礼物。但何顺信对她说："下次来别带东西了，你也是个穷苦的孩子，我知道你喜欢学戏，以后常来玩。"

听到这些话，孙毓敏觉得自己真是命好，竟然可以得到这么多戏曲大师的垂青。有时孙毓敏比约定的时间来得早，何顺信还在午睡，她就坐在庭院的台阶上等，一边看书，一边复习昨天的功课，有时竟能等上两个多钟头。有一次，孙毓敏一大早就来到何先生的家里，信心满满地唱了一段《望江亭》，但何先生却突然停下了胡琴，表情十分严肃地对孙毓敏说："《玉堂春》是基础戏，你还是先从它开始练吧。"孙毓敏呆住了，不知所以。何先生告诉她，张派的唱腔是在梅派的基础上发展而来的，并不是表面上感觉到流畅婉转即可，而是要做到刚柔并济，花中有稳，在流畅之余，多一些庄重与典雅才行。如果体会不深，就容易唱飘了。

为了打好基础，孙毓敏从头开始学习《玉堂春》。何先生为了让孙毓敏能从这出戏中有所领悟，采用了一些反常规的方法。他把张先生的唱片慢放给孙毓敏听，使她发现了许多以往被疏忽的细节。张先生在演唱时，使用了"偷气"方法来调整呼吸。孙毓敏对何先生严谨治学的态度敬佩不已。从此之后，每次观摩剧目时，她再也不敢大意了。

戏曲演员为了能够将台上的表演做到精彩，付出了难以想象的艰辛。有时得道与不成之间，往往就隔了一层窗户纸。如果不得法，真的很难进入佳境。像戏曲这种靠口传身授的艺术，严重缺乏文字或书本供自学与研究，只能靠老师一招一式的点拨。如果没有恩师指点，可能一辈子也开不了窍。孙毓敏跟随张先生学戏算是私功，不能公开排练，更不能演出。但事情往往能在平静之中峰回路转。孙毓敏厚积薄发，机会在不声不响中被她抓住了。

《玉堂春》，孙毓敏饰苏三

毕业前夕，学校组织实习演出队去烟台、青岛演出。准备上演经典剧目《望江亭》的那天，扮演谭记儿的同学突然发高烧，没法参加演出了。戏报已贴出，戏票已卖完，束手无策的老师，焦急地问学生们谁能演谭记儿。恰巧孙毓敏就在旁边，她知道救场如救火，就应下来了。她将谭记儿的形象演绎得活灵活现，每一个动作都做得神韵十足，获得了观众的高度评价，从此之后，《望江亭》竟然成了孙毓敏的主演剧目。

第三章　初出茅庐　前途坦荡

第一节　步入荀门　继承荀派

在孙毓敏的生命中，曾经有过这么一段时光，它拥有属于那个时代的特殊颜色。若不是脑海中的印象能够证明它的存在，她也许会因为后来的遭遇而对其美好的真实性产生怀疑。它像一个梦，那是在学戏期间最美好的时光。

1959年的夏天，学校里飘荡着歌声。但那并不是戏曲，而是现代歌曲。这使得同学们倍感新奇，引起了他们的学习兴趣，孙毓敏也唱得很起劲。这是一个机会，一个学习简谱的机会，孙毓敏不会放弃任何一个能够帮助她更好学戏的契机。这是她能够克服各种困难，一步步成为一名出色的戏曲表演艺术家的关键。不会简谱，一直让孙毓敏感到遗憾。于是，这样一首首革命歌曲，伴着悠扬的音乐，被他们唱得十分响亮。

通过一段时间的学习，孙毓敏可以用简谱和自编符号来记录新的唱腔了。这使她终于告别了只会用单一的记忆来学习新唱腔的历史。从此，在唱腔中融入自己的变化和改造也更加容易了。这使得孙毓敏在毕业后，有了更多的机会从事创作，为戏曲艺术的个性化创造了条件。

说到毕业，孙毓敏和同学们在经历了七年的相处之后，终于到了离别的日子。俗话说"铁打的营盘流水的兵"，深厚感情在毕业时爆发了。在那七年里，他们一起吃饭、学习、练功，宛如亲人一般，到了该分别的时候，彼此难以割舍。况且，在那段金色的年月里，友谊是神圣化的，是不可亵渎的。

北京市戏曲学校首届毕业生与京剧界前辈合影（1959年）

孙毓敏难以忘记那个小小的班级和其中的欢乐。每当春节的时候，他们班都特别活跃，他们编演过各种对应时事的滑稽剧，他们还演唱过自编的日本歌曲，反串过《秦香莲》，演过豫剧版的《红娘》等。那个班级将戏曲创作融入到了他们生活的方方面面，在获得快乐的同时，也提高了专业水平。孙毓敏记得为了减少胡琴的"炸音"，她和同学们想出了用两个二胡来代替京胡的演奏方式，并用其排演了《断桥》。虽然这个曾经引起校领导关注的设想失败了，但也从中学到了一些创新经验，体会到了创造的乐趣。

这一幕幕回忆就像在眼前一样清晰，而时间却在不停地流逝着，永远不会因为她的留恋而停滞。终于到了毕业演出，大家都很重视，这不仅是为自己七年的学习交上一份答卷，而且届时会有很多著名的戏曲剧团来观看，从中挑选出他们认为出彩的学生。

在选排的时候，孙毓敏主动要求出演《断桥》。《断桥》讲述了一个家喻户晓的故事，但孙毓敏的演出却没有和往常一样，一板一眼地死扣固定程式，而采用了很多新奇的技法。当时扮演许仙的林懋荣善于创新，能在很多动作和艺术细节上加入自己的理解，增强了那次演出的灵活性。在动作上，他们融合了川剧的一些蹉步、扑跌功夫，使得表演效果更加有冲击力的同时，也丰富了舞台动作；在唱腔上，糅合了张派的唱腔，更显张弛有度，对于人物的表现能力也就更强了。唱完之后，如饮美酒，这是同学们一起花费了很大心力才得以实现的演出效果。

孙毓敏他们是戏校的第一届学生，所以毕业演出被高度重视，被学校安排在刚建成不久的排练场进行。毕业那天，高朋满座，座无虚席，"四大名旦"中的"梅""荀""尚"三家都等待着这场演出，以便能从中挑选出合适的弟子。北京市的很多领导干部也闻讯而来。孙毓敏和她的同学们在感到些许紧张的同时又十分兴奋，都知道这是一个好机会，纷纷拿出看家本领，力图将自己最好的一面展示给在场观众。以《断桥》中白娘子出场的孙毓敏，很快吸引了人们的注意。荀慧生先生在观看演出的时候，评论说："这个胖姑娘在台上挺开窍的，不错。"这几乎就是在点名要她了。

果不其然，在接下来的分配通知中，孙毓敏被分配到了荀慧生的剧团，并且被选为继承流派的弟子。和她一起毕业的优秀学生还有李玉芙和李翔，他们分别

孙毓敏在学校演出《白蛇传》剧照（1959年）

被分配到了梅剧团和尚剧团，成为梅兰芳和尚小云的弟子。日后，在列举孙毓敏这一届毕业生的名字的时候，大家都不约而同地感到惊艳，几乎每个人都成了艺术大家，响亮的名号个个如雷贯耳。那些被历史铭记的人物，好像因为出现在其中而显得格外亲切，仿佛它们并不只是一个简简单单的名字，而是一段段故事，一段段美好回忆。

转眼之间孙毓敏就要正式参加工作了。荀先生是驰誉中外的"四大名旦"之一，他创造了荀派艺术。她将戏曲表演工作看得很神圣，也非常感激荀慧生先生能把她选入荀剧团。孙毓敏凭着一股永不放弃的劲头，锲而不舍地钻研，不断积累的经验，得到了荀慧生的赏识。孙毓敏下定决心，一定要做一名出色的京剧演员。

庆祝新中国成立十周年，荀慧生演出了经他修改的《荀灌娘》。荀灌娘的故事出自《晋书·荀崧传》，讲的是智勇双全的荀灌娘临危受命，冲出合围之城请来援军的故事。这是一个类似于巾帼英雄花木兰的传奇，而且荀灌娘恰好又是一个略带羞涩的少女形象，十分符合荀派的风格。孙毓敏作为陪同的十个女兵之一，客串其中，得以有机会观摩荀先生的表演。那天的演出给孙毓敏留下了深刻的印象。在她的回忆录中，她曾这样写道："荀先生以花甲之年表演见义勇为的巾帼侠女荀灌娘，却依然唱腔柔媚婉约，动作轻盈洒脱，使人觉察不出年龄上的巨大差距，正可谓人艺俱高了。"这是一位真正的艺术家，人们可以忘记岁月在他脸上留下的痕迹，他将艺术融入生活，又将生活中的细节提炼成艺术，人们在他的表演中感到既熟悉又陌生，既是属于舞台的那个时代，又似乎超越了单纯的某个时代，有着人类共通的情感。

荀慧生之所以能开宗立派，成为"四大名旦"之一，和他鲜明的艺术特色是分不开的。与中正平和的梅派艺术相比，荀派的一个很大的特点就在于敢于突破和创新。这也和荀派所选的角色大多是活泼可爱的少女有关。在荀派的表演艺术中，处处可以见到基于角色本身而进行的灵动改造。荀派艺术往往一上台就能看出与别派的不同。大部分戏曲表演者都是在门口亮相，而荀慧生为代表的荀派演员，则往往冲至舞台中央才亮相。孙毓敏在表演上经常能够得到观众的"碰头好"，也与荀派表演独特的风格有关。

通过孙毓敏细心的观察和学习，也发现了很多荀派在细节上的改良。比如说在折腕压腕的不同、"尾音腔化"的不同等。这些技艺对于孙毓敏这类初学者来说，正当其时。他们还未完全形成确定的风格，经过荀派表演艺术的冲击之后，就会变得更加灵活了。他们对荀派艺术不断探索，并且能够在其中加入自己对表演艺术的理解。荀派艺术向他们展示了一个崭新的世界，有许多内容都是具有颠覆性的，但他们敢闯敢做的性格又能够使其很好地融入其中，孙毓敏也尝试了许多不同的创新与改变。

孙毓敏看完荀慧生表演的《荀灌娘》之后，受到师傅的启发，开始和几个同事一起模仿《荀灌娘》的表演和唱腔。这本是同事之间的玩乐，但孙毓敏居然表演得活灵活现，逗笑了不少同事。后来荀慧生的琴师听说了此事，就在一旁给孙毓敏伴奏。荀慧生听说之后，便让孙毓敏隔天来到他面前，表演其中的一出《兄妹习箭》。这真算得上是平地起惊雷，同事们都替她捏了把汗。孙毓敏豁出去了，头天晚上几乎一夜没睡，第二天一早去找荀先生，硬是凭着平日的印象和临阵的"突击"，将这出戏还原了八九不离十。荀慧生说："你这个孩子，真比谁都聪明，我就是要考考你，是不是有心人，明天到我那儿学戏去，这出戏我再演两场，以后就由你演吧。"自此之后，孙毓敏便获得了表演《荀灌娘》的资格，正式开始了荀派表演生涯。古话说"一啄一饮，皆有定数"，这话用在孙毓敏身上再合适不过了。

真正的艺术家，着眼的并不只是一门一姓，"有一个人，点一盏灯，有灯就有人"，他们的一生都在以传灯为己任。在戏曲行业中，只是故步自封地守着前辈传下来的老玩意儿，必然会有衰落的一天。荀先生在对青年演员的培养上一向是不遗余力的，他将许多人视为秘宝的技艺毫无保留地传给后起之秀。他的学生遍及各地，拥有"无旦不荀""十荀十红"的美誉。

要想演好《荀灌娘》，仅靠模仿是远远不够的，荀慧生细致入微地指导让孙毓敏受益匪浅。像荀先生这样的老一辈艺术家，很多都是德艺双馨。不仅在艺术上为孙毓敏点灯指路，而且在生活乃至人生方面，荀先生为孙毓敏也树立了标杆。即便在最艰难的情况下，孙毓敏对戏曲始终不离不弃，与荀慧生的言传身教是分不开的。

在平日的生活里，荀慧生是一位幽默的老人，他擅长讲一些笑话逗得大家哈哈大笑，将气氛瞬间活跃起来。同时，爱憎分明的性格在他身上体现得也很明显，一就是一，二就是二，绝不含糊。他的艺术道路非常坎坷，又是由梆子演员改唱京剧的，所以他需要付出比别人更多的努力。孙毓敏写过一篇《我看师傅演杜十娘》的文章，着重提及了荀先生对艺术的专注程度，此点无愧于"四大名旦"的称号。

让孙毓敏记忆犹新的是，有一次她为荀先生捧砚磨墨，一不小心，将画纸沾湿了一块，荀先生不仅没有责备她，反而安慰她说："不要紧，再画一张。"有人说"谦谦君子，温润如玉"，大概说的就是荀先生这样的人。万法同源，任何一门技艺到了化境，都会表现出一种温和圆润的气质，那些凌厉和锋芒，都被藏入自己的气质之中，不必言而使人顿感亲近，不必怒而自然生出威严。见微知著，一叶落而知天下秋，正是从这些小细节中，我们感受到了荀慧生先生超凡的人格魅力。"既见君子，云胡不喜"，无怪乎孙毓敏终生以有这样一位恩师而深感幸运。

当然，荀慧生既像一位慈父，又是一名严师。戏曲本来就是一门"不疯魔，不成活"的艺术，失之毫厘，谬以千里，所以在平日里他对孙毓敏的教导都是极为严格的。他告诉孙毓敏，学戏要学意，不能只学一个花架子，"表演要有目的性"，不仅要知道自己该怎么演，更需要知道为什么如此演。齐白石老人曾说过一句话："似我者死，学我者生"，一语道破了天机。戏曲演员不是提线木偶，而是活生生的人，有悲有喜，有爱有恨。人是复杂的，每一个人都和其他人不同，要让观众一眼就看出所表演的角色来，贵在传神。"扬州八怪"之一罗聘善画鬼，人人相传他画的鬼十分传神，但从没有人见过鬼。他是从人面中取鬼貌，再加以提炼，最终画出了《鬼趣图》。荀慧生告诉孙毓敏的，正是这个道理。

所以，他叮嘱孙毓敏，出台时既要"自然"又要"醒目"。他主张斜身出台，因为这样更加吸引别人的关注，而且更符合人们的期望。在《荀灌娘》一出中，有一幕是荀灌娘去借兵，在报完了称呼之后有一个短暂的停顿。而后有一个轻微的"啊"字。荀慧生在说这一点的时候，特别强调要将这个字轻发，因为这个字是与荀灌娘的少女身份符合的，是在见到大人物的时候一个略显尴尬和紧张的语气词，如果声音大了，必然显得矫揉造作。

荀灌娘这个身份具有特殊性，因为她是以一个小孩的身份充当一个成熟干练的外交官角色的，其中必定有一些小细节来体现出这种角色的错位。例如，她在帐中侃侃而谈说服众将的时候，她不仅是一名学识渊博且深明大义的智者，更主要的是，她是一个孩子。所以荀慧生教导孙毓敏，在帐中走动的时候，幅度一定不要太大，以此来表现出她作为一名孩子的一面。同时，她作为女孩，行为举止在古代和男孩子不同，在很多地方是有所忌讳的。比如说有一出戏是周抚要跟荀灌娘义结金兰。这时候荀灌娘对于两性有一个模模糊糊的认识，这种雾里看花的矛盾性，需要细腻的表演来体现出来。荀慧生耐心教导，详细阐明，才使得孙毓敏表演起来得心应手。

有一件事发生在荀慧生教她跨蹬、勒马的时候，令孙毓敏特别感动。这些都是无实物表演，可要表演好，非得先熟悉相应的实物动作不可。荀慧生手把手地教，而且告诉孙毓敏很多地方不能臆测，要符合实际而且具备观赏性。这似乎是一种"手中无物，心中有物"的境界了，孙毓敏铭记在心。在实际表演的时候，时年六十多岁的荀慧生亲自充当马童，让孙毓敏踩在自己膝盖上，这让孙毓敏惶恐不已。这是她的授业恩师，实在于心不忍，但荀慧生坚持如此，孙毓敏也就只能勉为其难了。后来这个镜头被记者抓拍到，成为前辈提携后辈的一个典范。"长江后浪推前浪，世上新人赶旧人"，有的不仅是淡淡的感伤，更多的是对老一辈艺术家胸襟气度的钦佩。

在四十年之后，有朋友从报社的资料室找来这张报纸的复印件。那张照片和那篇叫作《荀慧生老师教我学戏》的文章，让孙毓敏不禁又回忆起恩师荀先生的音容笑貌。在那段金色岁月里的一幕幕如在眼前。四十年之后，孙毓敏由一个懵懂的少女变成了一位像荀先生那样年纪的老人，但始终不能忘却荀先生对她的谆谆教导。

荀慧生教导孙毓敏戏曲不是一成不变的，他所教授的也只是一个人对戏曲的理解，并不是死规定。他告诉孙毓敏要对戏曲有自己的创造，招式是死的，人是活的，没有永远不变而能永恒发展的东西，就连京戏本身也是吸收了各方戏剧的优点，兼收并蓄，最终形成了独特的艺术魅力。在某些剧种发展极盛的时期，谁也不会想到它日后的衰落，最终成为一门纯"雅"的表演艺术，脱离了实际，脱离了大众，犹如无根之浮萍，只能在皇室贵胄中流传了。

荀慧生在创新的道路上并非总是一帆风顺，很多时候是在非议中坚持自我的。孙毓敏也曾因为与众不同而深受非议。但对戏曲的界定就有不同的看法，有人曾经说过"无歌不声，无舞不动"是戏曲最大的特色。在此基础上，能够贴近原角色，并且在原角色上生发，从而形成自己的特色，即使是与人们的预想有一定偏差，然而最终能吸引到观众，它就是成功的。无论孙毓敏走到哪儿，始终铭记荀先生的教导，坚持荀派的风格，又能够吸收别派的特长为己所用，最终将荀派发扬光大，在现代的艺术舞台上仍保持自己独特的魅力。

有一天，荀先生对孙毓敏说："毓敏，这出《荀灌娘》我已经演了四十多年了，前后大的修改就有三次，我再为咱们国庆十周年大庆演两场就让给你演了。"这种传统的师徒相授的方法，一直是中国艺术传承最为常用的方式。佛家有"衣钵传人"的说法，后世效之，戏曲艺术也是如此。从此之后，这出戏就成为孙毓敏的主打戏之一。她还向荀慧生学习了其他十几出不同的戏。这让她的戏路更宽了，表演的灵活性也更强了。

孙毓敏是一个勤快的学生。每天早上如果没有演出，她就会早早地到荀先生家中学戏。有时候她去得很早，先生一家还没起床，她就先帮忙打扫院子。荀先生教戏的时候，总少不了一些亲自示范，有时竟会累得满头大汗。他不但教给孙毓敏《红娘》等十几出戏，而且掏心窝子地将诀窍传授于她。例如出场怎么才能做到眼前一亮，怎样才能做到"视像具体"，怎样才能用眼睛抓住观众的心，怎样创造一个新角色，这些都是荀先生艺术生涯的精华。为了积累下扎实的基础，孙毓敏每年都要演出大约三百场戏。在演出中，她从一个名不见经传的"客串"演员成长为荀剧团的"顶梁柱"之一。在她对荀派戏的演绎过程中，不仅实现了对荀先生的形似，并遵从荀先生的教导，加入了许多创新与改编，从而达到了神似的程度。

"文化大革命"开始以后，大批艺术家遭到迫害，甚至被折磨致死。在那漫长的十年时间里，孙毓敏被下放河南，受尽了折磨，最终凭着非凡的毅力挺了过来。但她的恩师荀慧生先生却惨死于北京，在他离去的时候，身边连一个亲人也没有。每每想起恩师荀先生，孙毓敏总是激动不已。"寿终德望在，身去音容存"说的就是荀先生这样伟大的艺术家。

第二节　以爱之名　苦亦思甜

新中国成立后，人民的生活发生了翻天覆地的变化。然而个别家庭的贫困却难以在短时间内得到解决。孙毓敏家是一个由母亲和三个孩子组成的单亲家庭，在生活方面难免显得捉襟见肘，总是穷于应付生活中的各种费用。急需扭转局面的孙毓敏，想到的方法竟然是去卖血。

余华的小说《许三观卖血记》对主人公许三观的卖血经历，描绘得很生动。许三观为了维持生计，一次次去卖血，每一次都是血泪。虽然卖血的事情已经过去了很多年，但每一次想起的时候，孙毓敏还是会像揭开伤疤一样痛苦。那一段灰色的日子，本该让它永远沉潜下去，但换个角度去看待，那又是她对亲情最有价值的回忆。

当时还是学生的孙毓敏，能了解到卖血渠道也算是一个偶然。她听说一个同学的母亲为了照顾多子的家庭，经常在生计难以维持的情况下去卖血换钱。这位伟大的母亲为了家庭而牺牲自我的事情感动了孙毓敏，她觉得自己也能像她一样去卖血。何况如果不能在短期内挣到一点儿钱，她的生活费将无处着落，把母亲从新疆接回北京的愿望也会成为空想。

拿定主意后，孙毓敏开始打听输血站。一个周末，孙毓敏到了北海后门，那里有一个可以办理输血手续的站点，但需满十八岁才能办理。这难不倒她，虚报年龄便可轻易过关,她随后又以"孙玉敏"的名字做了登记。刚办完手续的献血者至少要下个星期才能领到分配单,然后再根据分配单找到自己所要献血的单位。离开的时候,她看到站满了排队献血的人,有的人看起来像是"老资格",举手投足之间显得不慌不忙。当然也有一些新手,不免露出了几分紧张。一个小群体就是一个小社会,论资排辈,阶层结构很有意思。

到了第二个周末,孙毓敏加入了那个小社会。但她不愿意牺牲任何学习的时间,即使在排队时也手不释卷。人越来越多,越来越挤,孙毓敏如同暴雨中的一叶扁舟,在其中不断摇摆。她只能奋力挤了出去,找到一个相对安静的地方继续阅读。那是一个相对僻静的角落,她听到旁边的一对夫妻在执着地争论着,都在为对方考虑,孙毓敏为之感动了。随后一段窃窃私语又拉回了她那延绵的思绪,她看到一位焦急的老人不停地踱着步子,嘴里念念有词,仿佛遇到了烦心事。孙毓敏不禁好奇地问他,这么大岁数了,为何还来献血?原来老人一直依靠献血换来的钱来应付儿子的学费。在这个小小的角落里,短短的一上午,爱情与亲情这些平凡又伟大的情感深深地感动了孙毓敏。

工作人员终于出来了,开始播报献血单位和血型,孙毓敏的血型被安排到了第一医院。她刚要举手说话,却突然想到那是他们学校的合同医院,便有了退缩之心。旁边立即有人应声而出,抓住了机会。那位中年男子对工作人员不断感谢,脸上满是兴奋与激动。那一定是一位为了能让老婆孩子过上宽裕的生活而做出牺牲的好男人。这小小的群体正是人世间的缩影,人们不断奔波,不只是为了自己,更多的是为了他们所深爱的人。

孙毓敏(1953年)

第三章　初出茅庐　前途坦荡

　　工作人员再次出现已经是六个小时以后了，孙毓敏被六七个人的声音压下去了。虽然从未抓住先机，但也大致知晓了流程，下一次就轻车熟路了。孙毓敏挤到小门边上，避开询问以免暴露血型。当工作人员再次出来时，她便迅速拉下口罩，诚挚地喊出请求。几经努力之后，孙毓敏终于争取到了一个人民医院的献血名额。

　　第二天早上五点钟，孙毓敏在工作人员上班之前就来到了医院。她并不知道血库的具体位置，一路询问竟遭遇了不少冷落。孙毓敏对此事较为敏感，看到人们对她的反应，便明白几分，显然医生对献血并没有抱太多好感。他们吃得饱穿得暖，很难理解那些以卖血为生的人。孙毓敏还是一个学生，找到一份正式工作很不容易，对她来说，卖血算得上是为数不多的出路了。

　　孙毓敏惊奇地发现采血点上已排起了长队，等了许久才轮到她。孙毓敏的血管太细，护士皱起了眉头，这让她紧张极了，生怕"晚节不保"。看到硕大的针头成功扎入，鲜血在软管中畅快地流动起来，孙毓敏的心里五味杂陈，不知是悲是喜。随后得到了一个纸条，那是领取补助的凭证，她忍不住流下了眼泪，悄悄地离开了医院。

　　以这种方式赚取生活开支，成为她在学生时代最常用的谋生手段。在她工作之后，入不敷出的情况仍然常见，特别是将母亲接回北京之后，家里的开支有增无减。家里本来经济困难，礼节方面的支出所占比重也很大。北京是一个注重礼尚往来的城市，一来一往，必然是一笔不小的开支。当孙毓敏感到生活拮据到无以为继时，渡过难关的方法往往还是卖血。但频繁的献血让她的身体变得虚弱，况且演出繁重，根本得不到充分休息，长此以往，铁人也要垮掉了。孙毓敏逐渐面带菜色，精神萎靡，每况愈下，到了十分危急的时刻。

　　有一次抽完血，她突然感到天旋地转，护士刚刚放好血袋，转身就看到她倒下了。孙毓敏献血过量了，经验丰富的护士一边帮她擦汗，一边喂她喝下牛奶。孙毓敏的确太劳累了，每日剧增的演出任务，营养却跟不上，使她几乎要虚脱了。在好心护士的照顾下，她终于有了力气，慢慢恢复了意识，一步步扶着墙走出了医院。在回家路上，公交车的颠簸差点儿使她又一次晕倒。为了不让母亲担心,她撒谎说自己感冒了,休息一会儿就好。孙毓敏的确太需要休息了,喝碗红糖水,睡了一觉,竟然熬过了一天。

无论身体怎样虚弱,她从不允许自己在舞台上有丝毫懈怠。每逢上台总能拿出最好的状态。在舞台上光鲜亮丽的她,在生活中却是一个狼狈不堪的人,她曾多次为此感到悲伤。她所饰演的角色,大都是衣食无忧的人物,在生活和艺术之间转换角色时,不免产生悬殊的落差。记得汪曾祺在一篇关于西南联大教授的散文中,讲到那些穿着露底的袜子参加舞会的教授们,虽然穷困至此,却依然风度翩翩。孙毓敏也需要在落差之中找到平衡,一上台就要忘记生活中的窘迫。这个过程并没有花费太多的时间,孙毓敏很快又变成那个活泼机智的荀灌娘了。

她一直小心翼翼地向母亲隐瞒着事实,但那些让人感到痛苦的事情,总有一天会笑着说出来。母亲在洗衣服的时候,看到了"孙玉敏"的献血证,一下子愣住了。恰逢孙毓敏回家,在母亲一再逼问下,就不得不如实交代了。母女俩抱头痛哭,达成了永不再献的协议。然而孙毓敏并没有履行诺言,前后又是十几次献血,这几乎是人体血液的总量。

在毕业之前,孙毓敏一直筹备着将在新疆的母亲和妹妹接回北京。毕业之后,这件事情终于被提上了日程。小妹孙毓伟在新疆工作几年后,因为种种原因,变成了一个"半残疾"的人。这让孙毓敏伤心不已,更加坚定了尽快团圆的决心。在新疆已经分配工作的大妹孙毓皓,没有回京,从此留在了新疆。她与一位基层干部结了婚,后来有了两个可爱的孩子。虽然无法相见,但从往来书信中不难看出他们家庭和睦,日子幸福,这让孙毓敏感到非常欣慰。

孙毓皓在信上经常诉说想念之情,多次请求姐姐到新疆与她团聚。相约的探望直到1985年才能实现,孙毓敏应邀参加新疆维吾尔自治区成立三十周年的演出,于是姐妹终于能够相见了。那时距两人上次相见已经三十多年了,她们已经由少女步入中年,但那血浓于水的亲情却从未改变,即便相隔万里,她们的心却永远在一起。姐妹两人感慨万千,忍不住抱头痛哭。在那些分别的岁月里,她们历经了人事沧桑,看惯了世情变幻,亲人间的温情却始终不曾抹去。

说起小妹的伤残,就不得不提及京剧的教育问题。京剧的练功有"冬练

第三章 初出茅庐 前途坦荡

孙毓敏（前排左一）与孙毓皓两家合影

三九，夏练三伏"之说，很多著名艺术家在近乎残忍的教育环境里练就了一身过硬的本领。传统的教育方式虽然能让演员的功夫突飞猛进，但的确过于严苛，有时甚至有致残的危险。两个妹妹去了新疆之后，大妹孙毓皓学了一阵子戏就转行做了工人了，而小妹却因为俊秀的外表和清亮的嗓音，被分配到了花旦一行。良好的天资让孙毓伟很快就脱颖而出了，但还没等到她上台成角儿就被拖垮了。

在三姐妹中，孙毓伟属于比较柔弱的一个，这虽然平添了一份独特的气质，但有时过于残酷的功课对她而言无异于苦刑。孙毓伟的老师急于求成，在一次指导练功中，竟把孙毓伟打成了骨折。虽然没有瘫痪，但身体却有了较为严重的畸形，很难再上台演戏了。妹妹的悲剧让孙毓敏心如刀绞，她恨不得立即把家人接回北京，但苦于贫困，一直不能如愿。于是孙毓敏拼命攒钱，生活节俭到极致，菲薄的工资，卖血的收入，竟能凑足了盘缠。

从小到大，母亲将爱过多地倾注到了长女身上，把她当成是整个家庭的希望。当姐妹产生争执的时候，母亲总是不分青红皂白地训斥两个妹妹，告诫她们要学会体谅长姐的苦与累。这让孙毓敏在享受"特殊待遇"的同时，也感到十分愧疚。两个妹妹远赴新疆，自己却留在了北京。这些事情一件件压在孙毓敏的心头,让她时刻都在寻找补偿的机会。接她们回家,让她们过上好日子,是孙毓敏长期以来的夙愿。

母亲和小妹回京后,一时很难找到工作,所以母女三人的生活就指望孙毓敏那三十几块钱的工资,生活十分拮据。由于房间太小,孙毓敏只能回到剧团的集体宿舍里去住。但她终于不再是一个人了,每次回到简陋却充满欢笑的家里,看到一家团聚,总会由衷地感到幸福。

恰逢过年,孙毓敏置办了一席丰盛的年夜饭,母亲和妹妹为此感到奇怪。他们对自家的经济状况十分了解,开始紧迫地追问缘由。孙毓敏除了卖血之外,根本想不到更好的办法弄到钱。但她不能让家人知道真相,于是就谎称是剧团发的福利。于是,母女三人在那间小屋子里,总算过上了第一个像样的新年。

在孙毓敏工作的第二年,真正的困难时期到来了。单凭她一个人的工资,养活整个家变得日益艰难起来。于是小妹提出外出工作,赚钱养家,最终一个人去了西安京剧院。在那里的工资虽然微薄,但也能勉强养活自己。然而,"福兮,祸之所倚;祸兮,福之所伏",两年之后,孙毓伟患了面神经炎,一边脸肿了起来,孙毓敏实在不放心妹妹一人在外,便又接回了北京。为了给妹妹治病,孙毓敏又去卖了血。生活仍然很艰苦,但母女三人却熬过了最艰苦的岁月。

那段时光充满了苦涩与美好,直到后来,每每想起,孙毓敏的心中总是充满温暖。

第三节 灯火舞台 声名鹊起

京剧脸谱艺术博大精深,不同的行当有着不同的讲究。脸谱是一名京剧演员的"脸面",是观众了解角色的第一窗口,对于整出戏的质量有着至关重要的作用。孙毓敏所在剧团的演出一般在晚上七点开始,而五点一过,演员们就陆陆续续从四面八方赶到后台,开始各自装扮。有些装扮过程比较简单,很快就能完成。但"早扮三光,晚扮三慌",早一点开始,就有更充裕的时间将装束调整到最佳。化装时间的后台总是一片忙碌。孙毓敏也会很早到达剧院，拿出化妆盒，拍底彩、涂胭脂、吊眉眼、扎水纱、戴头饰、插鬓花，很快就完成了对角色的装扮。

看起来简简单单的几个步骤，对于京剧演员而言，却不只是字面上简单的过程。单就旦角的"贴片子"这个步骤而言，就分为二柳、小弯、大柳和歪桃多种不同的类型，并且在细节上的差异很大。"贴片子"是为了与演员的粉面相互对比产生强烈反差，使演员的形象更加鲜明。

孙毓敏所扮演的角色，大都是活泼可爱的少女，比较适合淡妆。正如苏轼诗中所说"淡妆浓抹总相宜"，化妆贵在"相宜"。从孙毓敏各个时期的剧照来看，她的装扮与所饰演角色很是相称，就拿红娘来说，完全将其俏皮而又泼辣的性格描绘在了脸上。

《勘玉钏》，孙毓敏饰韩玉姐

上场之后就是另一番情景了。观众的目光齐刷刷盯在寥寥几人身上，在舞台灯光照耀下，分毫毕现，所以孙毓敏一刻也不敢松懈。哪怕是一个随意的眼神，即便是不经意间地轻挑或眨眼，台下的观众也能看得一清二楚。每次登上舞台对孙毓敏都是一场磨炼，她会用十成的心力尽可能地演好每一出戏。"知音少，弦断有谁听"，观众的掌声则是孙毓敏最欣慰的馈赠。

演出结束后，演员们不能马上下场，谢幕对京剧演出而言，包含着更为深刻的含义。不仅代表着对观众最诚挚的谢意，还是对观众的一份祝福，希望他们能有一个好心情。从化妆到谢幕，这就是孙毓敏在荀剧团的五年剧演生活的一个缩影。而这样忙碌而充实的每一天，正是孙毓敏所渴望的生活。

在那五年里，剧团的大部分时间都在外地，生活上总是又苦又累，但孙毓敏却没有丝毫在意。在国家的三年困难时期，孙毓敏他们在外地的生活更为艰苦。在饥肠辘辘的情况下还要完成繁重的演出活动，然而他们却一天天地熬过来了。

在下乡奉献演出的时候，剧团与农民同吃、同住、同劳动，还要辅导工厂的业余剧团的演出。在巡回演出的过程中，与各行各业的联欢常常举行，他们一路欢声一路歌，那段岁月的大环境是艰苦的，而人们的内心却总是快乐的。

孙毓敏在街头清唱

在荀慧生的精心指导下，孙毓敏很快就成了剧团的主演。她演绎的《荀灌娘》获得了观众与媒体的大加赞赏。在南方的演出，也取得了轰动效应。那段时间正是孙毓敏艺术生涯的巅峰期，各家报纸争相报道，评价颇高，都把她看作是荀派艺术的后起之秀。特立独行的荀派表演艺术有一套标志性的身段与唱腔，孙毓敏无论是在唱腔还是表演上，都有着鲜明的荀派烙印。媒体的报道让孙毓敏感到十分振奋。她终于在剧团中成长起来了，迈出了艺术生涯的关键一步。

孙毓敏从舞台实践表演过程中，感受到了荀派的博大精深，很多荀派学员的模仿往往趋于表面，远远达不到传神的境界。比如荀先生的代表作《红娘》一出，大部分时间都被当成展示拿手好戏的打炮戏。孙毓敏在学这出戏的时候，荀先生给予了她细心的指导。荀先生将红娘的形象表现得惟妙惟肖，而孙毓敏的表演却经常被评论过于凌乱，她就认真观摩荀先生表演的特点，每次都会详细笔记，反复分析。荀先生的指点并非仅仅局限于某一出戏，更多的是关于整个荀派艺术特点的总结。孙毓敏从中体悟到了"静中有动，动中有静"的诀窍，从而取得了突飞猛进的进步。孙毓敏对于荀派艺术的继承，有了全新而深刻的认识。京剧表演艺术不仅要做到"形似"，更要做到"神似"。"随人作计终后人，自成一家始逼真"，要做到"真"，就不能只得其形而不得其意，这些体会让孙毓敏受益终生。

孙毓敏从一个普通的演员，一直成长为荀派的主演，这其中付出了太多的艰辛。当然也有"天赋绝伦""高人指点"之类的词汇来掩盖她的努力。要成为一名优秀的京剧演员，良好的天赋和恰当的指导都是不可或缺的，但并不是最关键的因素。据梅兰芳讲述，曾经因为眼珠转动不够灵活而遭到奚落，他就琢磨出一种方法，让自己的眼睛跟着大雁或者游鱼转动，终于练出了一双灵动的眼睛。大师尚且如此，孙毓敏就需要更加努力了。她之所以能将荀派艺术融会贯通，与她平日里的刻苦密不可分。没有私功苦练，纵使天才，也必然会有仲永之伤。京剧是一门从"不行"中"练行"的行当，小妹孙毓伟的悲剧就证明了它的特殊性。

1962年北京戏校欢庆建校十周年，毕业生举行了"旦角学习流派剧目专场"演出，"四大名旦"的流派继承人在学校排练场亮相了。李玉芙主演梅派名剧《贵妃醉酒》，李翔主演尚派名剧《昭君出塞》，黄汝萍主演程派名剧《六月雪》，而孙毓敏主演荀派名剧《红娘》。毕业数年之后再聚首，昔日的同学各有长进，演出也格外精彩。这场演出受到了广大观众的赞赏，周恩来总理和彭真市长也位列其中，引起了当时报纸的高度关注，在对孙毓敏的评价中，突出强调了她那清亮的嗓音和成熟的表演。这让孙毓敏松了一口气，终于没有辜负学校对她的期望。

在荀剧团的五年里，孙毓敏塑造了许多深入人心的花旦形象。在毕业演出中，她凭借一出《断桥》吸引了荀慧生的注意，并最终成为继承荀派艺术的学生。而在后来的演出中，孙毓敏将《白蛇传》变成了她的保留剧目。她不断尝试各种创新，吸取各家所长，与个人特点巧妙融合起来，总能取得不错的效果。她的表演事业进入了"井喷"期,每当回忆起这段忙碌的日子,孙毓敏总是难以掩饰心中的高兴。

《白蛇传》,孙毓敏饰白素贞(1960年)

第四节 主演梅剧 幸遇佳师

孙毓敏是幸运的,在她的艺术生涯中,有机会融合荀梅两派之长,创造出了独特的艺术特点。这在以前几乎是不可想象的,旧社会极其严格的门派传承,使得演员们很难学到其他派别的精髓。剧团的国有化打破了这个桎梏。1963年,荀剧团的部分演员被调出支援梅剧团,孙毓敏就在其中。恰逢梅剧团的几个"顶梁柱"因为种种原因无法登台表演,孙毓敏就顺理成章地变成了主演。孙毓敏却喜忧参半,她担心自己无法胜任,把戏演砸了。

从表演特点上看,荀派和梅派有诸多不同之处,虽然同属于京剧一行,且角色多为花旦,但表演特点却天差地别。荀派表演的多为青春活泼的少女,所以"做念唱打"的功夫多与此相适应;梅派则注重表现雍容华贵的贵妇形象,在身段和唱腔上就不能与荀派一概而论了。孙毓敏为自己的表演感到担心，害怕把梅剧唱出荀味来，变成了四不像。在接下来的演出中，孙毓敏并没有让人失望，在场的观众好声连连。她是一个模仿力很强的演员，她能凭借印象和"突击"还原《兄妹习箭》，自然也可以通过观摩与苦练将梅派京剧演好。

"内行看门道，外行看热闹"，大部分观众只图乐呵，对很多表演或唱腔根本没有太敏感的反应。就在孙毓敏救了几次场而受到好评的时候，一位老先生的话给她泼了一盆冷水。他直截了当地告诉孙毓敏："别看你当了几年主演，实际上你还不会唱呢，你那味儿根本不对。"

"味儿不对"的评价在梨园界算是很严重的批评了。资深的票友大都能将每个细节烂熟于心，听得就是一个"味儿"。唱腔的起承转合，舞台上的微妙动作，总能让他们津津乐道。这位老先生说孙毓敏"味儿不对"，相当于否定她的整场演出。这让孙毓敏一时之间接受不了，这是她在演艺生涯中遇到的一个重大挫折，也是她必须要过的一道坎。孙毓敏是一个要面子的人，遇到这个问题后，她几乎连觉也睡不好了。经过深思熟虑之后，她决定去向那位老先生拜师学艺。以她荀派的唱法在梅剧团里唱戏，当然会让那些听惯了梅剧的观众感到不适。这就像是一个人每顿吃惯馒头，一下子给他换成了米饭，必然感觉如鲠在喉。

雷厉风行一直是孙毓敏的风格，她很快就提着礼物登门拜访了。老先生被她的诚意所打动，很爽快地答应了她的请求，并指出先从梅兰芳的代表作《宇宙锋》开始学起。戏剧界有"宇宙三锋"之说，分别是梅兰芳的京剧、陈素真的豫剧和陈伯华的汉剧。《宇宙锋》是一出颇有梅派特色的著名京剧剧目，老先生决定从这出戏开始教起，大概也存在这层因素。

话是已经答应下了，但老先生却没有太多时间手把手地教戏。他的名气很大，每天都有很多慕名而来向他求教的人，有的甚至不远千里而来。好客的老先生又无法拒绝，所以孙毓敏向他学戏的时间少得可怜。孙毓敏一直渴望着自己能够将梅派风格真正地吃透，然而进度却如此之慢，孙毓敏着急了。

孙毓敏从小就具备扭转局面的能力，在艺校招生结束后，因为一封信而能够绝处逢缘。就在孙毓敏为停滞不前而深度懊恼的时候，她遇到了一位贵人。这位贵人并不是职业的梅派演员，而是一位特殊的票友，他叫闻时清。一次偶然的机会孙毓敏在张君秋家中遇到了天天看梅兰芳先生演戏的闻时清先生。"虽在其外，实在其中"，由于多年的耳濡目染，闻先生在梅派戏曲方面的造诣已经超过了很多内行人。

孙毓敏当即向闻先生请求学戏，这下反而把闻时清给弄懵了。他不明白一位专业的京剧演员为何要向他这位业余票友请教，自然也不敢贸然答应。但实在架不住孙毓敏的软磨硬泡，闻时清就答应去看她的戏，至于指教一事，暂且搁置。

遇到这样的资深票友来看戏，孙毓敏拿出了十二分的精神来演，希望

《宋宫奇冤》，孙毓敏饰寇珠

得到中肯的意见。闻时清几次半是玩笑地挡了过去，但最终还是开了口。他先是谦虚地否定了孙毓敏所说的"请教"一词，然后答应她可以找机会聚在一起相互交流一下。闻先生当时并不认可这位小有名气的演员向他学戏的真心，只是被孙毓敏那锲而不舍的态度打动了。从此之后，每逢星期天，孙毓敏和妹妹都会来到闻时清先生的家里。在那个空间并不富裕的房子里，总有一群热爱京剧的人聚在一起，相互切磋，共同提高。他们大都是具有较高水平的票友，在彼此的交流之中收获很大。

闻时清提供给孙毓敏一些笔记。这些笔记都是闻先生亲自书写的，十分珍贵，这让孙毓敏的眼前豁然开朗。她立即请求借这些笔记摘抄，闻时清爽快地答应了。那时候想要复写一本书，基本只能靠自己手中的笔。厚厚的几大本，孙毓敏一个字一个字抄了下来。凭借这些笔记练就的功底，她练了一手漂亮的

第三章　初出茅庐　前途坦荡

钢笔字。

和票友一块学习的日子，轻松愉快，毫不藏私，所知所学，倾囊相授。而且他们与演员的视角不同，常常能发现许多新问题。孙毓敏乐于向资深票友请教，不仅可以弥补自己演出方面的不足，往往还能够使她茅塞顿开，领悟到深层境界。令人惋惜的是，闻先生在"文化大革命"十年中患肝癌去世了，终年四十四岁。孙毓敏抄录的那些笔记，也随之销毁殆尽。直到1979年，孙毓敏才向闻先生的岳父要到了照片，聊以慰藉，以此为念。

跟闻先生学戏不久，曾经说孙毓敏"不会唱"的那位老先生惊奇地说："嗬，下私功了，什么时候学的梅派呀？这才算会唱戏！"的确，在那些老票友老戏骨看来，正是那些细节体现着一门一派的区别。一个动作，一个眼神，就很可能代表着两种完全不同的艺术风格。"搭什么台，唱什么戏"这类说法，十分适用于京剧行当。

所有辛酸凝铸的泪水，将会得到补偿，1964年3月，在北京市五好青年代表大会上，孙毓敏作为一名五好青年参会了。大会在对她的评价中，着重突出了她在京剧方面的贡献。她真正做到了扎根地下，从人民大众中汲取营养丰富自己的艺术形式。同时，她还自觉地进行京剧艺术的创新，正如她的老师荀慧生对她要求的那样，将荀派风格表演得灵动而又不失本色。在与梅派风格融合之后，她渐渐地形成了自己独特的艺术表演特色。她还从话剧、电影、相声、音乐、舞蹈等艺术形式中找到了许多值得借鉴的技法。那时，鲜花和荣耀都属于这位二十几岁的青年演员。

但谁又知道，在这些荣誉的背后，孙毓敏曾经经历过怎样的艰辛呢？谁又知道，她走到这一步是多么不易，克服了多少艰难险阻？那些过去曾羁绊她的磨难，如今又成了托高她的基石。她怀揣着金色的梦想，走过荆棘，走过磨难，终于看到了前方的路。然而前面等待她的，并不是一路坦途。她即将经历一辈子都无法忘记的噩梦、鲜血、罪恶、哀伤。她是一只傲慢的凤凰，经历了群鸟的嘲笑和奚落，在烈火中死亡，又挣扎着从烈火中获得了重生。

第四章　命中多舛　悲剧连连

第一节　下放河南　悲情伊始

在孙毓敏的京剧表演事业蒸蒸日上，融合各家之长形成自己风格的关键时期，一个通知彻底改变了她的人生。自此开始的长达十二年的时间里，她离开了北京，也离开了她心爱的京剧舞台。那段时间是孙毓敏人生中最黑暗的日子，同时也是新中国成立以来面临的最大一次浩劫，她的人生和国家的命运紧紧地联系在一起。

通知内容如下："组织研究决定，调你到河南郑州市京剧团工作。"这对于孙毓敏来说，无异于晴天霹雳。这个决定类似于流放，在那个动荡初现的年代，再想回到北京就遥遥无期了。她本能地抗拒了，并且向领导再三恳求，希望能够改变他们的心意。然而，事与愿违，领导们不仅没有改变对她的调任，反而火上浇油，将她的薪酬一概停止，逼迫她尽早离开。

北京的剧团之所以催促孙毓敏离开北京，这竟与她的第一段恋情有关。这个自小就在京剧的艺术环境中长大的少女，并不缺乏浪漫的情怀。但她是那样强烈地热爱着京剧艺术，甚至想过为此牺牲自己的爱情。在台上，她是俏皮活泼的红娘，为张生和莺莺牵线搭桥，而在台下，她却拒绝了许多小伙子的追求，将自己安置在一个与爱情绝缘的角落里。

孙杰看到女儿已长大成人，也开始劝说她考虑一下个人问题。随着孙毓敏的年龄渐大，这种劝说的频率也高了起来。有一次孙毓敏实在不耐烦了，就对母亲说:"我懂,我不会像您那么窝囊,受人家的骗。"听过之后,母亲就不再说话了。自知失言的孙毓敏,便没有和母亲在这个问题上继续讨论。

然而爱情并没有因为孙毓敏的决心就对她说再见。1963年年底的一天,在一位演员的家里,她邂逅了一位香港客人。孙毓敏对这位年轻英俊的客人抱有强烈的好感,一经交谈,听出了他的上海口音,更增添了一层同乡的亲近。尤其令她惊喜的是,他也是一位京剧迷。于此种种之下,她坠入了爱河,与他相恋了。

他每次从香港到北京出差,总要抽出时间,陪她排戏,抄本子,谈唱腔。两人的通信,总要写上洋洋洒洒的十几页,似乎不这样就不能表达对彼此的思念。当然,这么大的事情不可能一直瞒过母亲。孙毓敏的种种表现让母亲隐隐约约看明白了,于是也开始频繁地提及相关的问题。孙毓敏起初还闪烁其词,但后来就将关于他们的一切都告诉了母亲。然而,她得到的并不是母亲的支持,而是对其港商身份的忧虑。孙毓敏向母亲解释了许久,母亲见到女儿心意已决,再多劝也无益了。于是就提醒孙毓敏不要走自己的老路子,多了解了解他,找个自己真正喜欢的人。孙毓敏母亲的话其实更有道理,她毕竟经历得多,有着更丰富的人生经验。但陷入爱河的孙毓敏,没有把事情想得那么复杂。事实上,孙毓敏后来的经历证明了她母亲的远见。

这段恋情一直维持到"文化大革命"之前的1965年。在此之前,对政治懵懵懂懂的孙毓敏,并没有认真考虑到这位华侨的身份对她将是一个多么大的麻烦。在那个强调阶级斗争,将人分为三六九等,"敌我"对立严重的时代,这一层"海外关系"可能就是日后人们死抓不放的"把柄"。而且不幸的是,她此后的种种遭受,也的确多与此有关。

一向和气的领导终于翻脸了,没有叫她习惯性的称呼"小孙",而是用"孙毓敏同志"代替了。这是一个危险信号,他开始不断向孙毓敏发难了,而诘问的内容多与她的男友有关。显然,领导们并不认为这只是一段普通的恋情,或者他们试图将其与政治挂钩。他们指出,"在选择对象的问题上也需要政治标准第一,一定要考虑政治理想……资产阶级正在施展各种手腕,向无产阶级争夺青年一代,为了把你拉回到无产阶级队伍中来,组织上要求你必须和他断绝一切联系"。

这时候的孙毓敏已经开始意识到问题的严重性了。领导们的意思，分明已经将她划到"资产阶级"的队伍中去了。而且，领导们显然找到了孙毓敏的命门所在，一上来就强调"你还是要演戏的嘛"，其中的潜台词就是"如果你继续这样，就取消你演戏的资格"。在这个问题上，孙毓敏无法与他们争论，他们握住了她的软肋。要她放弃京剧，就如同让她放弃生命。她妥协了，答应领导们和那个港商断绝一切联系。

此后，领导又与她进行了几次谈话，内容无非就是和敌人划清界限，按照组织要求断绝往来。有很多现在看起来荒诞的事情，在当时却被认为是理所当然的。她的初恋就这样以政治命令的方式结束了。

孙毓敏本以为这件事已经算是告一段落了，然而事情远不止这么简单。正如上文中所提及的那样，她最终收到了让她调离北京的通知。而且被剧团停薪，使她彻底成了北京的"流民"。孙毓敏始终没有放弃抗争，剧团虽然对她停薪，但她并没有就此离开北京。然而一个女子，在没有"良民证明"的情况下，很难在北京找到一份工作。为了获得生存之资，为了照顾自己的母亲，她只能又去卖血。孙杰也拾起了原来给人家看孩子的活计，母女二人相依为命，日子过得自然非常艰苦。血量有限，不可能以此为生，这意味着就连这种艰苦的生活也难以为继了。她必须找一个能维持生计而且较为稳定的活儿。

天无绝人之路，她在路边偶然看到一个卖灯笼画的老人。孙毓敏也有几年的书画功底，就央求老人带她找到这种灯笼纸的货源，经过再三恳求人家才把这份活儿交给了她。自此，她开始没日没夜地画。在她的房间里，到处摆着她画的花鸟鱼虫。她为这些灯笼纸赋予了生命，这些纸又为她提供了生活。

她曾经提到自己当时想起的一首清诗《蝴蝶词》："万花谷里逐芳尘，自爱蹁跹粉泽新。多少繁华任留恋，不知只是梦中身。"孙毓敏过早地体会了这种世事变幻的心绪。只有在京剧的舞台上，她才可以像一只蹁跹的蝴蝶自由飞舞。然而回首时，又不知是庄周梦蝶，还是蝶梦庄周了。她用画笔描绘着自己的梦想，然而，这种以卖画为生的日子，又一点点破灭了她仅存的希望。

历史的轴承不会因为个人的止步而停滞，1966年，中共中央发出了开展"无

第四章 命中多舛 悲剧连连

产阶级文化大革命"的决定,并成立中央文化革命领导小组,《林彪同志委托江青同志召开的部队文艺工作座谈会纪要》对文艺工作等开始了全面的"革命"。孙毓敏并不是没有察觉到这些信息,她身在北京,在风暴的中心地带,剧团的干部又一次次催她赶快动身。正当她处于进退两难的时候,河南省文化局的领导恰巧到北京开会,就到了孙毓敏的家中给她做思想工作,而且对她承诺,可以将她从郑州市的市级京剧团调入到河南省的省级京剧团里工作。她不得不借此台阶来缓解自己的窘境,终于同意了。

继两个妹妹离开之后,她这个大姐也终于要离开北京了。为了不让母亲再度伤心,她拒绝了母亲送她去车站。在车站话别的时候,朋友们都叮嘱她"今后可一定要听领导的话,不能再耍倔脾气了……"她都记在了心里,离开站台踏上了去河南的火车。

孙毓敏到达河南的时间是1966年6月6日,河南省文化局的领导亲自来迎接。这让孙毓敏感到被重视的同时,也决心要让自己的事业在这里再次起步。然而,她对未来的憧憬却再一次被现实打破,在她到达河南的第三天,"文化大革命"的火苗就烧到了河南。

在"文革"运动中,孙毓敏所在的文化局首当其冲。在不久前还是公众人物

《翠屏山》,孙毓敏饰潘巧云

的演员们，似乎在一夜之间都变成了"牛鬼蛇神"，成为被批斗被游街的对象。

孙毓敏的授业恩师、著名的京剧艺术家荀慧生先生，在"文化大革命"时期也受到了迫害。"四大名旦"中的梅兰芳、程砚秋带着满身的荣耀已经去世了。剩下的荀慧生和尚小云，却在这股乱流中，被剥夺了他们演唱和教唱的权利，被下放，被批斗。荀慧生的妻儿也受到了严格审查，与外界切断了联系。造反派们为荀慧生安的罪名是"牛鬼蛇神""反动艺术权威""残渣余孽""反党分子"，总之一句话，是党和人民的"敌人"。这让一直信奉"老老实实唱戏，清清白白做人"的荀慧生先生感到了惶恐和迷惑。像他这样一个唱戏的人，怎么能和政治扯上了关系呢？又怎么会被人民认为是"敌人"呢？

为了证明自己的清白，他采用了当时惯常的方式——写"坦白材料"。他写了很多的坦白材料，然而换来的是大字报与审讯，迎接而来的是新一轮的批斗。早在"文化大革命"刚刚开始的时候，他所在的北京市京剧团，就被造反派们将所有的戏衣戏服都付之一炬。几乎凝聚了全国所有著名艺术家心血才置办起来的家底，就被一把火烧了个干净。那些艺术家们一生都热爱着京剧事业，却最终还是被京剧"所误"，失去了安详的晚年。作为传承荀派的女弟子孙毓敏，也正和荀先生一样，遭到了造反派的肆意污蔑与迫害。

一天，孙毓敏正准备去食堂吃饭，一张新写的标题为《资产阶级臭小姐滚回去》的大字报映入眼帘，上面被打着红叉的"孙毓敏"三个字把她吓坏了。她是苦出身，怎么一下子就成了"资产阶级臭小姐"呢？道路上的人们也开始对她指指点点。再荒谬的谎言一经大字报张贴就必然能够成为既定的事实，根本容不得分辩。他们让她"滚回去"，孙毓敏也只能苦笑，看来自己真的成为过街老鼠，人人都要喊打了。这时候，她并没有意识到，这是一场灾难的开端，而这场灾难几乎毁了属于她的一切。

虽然对政治并不敏感，但是孙毓敏还是觉察到形势一天天变得严峻起来。她在分派中受到了"各路人马"的驱逐，"红卫兵"自然不要这种"资产阶级臭小姐"了。可是其他的队派也都在排斥孙毓敏加入。幸好"革命派"们都忙于全国的"大串联"，没有多余的时间管他们了。孙毓敏趁机悄悄地回到了北京，回到了她北京的家里。

遇到家人有苦难诉,孙毓敏在母亲面前不敢如实诉说自己的近况,只是讲述了河南的混乱与动荡。但很快她发现,北京已经不是从前的那个北京了。到处都存在着批斗、游街,很多艺术家甚至国家领导人都被定性为"牛鬼蛇神",不少人含冤而死。北京在到处贴标语、发传单,到处都是一片红色的海洋。

然而,就连这样的环境也不能奢望了,河南那边很快对她发出了"勒令",要求她必须限期返回。在北京她至少还有母亲和朋友,在河南却举目无亲。但她仍然不敢违抗,坐上了回河南的火车。火车上挤满了全国各地"大串联"的红卫兵,他们是活跃在这个时代的"宠儿"。在孙毓敏眼里,看到的只有混乱与狂热,这是整个国家的悲哀。

等孙毓敏返回河南,批斗与惩罚并没有立刻到来。剧团正需要人手,他们要组织小分队外出表演"革命现代京剧(样板戏)"。孙毓敏参加了《钢琴伴唱红灯记》《交响音乐沙家浜》的演出,并且辅导了省歌舞团的排练。她到各个工厂里为工人们演出,为了演好《钢琴伴唱红灯记》中的那个脸蛋不大、形象好看的歌唱演员,她需要把脸尽快瘦下来。孙毓敏找到了河南医学院内分泌科,医生建议她把粮食控制到每日五两以下,并且服用"降糖灵"[①],为了能够在舞台上做到精彩,她都照做了。人们都夸她妆后的脸型好看,但谁也不知道她为此付出了多大的代价。

她的努力得到了人们的好评。人们夸她:"北京来的演员就是不一样,瞧,嗓子多好听,多会唱啊。"孙毓敏暗自庆幸,甚至天真地认为这场灾难已经与她擦肩而过了。但事实与之相反,她并没有摆脱,这场浩劫在她人生中留下了最为惨痛的记忆。

1968年的冬天,距离"文化大革命"开始已经过去了一年半,1966年夏天的火热和激情,与那个寒冷的冬季一样充满了阴森和肃杀。这次不再与"反动队伍"划清界限了,下达的指示更为残酷——清理阶级队伍。文艺界那些无辜的艺

---

① 苯乙双胍。

术家们又被扣上了"阶级异己分子"的帽子,"工宣队"和"军宣队"扯起"掀阶级斗争的盖子"的口号,几千人被集中到河南省党校去上"学习班",严酷程度如同监狱。随着革命形势的高涨,对待"敌人"的手段也越来越严酷,越来越多的人遭到侮辱、毒打、杀害,或者被迫自杀。

孙毓敏所期待的"宽恕"并没有到来,不久之后,她被造反派们隔离了,"坦白从宽,抗拒从严;拒不交代,死路一条",等等这些恐吓,有增无减。孙毓敏满怀惊惧与茫然,对于他们所要交代的东西一无所知。但在那个法律和尊严被严重践踏的时期,这些并不是造反派们所关心的。他们只需要一个结果,而且这个结果必须与他们所预想的相同。如果不同,他们就用暴力逼迫。

在孙毓敏被隔离后的第二天,大字报、大标语铺天盖地向她涌来。造反派为她捏造的罪名是"投敌叛国分子""里通外国的间谍",这些罪名无论哪一个都足以致命。她是一个弱者,并没有伤害他人的能力,却在这个扭曲的时代,被造反派肆意地贬低与污蔑。

在那些大字报里,孙毓敏和港商恋爱的事情又再一次被揪了出来。她始终不明白,为什么居住香港的上海人就一定是敌人,为什么一个无辜的演员会被咬成"通敌叛国"的罪人?这一切,没有人会给她解释。阶级斗争的扩大化,混乱的歪理邪说也好似成了理所当然的了。

孙毓敏还记得曾经问过他是不是特务的时候,他一直强调自己是一名中国人,而且一生都会深爱着祖国,掷地有声的话语,使她永生难忘。然而,时间一久,她却产生了怀疑,难道他真的欺骗了她吗?为什么所有人都说她"通敌叛国"呢?即便他真的是特务,那也与她无关啊,难道一对恋人之间讨论关于恋爱和京剧的话题,也能成为"通敌卖国"的证据吗?

然而胡思乱想总是徒劳的,造反派们认定的结果就是事实。他们呵斥、刑讯、逼供,清人方苞在《狱中杂记》中所记载的那些不堪入目的伎俩,在"学习班"里得到了充分发挥。这些"牛鬼蛇神"不被当人看待,他们每天都在自我摧残,自我折磨。这是一个没有同情没有人道的世界,孙毓敏在这里备受煎熬。

在地狱般的环境里，孙毓敏渐渐萌生了轻生的念头。她是在京剧的熏陶中长大的，古往今来，舞台上许多英烈的女子在"道穷"的绝境中最终选择了死亡。加缪在《西西弗的神话》中也曾经说过"真正严肃的哲学问题只有一个，那就是——自杀"。如果自杀可以代替荒诞的生存而使得生命更有意义的话，那死亡就是解脱。孙毓敏并不知道死后的世界怎样，但这种非人的生活的确让她无法再继续坚持下去了，死去总比活着轻松一些。

每一次批斗会，他们这群"牛鬼蛇神"都会被拉到台上。她忍受不了那种在众目睽睽之下被摧残到体无完肤的生活——她本就是一个自强的女子。她下定决心要在遭到彻底否定之前离开这个世界。

《宋宫奇冤》，孙毓敏饰李太后

然而，她又想到了自己的母亲和两个妹妹，这些亲人是她的寄托，是她在世上生存的唯一念想。尤其是她的母亲，如果她死了，年迈的母亲该怎么办？自己两个妹妹都在外地，如果骤闻她的死讯，母亲怎么能承受得了？还有她钟爱的京剧事业，还有她魂牵梦绕的舞台，让她马上离开这一切，总有些舍不得。她记得党的政策是："不冤枉一个好人，也不放过一个坏人。"她是被"误解"了，她并不是造反派口中的坏人，会有人为她平反的。她也曾经想过给毛主席写信证明她的无辜，可她根本没有通信的自由。

她像抓救命稻草一样，在囚禁她的小屋里开始写"坦白材料"。她努力回忆与他相处的点点滴滴，对话、书信，包括两个人的情话。这些原本私密的内容，如今却要被迫公之于众了。她苛求自己不能遗漏一句话、一个字，希望这些材料能向造反派们证明自己的无辜。她写了半个月，有整整二十份"坦白交代材料"，每一份都有一大本。

事与愿违，她的"坦白材料"成了造反派攻击她的证据，成了他们批斗升级的依据。他们寻章摘句，就像古代的文字狱一样，凭借只言片语加以穿凿附会，轻而易举地变成了她与敌人"勾结"的记录。那些赤诚的文字，被造反派们融入了无耻的杜撰，把她塑造成了一个打入阶级内部的"间谍""极端顽固、极端狡猾的敌人"。他们要她更加坦白，要她交出"特务证件""发报机"，要她交代泄露的"军事秘密"。他们还幻想她"已将电台转移"。这些对于孙毓敏来说，只可能在电影上看到的故事，被强加于她，并以此证。她竭力地解释，无助地恳求，却被一句冷冷的"当时只有你们两个人，没有旁证"给顶了回来。

她实在是无门可诉，无处可求了。对她的"斗争"还在持续。很冷的一天，看守扔给了她一个包袱，里面是母亲送来的棉衣。她看到上面密密的针线，捏一捏厚厚的，想必母亲又添了棉花。她拿着这份沉甸甸的爱，终于忍不住流下了眼泪。母亲不远千里冒着严寒来给她送棉衣，却连见一面都成了奢望，一堵墙把母子两人分到了两个世界。她不甘心，她要见到自己的母亲，她终于鼓起勇气来询问母亲的下落，却被冷冷地拒绝了。"你母亲是教会学校一手培养出来的老特务，有严重问题。你必须彻底揭发，要是知情不举，罪加一等。"孙毓敏惊呆了，她母亲只是一个普通人，受了一辈子的苦，按成分也应该算是"贫农"。欲加之罪何患无辞，她的亲人可能就在一墙之隔的地方忍受着审讯。孙毓敏既自责又害怕，只能在心里为母亲默默祈祷了。

第二节　受尽折辱　轻生致残

造反派们将孙毓敏看成了一个重点突击的堡垒，单独为她开了小灶，"军宣队""工宣队"开始发挥他们的主导作用。一位"军宣队"的成员叫嚣着："不要吃老本，要立新功！"并且说和孙毓敏的较量是"你死我活的斗争"，"大家应该在这场阶级斗争的大风大浪中打头阵当闯将"。他们希望的是"刺刀见红""掀起十二级狂飙",这群恶魔一样的人,在孙毓敏的记忆中,充满了鲜血与残暴。

私设在河南省党校三楼的公堂,是"尖刀班"对孙毓敏的审讯地点,名曰公堂实为私狱。他们用连班倒的方式,一刻不停地审问,不让孙毓敏有任何休息。这种审讯方式极为残酷,每个人都有一定的生理极限,可以连续几天不吃不喝,但如果长时间地缺乏睡眠会导致精神彻底崩溃。在私狱里作恶的大都是街头的混混和流氓,他们对孙毓敏一遍又一遍地诘问,有时还会对她动手动脚。孙毓敏感到既愤怒又害怕,失去了反抗的权利,甚至不能保持沉默,只能像一个提线木偶一样任人摆布。

在这地狱般的审讯中,她已记不清到底过去了几天几夜。在她耳边不断回荡着造反派们的吼叫,她像是暴露在猎人枪下的小鹿,茫然得不知所措。"特务电台""通讯密码""军事机密""特务活动""接头暗号",一遍又一遍地重复着。实在无法忍受这种生活了,她又一次想到了死,而这一次更加坚定了。

决心已定的她便不再注意旁人的叫喊了,在策划着一场秘密的行动,而且这个秘密或许几天之后就会公之于众,批斗、审讯都将与她无关了。"尖刀班"的头头发觉孙毓敏拒绝回答质问时,顿时暴跳如雷地破口大骂,这将她唤回到现实之中。她听到有人说下午就要召开全连排大会,这种几百人的揪斗会让孙毓敏感到恐怖。本应让她充满荣耀的舞台,却要让她受尽凌辱,这最终坚定了她的想法。只有死,她才能逃离这个充满污秽的世界。"质

《狮吼记》,孙毓敏饰柳氏

57

本洁来还洁去"，既然挣脱不破，就用死亡证明自己的清白。

母亲、妹妹，这些熟悉的面孔又在她脑子里一一闪过。还有那个"他"，在"坦白材料"中几乎记下了关于他们的一切，现在却连和他对证的机会都没有了。她曾经要求和他当面说清楚，恋人之间的情话被赤裸裸地揭发了。这个世界就像是奥威尔《1984》中的那个"老大哥"，冷冰冰地窥视着一切，容不得个人私密的存在。

但在孙毓敏心里，的确有一个只属于他们俩的秘密，就连母亲都未曾告诉。四年前，他们扎破手指，在一块白绸上写了一个"心"字，以示两人对爱情的忠贞。政治旋风来得太猛烈了，使得孙毓敏根本来不及体味这来之不易的爱情，她对组织的忠诚导致了那份爱情的结束。那个他也对她说过，为了爱而放弃爱，也算没有遗憾了。那块白绸是两人爱情的唯一见证，是只属于他们两个人的山盟海誓，而它也在孙毓敏下放河南之前被偷偷烧毁了。为了符合组织的要求，她失去了爱情，失去了对艺术的追求，而现在又将要失去生命。在死之前，她想再见母亲一面，即使最终不免一死，这也算是最大的慰藉了。

机会只有一次，中午吃饭的时候，人们都下楼去排队吃饭，看管就无暇顾及她了。趁此良机，孙毓敏溜出了大门。在被关入"学习班"之后，她终于获得了久违的自由。她知道这是最后的自由，所以特别珍惜。走在郑州的道路上，看着一望无际的麦田，这是冬季蛰伏着的生命，在春天会形成一道道绿色的画屏。这是自然界的规律，循环往复，生生不息。但她要做"宁可枝头抱香死"的秋菊，在肃杀的冬季，结束自己。

当她穿过麦田，来到另一条道路的时候，恰巧一辆公交车向她驶来。上了公交车终于使她暂时摆脱了危险。由于走得匆忙和决绝，她没有带钱，她忘记了自己仍要遵守尘世的规则。当售票员收钱的时候，她只能乞求好心人的帮助。一位善良的大爷资助了她，这是她在自杀之前最后一次感受到温情。

"学习班"的看管很快就发现了她逃逸。在孙毓敏下车之后，发现东面的四辆自行车正向她急驶而来。于是她拼命地跑进家属大院。然而当她冲到门口时，才发现这里门窗紧闭，绝望地跌坐在了地上。孙毓敏只能向那些穷追不舍的剑

第四章 命中多舛 悲剧连连

子手束手就擒了。她乞求着母亲的下落,却遭到了粗暴的拒绝,最终被押回了党校。

在党校里黑压压的一群人来看望了孙毓敏,最终还是没有逃脱被人围观的命运,屈辱和愤怒一下涌上心头。这一双双好奇的眼睛,都是刺穿尊严的利刃。面对没完没了的质问,濒临绝望的孙毓敏并没有像往常那样唯唯诺诺,她没有低头,直面盯着造反派,进行着最后的反抗。

"军宣队""工宣队"头头们又聚在一起,开始了新一轮地审问。他们给孙毓敏五分钟时间考虑,并强调这是最后的五分钟。孙毓敏要求把时间延长到十分钟,他们在经过多番商议之后,同意了她的请求。孙毓敏用为自己争取的十分钟写下了遗言:"我不是敌人,不是特务,母亲,永别了。"那天是1968年12月10日,想到明年的此时将是她的忌日,孙毓敏的心中一阵惨然。

孙毓敏所在的关押室在河南省委党校的三楼,约十二米,下面是水泥地面。她要留下一个象征,证明自己的清白。恰巧当时穿着雪白的棉毛衫裤,它既能成为一个证明,又能为一个清白之人的死亡祭奠。正当她准备要跳的时候,门口守卫惊呼起来。原来门口有一个小洞,他们从洞里看到了屋里的一切。但随之而来的砸门和叫喊已经无济于事了。孙毓敏推开了窗户,爬上窗台,迎面而来的风似乎要将她托起,她闭上了双眼,纵身跳了下去。

这似乎是一个宿命,她的恩师荀慧生,在"文化大革命"开始之后被押到沙河农场劳动,最终没能熬过那个冬天。他当时已是六十八岁的老人,却也同样要从事对他来说难以承受的劳动。在一次下地劳动中,他突然倒在了地上,造反派不但没有送他去医院,反而骂他装死,对他不管不问。当他的女儿荀令莱匆匆赶来时,荀先生已经在地上躺了四个多小时了。送往医院之后,经过诊断是老年性肺炎。当时他的妻子和两个儿子都仍被管制,赶回单位请假的女儿,没能陪父亲走完最后一段路。

1968年12月26日,弟子孙毓敏跳楼自杀十六天之后,荀慧生凄凉地离开了这个世界,走的时候身边连一个亲人都没有。这位与梅兰芳、程砚秋、尚小云并称为"四大名旦"的京剧艺术家,在这个混乱的年代里,被遗忘了成就与荣耀,

59

结局凄凉。

承继荀派的孙毓敏，此时却在生与死之间挣扎着。她应该继续活着，她已不再只是一位演员，她肩负着传承京剧艺术的重大责任，虽不唯一，却不可少。

第三节　瘫痪卧床　慈母离世

昏昏沉沉的孙毓敏听到了说话的声音，强烈的反胃让她吐了苦水。造反派那吼叫般粗暴的声音随之而来，无外乎各种威胁。她知道了，她并没有死。她还可以听到恐吓的声音，她仍然活在这个险恶的世界里，周围这些污言秽语就是最好的证明。她连死的权利都没有了，她甚至在责备自己，怎么能这么愚蠢，连死都死不成。

多年之后，当孙毓敏意气风发地重返舞台的时候，她肯定不会忘记这段黑暗的岁月。在经历过最卑微、最痛苦和最绝望的生活之后，她已经习惯了承受苦难。她在迷糊之中恢复了部分知觉，却发现除了头和左手之外，整个身体都是麻木的。她几乎全身瘫痪了，尤其是下半身，都是血管破裂的瘀血所造成的肿胀，这对她来说简直生不如死。她的自杀不但没能换来解脱，反而陷入了更痛苦的深渊，她又一次体会到了绝望。

她在这种迷迷糊糊的状态中，从白天一直熬到黄昏。当她听到有人小声在交谈的时候，天已经昏暗下来。她睁开眼，发现两个女人在边剥花生边聊天，她们是看守兼护理。这真令人感到可笑，是造反派把她逼上了绝路，却又假惺惺地把她送到医院，还要派两个看守来看护她。她不是无可救药了吗？她不是"反动分子""汉奸""特务"吗？她死了，不正好"为民除害"吗？孙毓敏的世界只有这个小小的病床，她是一个失去自由的游魂，游离在"主流"之外。

孙毓敏麻木地看着护士为自己插上了一根导尿管，恍惚地听到护士对两位看守的叮嘱，这一切离她很近又很远。她已经不在乎那些发生在她身上的事了，最深沉的绝望让她看一切都感到麻木。活着仅仅只是一个生命体，只有呼吸的

第四章　命中多舛　悲剧连连

声音还能证明她活着。谁能想到几年之前的她，还是舞台上一颗闪亮的明星，准备为祖国的京剧事业奉献一生的人呢？她在最好的年华却已残疾，失去了生存的希望。活着的悲哀莫过于此，黎明不会让她心感喜悦，落日不会让她略觉悲伤。

每次盐水瓶接满，两位看守都会替她倒掉再接上。看到她们紧皱眉头的样子，孙毓敏终于有了对外界的感知。她是一个自尊自强的女子，看到别人为她做勉为其难的事，还是不免感到愧疚。她自小到大都是凭借自己的双手支撑着生活，然而现在却不得不求助于他人的帮助了。她并不是一个知恩不报的人，心里暗下决心，等她好起来，一定要买一份珍贵的礼物送给她们。

孙毓敏发现，这两位看守和审问她的人不一样，对待"犯人"并不冷漠。虽然有规定不能跟她多说话，但从她们的眼神里，孙毓敏能够看出对她的同情。这使她感到温暖，这是久违的人性关怀。在很长的一段时间里，她不被当人看，饱受责骂与侮辱。人们关注的大多是她被逼迫得无处可逃的窘相，人们像欣赏动物一样陶冶在她的苦难里。

有一天，她们悄悄问孙毓敏为什么要跳楼，孙毓敏哽咽地诉说了缘由。她们没有问她为什么要当"叛徒"，也没有再诘问她"电台密码""接头暗号"之类，却一直在不停地安慰她："既然你命大，现在就什么都别想了，养好病再说吧！"看守与孙毓敏之间只能短暂交谈，还要随时警惕地向外张望。孙毓敏满怀感激地说："将来等我好了，一定用工资的一半，买一枚最大最好的毛主席像章送给你们。"在那个年代，毛主席像章算是最珍贵的礼物了，孙毓敏向她们传达着能够表达的最大感激。

护士每天很少待在孙毓敏的病房，只有简单的例行检查，大多数日常护理都由两位看守完成。一日三餐也由她们喂给孙毓敏吃。在她最绝望的时候，遇到了好心的看守，终于使她渐渐打消了再次自杀的念头。除了护士之外，负责她的还有一位姓严的主治医师。但他总是冷冰冰的，给人无法亲近的感觉。查床的时候，也只是简简单单的几个问题，很快就阴沉着脸出去了。主治医师嫌弃的态度，也许是因为她是个犯人，也许是因为她的病情已经严重到了无可挽救的地步。不管是哪一种，都让孙毓敏感到十分难过。直到很久之后，她才知道严大夫也是另有苦衷的。

　　一天夜里，孙毓敏突然感到腰腿疼痛得厉害，这是她瘫痪在床之后从未出现过的状况。几乎不受自己控制的身体突然出现了剧烈的疼痛，孙毓敏本想坚持到底，但这剧烈的疼痛让她无法忍受了，她请求两位看守帮她翻一下身子。她们也不敢妄自行动，于是叫来了护士，护士叮嘱她们每两个小时翻一次身。孙毓敏没多久再次感到剧痛难忍，瘫痪的她也只能向两位看守再次求助了。她们花了很长时间才将她的身体翻到了另一边，累得气喘吁吁，几乎喘不过气来了。孙毓敏看到这一切，感激与歉意在心里交织在一起。

　　翻身过后不久，剧烈的疼痛又一次袭来，持续不断的疼痛终于使她撑不住了。当时正值深夜，睡得深沉的看守自然不愿行动，况且护士要求两个小时翻一次身，孙毓敏理所当然的沉默了。然而，剧烈的疼痛不会随着她的忍耐而消失，在那个时候，她想到了自己的亲人。如果母亲在的话，她一定毫不犹豫的给她翻身，而且会一直守在自己身边。对家人的温馨幻想，减缓了她的痛苦，她竟然就这样一秒一秒地熬过了两个小时。再一次翻身所带来的舒适感并没持续多久，痛苦又开始袭来。这一次，她更不会向看守提出请求了，看着渐渐淡去的黑夜，她凭着毅力一直熬到天亮。

　　天亮之后，严大夫过来了，还是一副冷漠的表情。在询问之后，他的脸上竟然闪过一丝笑容。他对孙毓敏说，能感到疼痛就有站起来的希望，这让孙毓敏十分高兴，这意味着她的艺术生涯还有延续的可能性，她的希望还没有完全破灭。严大夫说她的脚上缝了二十四针，应该尽快打上石膏。但她是粉碎性骨折，根本没法缝合，骨科医院不收，所以只能在这里做手术。她一直以来都习惯将命运握在自己的手里。但在这时候，她只能向老天乞求，保佑自己能恢复健康。

　　帮助严大夫为她做手术的是一名姓于的实习大夫。他虽然没有什么经验，但态度还好。然而由于他用力不均，孙毓敏的腿被他缠成了 S 形。这为她带来了持久性的不良影响，甚至可以说，他打的这次石膏，几乎毁了孙毓敏的双脚。十个脚趾没有被固定好，直接导致孙毓敏脚趾和脚掌的畸形。后来，她的脚长期溃疡，严大夫在她的前脚掌留下了一个窗口以便换药，但这次不太成功的手术，大大降低了长肉的可能性。

打完的石膏慢慢变硬，增加了孙毓敏的体重，使她更难动弹了。疼痛也没有随之减轻，大约持续了半个月。她再次体会到了无人关怀的冷漠，撕心裂肺的苦痛。在那几年里，"文化大革命"对她造成了毁灭性的打击，成为她永远不能抚平的伤痛。自从被调到河南之后，她看尽了人性的丑恶，也饱尝了世间的辛苦。她的母亲置身何处？妹妹的生活可好？都无从得知。甚至连她一直要求与之对质的那个他，也没有下落。生活的痛苦依然会持续下去，但就像周国平所说的那样："所有生活中受到的苦难，你都必须受着，而且受得了。至于死，那就更是一件容易的事情了。"

如果说那两位看守为她带来了温情，那么真正激起她对生活希望的是一位素不相识的老大爷，正是他让孙毓敏摆脱了浑浑噩噩的状态。她没有问那位老大爷的名字，在她的记忆里，医院里的人总喊他"叛徒"，总喜欢用轻蔑语气理所当然地支使他去干一切脏活累活。他是医院里最忙的一个人，到处都是他穿梭的身影。尤其令孙毓敏惊奇的是，这位老大爷已经习惯了被人呼之则来挥之即去的生活。听到别人的差遣，他总能疾步向前，一切照办。

这位"叛徒"大爷并没有表现出老年人的迟暮感，干起活来干净利落。他背负着一个"叛徒"的称呼，却没有表现出悲观的情绪。他每天被人呼来喝去，也并不感到烦恼。这种乐观的态度是沉闷的医院里唯一的一抹亮光，在与之相处的过程中，孙毓敏逐渐被感化了。

不久后，"工宣队"的头头找她谈话，告诉她因为响应毛主席"上山下乡"的号召，文艺团的工作人员都要下乡接受贫下中农的再教育，一直作为看守的两个工作人员也必须随之撤离，会有其他人前来接班。说完这些，"工宣队"的头头带着两位看守决然地离开了，只留下她一个人在空荡荡的房间里。

她等待的接替人员始终没来，腰腹的疼痛虽然不像原来那样剧烈，但仍然时刻影响着她。她渴望在这时门口出现一个好心人，能为她翻一翻身，哪怕只是陪她说几句话也好。她像是被遗弃在虚无空间里一样，这里只有她一个人，而且似

《荀灌娘》，孙毓敏饰荀灌娘

乎永远只有她一个人。那些医生和护士躲得远远的，除了每天查房之外，很少来她的房间，对她的疼痛更是置之不理。病人们也因为她的犯人身份，不敢与之接触。她甚至连两个小时一次翻身的愿望都无法实现了。每一夜都是长夜，都是一个又一个难熬的关卡。

在接近黎明的时候，窗边终于响起了叽叽喳喳的说话声，人们在议论她为什么跳楼。即便如此，他们也不敢推开那一扇没锁的门，跟她说几句简单的话。她多么想发出求救的声音，但她不敢，她是一个"犯人"，没有与人说话的权利。

门突然吱呀一声开了，是那位常被叫作"叛徒"的大爷，大爷一副热心的腔调，他的力气很大，本来需要两个人才能翻动的身体，他一个人就顺利完成了。临走时还细心地帮孙毓敏将被角掖好，并亲切地劝慰着孙毓敏。这位善意的大爷，让孙毓敏感受到了亲人般的关怀，这仿佛是已经久远离去的幸福。

后来两人将彼此的经历详细交流了一番，原来"叛徒"大爷也是被诬陷至此的，他曾经是这个医院的老院长。郁达夫的小说《春风沉醉的晚上》中，主人公听到了女工的遭遇之后，轻轻说了句："哦，原来你也是一样的吗？"这种患难与共的感觉，在孙毓敏的心中油然而生。大爷也遭遇了同样的侮辱，但却能够坚强乐观地活着，孙毓敏找不到放弃的理由，这才真正打开了心结。

大爷劝她，要多喝牛奶，多吃菜，要相信党的政策，终有一天，党会为他们平反的。她不禁又想起了那句话"不冤枉一个好人，也不放过一个坏人"。她

第四章 命中多舛 悲剧连连

曾经为此感到绝望过，现在却又拾起了同样一句话。"叛徒"大爷是一名真正的无产阶级战士。他活在最闪亮的那一代中，为革命事业奉献了自己的青春乃至生命，他怀着最真诚的希望和寄托，却在这个混乱的年代里，失去了属于他的所有荣誉，反而成为人们批斗、责骂甚至残杀的对象。周围似乎忘记了那些为它浴血奋斗的英雄，他们中有太多人被彻底地否定了。但他们中也有很多人仍然坚强地活着，仍然坚信着这个国家的未来。

从此之后，"叛徒"大爷经常找机会来劝导她。每一次吃饭的时候，送牛奶的"叛徒"大爷就适时地劝她多吃多喝。孙毓敏把他的话一一记在心里，自从两名看守走后，这成了她生活中的唯一慰藉。"叛徒"大爷真的像她的一位亲人一样，在那些最灰暗的日子里，让她坚定了继续活下去的信念。

那位大爷是老共产党员，曾经还是院长，但他却像一名真正的清洁工人一样谦卑勤快，完全看不出曾经也是一位领导。"以中有足乐者，不知口体之奉不若人也"，他的心中怀有坚定的信念，支撑着他，也影响着别人。一时的挫折不会让他倒下，反而磨砺了他的意志，他是孙毓敏迷途中的灯塔，使她相信"前途是光明的，道路是曲折的"。

她将永远记住那位"叛徒"大爷。死亡有时并不可怕，可怕的是行尸走肉般地活着。在"文化大革命"中，有太多人缩手缩脚，不敢说话，每一天都提心吊胆地活着，看不到明天。孙毓敏经过一段时间的混沌之后，在"叛徒"大爷的引导下，走出了迷茫。

早在那个冬天，母亲给孙毓敏送棉衣的时候，她就迫切地想见到母亲。但母亲究竟身在何处，她却不知道。她想过给母亲写一封信，可又怕被当成"特务联系"，更是百口难辩了。就连她的"坦白材料"都能被造反派们说成"铁证"，一封两个"叛徒"之间的家信，必然会被捏造成可怕的罪证。孙毓敏与她的亲人们失散在天南地北，彼此失去了联系，但思亲之情却难以割舍。她有时甚至会这样劝慰自己："想也无益，只当是我跳楼死了吧！"

孙毓敏一厢情愿地认为母亲送完棉衣之后就回北京了，即便被造反派捏造出"老特务"的罪名，也已经沉冤昭雪了。然而事实却与之相反，自杀未遂的孙毓敏怎么也想不到，她的母亲从河南回到北京后自杀去世了。

送棉衣之后，孙毓敏的母亲并没能立即回京。造反派就像腐肉上的苍蝇一样，拿孙杰在上海教会学校毕业的事大做文章，把她拘留了，这些都是孙毓敏很久之后才了解到的。造反派们不分青红皂白，孙杰曾经的英语教员工作，就被死死地咬住了，硬是把她捏造成了反动的"老特务"。在孙毓敏自杀和昏迷的那段时间里，她的母亲正在忍受着严刑逼供。造反派们"天马行空"的想象力又一次得到充分发挥，为孙毓敏贴上"特务"的标签，靠的只是一些子虚乌有、道听途说的谣言，而孙杰只是因为曾经受过的教育和工作，便被认为是"老特务"，并以此定罪。

孙母去河南的时候是一个探亲者，被押回北京时却成了"老特务"。一直在贫苦中生活的母亲，突然被认定为收受了敌人的厚礼，阴谋破坏新中国建设，最终被街道和派出所管制了。那些把母亲押到北京的造反派还添油加醋地污蔑说："这是一个老反革命、老特务，在旧社会干了不少坏事，有血债！她的女儿也是特务，现已畏罪跳楼，希望你们严加管制！"这与当时污蔑孙毓敏的语气如出一辙。他们从来不会考虑这些话会对一个无辜的人产生多么大的伤害。

孙毓敏的母亲是一个刚烈的女子，怎能受得了这种卑劣的污蔑，那些罪名很可能成为她一生的标签，怎么也甩不掉了。人们都说"流言止于智者"，可在这个狂热混乱的年代，又有多少人还保持着清醒的理智呢？即使存在，又有多少人敢把实话挑明呢？造反派的污蔑终于使她崩溃了。在大年三十的晚上，她匆匆写下了遗书，用剪刀剪破了自己的气管。也就在那晚，她曾为家人做了一碗红烧肉，原本打算高高兴兴地过年。可孤身一人在家的她，面对生活中的种种不幸，最终决定离开人世。等到人们发现那碗红烧肉的时候，都已腐变生毛了。

街坊们急忙把她送到当时的"反帝医院"，在那个年代里，因无法承受各种诬陷和批斗而自杀的人屡见不鲜，均被冠以各种污蔑的称号，成为"人民和民族的罪人"。她是"老特务""老反革命"，自然也属于"敌人"，医院不肯接收。在经过反复交涉之后，他们才勉为其难的将她安置在一张过道的病床上。孙毓敏的母亲经此之后，就失去了说话的能力，只能凭着人造气管呼吸，勉强

第四章 命中多舛 悲剧连连

维持着生命。

几乎在同一时间，她们母女两人面临着同样的命运。孙杰在医院的过道里孤零零的一个人度过了十几天。到了病危的时候，医院才发电报给小妹，她望着奄奄一息的母亲，甚至不能表达悲痛之情，因为她的母亲是"畏罪自杀"的"叛徒"，造反派绝不容许任何人为"老特务"的遭遇感到悲伤。从远方赶来的小妹孙毓伟，守在母亲旁边的长椅上睡着了，母亲悄悄地把人造气管拔了出来，静静地离开了这个世界。那一天是1969年1月10日，最终被定性为"畏罪自杀"。

孙毓敏的母亲孙杰

此时距离1968年12月10日正好过去一个月，在这短短的一个月里，孙毓敏母女两人相继自杀，一死一残。

"文化大革命"就是由这么一个又一个故事构成的，这混乱的十年到底发生了多少悲欢离合，没有人统计过，也没人能统计得清楚。我们也只能管中窥豹，得其一隅，以史为鉴。这些故事可以作为历史的一个侧面，让后代有一个了解这段惨痛历史的机会。

孙毓敏的母亲死后没有吊唁，也没有葬礼，孙毓伟一个人为她料理了后事。当时的火葬场是不收自杀者的尸体的，她的母亲没有获得生前的平等，连死后也不能被合理对待。孙毓伟只能编造理由，这才将母亲的尸体焚烧了。"入土为安"是母亲不能奢求的，由于她被诬陷的身份，孙毓伟甚至不能为她安排一块墓地。她只好将骨灰盒放在一个朋友的家里，在当时连这也要承担着很大风险。

远在新疆的大妹孙毓皓一家三口，听到这个噩耗，也匆匆回到了北京。但逝者已矣，他们有再多的泪水，也无法将母亲唤回，更何况那是一个特殊的年代。

他们又想到了孙毓敏，姐妹三人的团聚显然也是对母亲在天之灵的一个慰藉，于是赶赴河南。然而，造反派们简单地用一个隔离审查的理由，就将千里迢迢赶来的妹妹和妹夫阻挡在门外。在请求多日无果的他们，只能含着眼泪对孙毓敏所在的牢房告别。但那时的孙毓敏，却一个人躺在病床上与剧烈的痛苦艰难地搏斗着。

　　这个世界上最疼爱孙毓敏的人去了，而她对此却一无所知。那时候她正躺在病床上，为自己的未来时刻奋斗着。一位"工宣队员"突然通知孙毓敏："你以后不要给你母亲寄钱了，她已经随你小妹去武汉了。"这个消息让她不由得一愣，但随后释然了。小妹在身边，在武汉可以得到更好的照顾，也算是母亲最好的去处了。

第五章 坎坷艰辛 苦尽甘来

第一节 百般苦练 重新站起

孙毓敏本质高洁，气节傲骨，被"捆绑"在病床上就像被折断翅膀的大雁，失去了翱翔的能力，连翻身都成了不能自理的难题。被贴上"特务"标签的孙毓敏，在一次次接受好心大爷帮忙的过程中意识到一个问题，就像古华的《芙蓉镇》所写的一样，当自己被划归成"黑五类"之后，再碰触任何一点点人性关怀都是一种奢侈。为了避免给"叛徒"大爷带来麻烦，为了谨防被盯梢的人们觉察到蛛丝马迹，孙毓敏选择尽量减少热心大爷的帮助。在无人看护的病房里，长时间一个姿势实在叫她痛苦难忍，但孙毓敏也只能选择独自忍受。

随着身体状况好转，腿部知觉逐渐恢复，她感觉到了与日俱增的疼痛，这让略加频繁地变换姿势成为必需。据孙毓敏回忆，曾有一天，没有一个护士进来给她翻身，她咬牙强忍着，焦躁地等待着。这是一种虐待病人的行径，得不到些许照顾，这让孙毓敏感到气愤、苦恼和悲痛。直到傍晚，她终于忍无可忍，拼尽了全身仅剩的气力呼喊着护士，希望能帮她翻翻身，可喊破了嗓子，却依然没有出现任何一个身影。天性倔强的她，要向忽视自己的人们讨个说法，她的喊叫声越来越大，越来越急。盘旋在孙毓敏脑海中的信念毅然坚定，房间和走廊的每个角落里都充斥着她那急促而又绝望的呼喊声。

一声摔门的巨响声打破了僵局，一位气急败坏的护士打断了孙毓敏持续不断的呼喊，但总显得那么决绝，那么躁动，那么不情愿。这本该是饱含爱心的工作,但在那个特殊的年代里,却变成了例行公事,给病人造成了身心的双重伤害。孙毓敏也只是那些受难者中的一个典型,还有更多像她一样无辜的人在备受煎熬。如此粗暴的照料,对于腰骨正在恢复中的孙毓敏来讲,毁灭的不仅仅是她的身体,更毁灭了她对于世间人情的憧憬。

在焦躁中,孙毓敏等待着下一次翻身,两个小时显得尤为漫长,可两个小时终于过去了,却依旧无人问津。一次又一次的等待落空,一次又一次的委屈袭来。孙毓敏心如刀绞,委屈、惆怅一时间齐齐涌上心头。这煎熬的病榻岁月究竟到何时才能结束,在胡思乱想的过程中,孙毓敏想到自己孤身一人在这远离家人的地方所受的折磨,想到自己年纪轻轻就卧床瘫痪,想到为什么偏偏是她遭遇到诬陷与蔑视,不禁泪如泉涌。

孙毓敏一个人在川流不息的世界上,孤苦无依,活得极其艰难。一方面身处逆境的自己需要有坚忍顽强的意念,另一方面更需要外界给予足够关怀来温暖人心,让人觉得在这冰冷的世界上还有存活的意义。孙毓敏跳楼自杀未遂,上天又给了她一次生命,本该欣喜万分,而她却一次又一次地遭遇到世人的戏谑、嘲讽和冷眼。正当万分无助的时刻,从窗口传来一位老太太安慰的声音。病友们推门而入,几位老太太毅然用尽了力气,帮她换了一个姿势。孙毓敏在劫后重生能够体会到这种温情,实属荣幸,心中万分感激。

在孙毓敏孤独无依的时候,还有一个拄双拐的小伙子让她倍感欣慰。他拿来一本苏联翻译的《骨科学》塞给孙毓敏用来排解愁闷。这些常人看来无趣的书籍,让长期缺乏文字滋养的孙毓敏,激动了许久。她深深感激这位给她带来精神食粮的小伙子,她一夜夜享受着这本书中的乐趣。每个人都需要一种精神来勉励自己对人生倾注所有心绪,只有这样才能让生活不再充满忧愁,不再充斥着抱怨。孙毓敏依靠这些看似枯燥的书籍,度过了最艰难的每一天。

有些病友对孙毓敏的处境深感担忧,但她们也只能趁着护士不在的时候,冒着被骂的危险来短暂寒暄。他们的这种给予,让内心亟须温暖与呵护的孙毓敏,感受到了丝丝缕缕的温情,涓滴细流汇聚成她内心的动力,让她深刻意识到,必须要鼓起勇气,跟上级反映,争取获得合理的护理和照顾。她必须要尽快好起

第五章　坎坷艰辛　苦尽甘来

来，用饱满的精神状态珍惜现有的一切，用自尊来捍卫她全新的人生。

在难熬的病榻上，身体的剧痛让孙毓敏把跟上级的申请提上了日程，她终于大胆地写下要求跟医院"工宣队"谈话的纸条。在现场谈话中，孙毓敏坦言以对，她坚定地告诉那些怀疑她的人，她不是特务。而为了等待谈话的这一天，她拼尽气力活了下来。可她依然举步维艰，痛苦不堪，每天都忍受着身心的双重煎熬。每次剧痛到无法忍受，护士们总是视若无睹，根本没有按照规定执行义务。他们无视孙毓敏的喊叫与疼痛而置之不理，将她所有的呼救都变成了徒劳。孙毓敏的坦诚感化了他们，在跟他们陈述完苦楚之后，"军宣部""工宣部"在例行的"天天读"中关于对待病人的态度方面进行了训话。孙毓敏很快就得到了一个胖胖小护士的悉心照顾。在接下来的一段日子里，"军宣部""工宣部"的同志找她谈心，他们一段段真诚的劝诫，激发了孙毓敏越发坚毅的志气来跟残疾抗争。

让孙毓敏记忆犹新的是，他们曾在1968年的最后一天晚上，因为害怕她想家，特意抽时间来陪她。他们让孙毓敏意识到，二十七岁的年纪正是生命的黄金年龄，应该拿出最大的激情去面对生活中的一切。像她这样被裹挟着政治斗争的病号居然会得到如此呵护，这更促使孙毓敏去抗争，去坚强地生活。她不能自暴自弃，在暴风骤雨一样的"运动大潮"下，任何东西的本来面貌都被涂得一塌糊涂。与此同时，任何舍弃生命的做法都会成为徒劳，唯有活下来，等到事实澄清的那一天，光明正大地昭告所有人，她是一个清清白白的好人。

《红楼二尤》，孙毓敏饰尤三姐

她决定用实际行动证明自己是坚强的,是永不屈服的,第一步就是学会独自翻身。凡事总是说起来容易做起来难,她纵然用尽了全身的力气,累得上气不接下气,可那仿佛与床长在一起的双腿却丝毫动弹不了。这让刚刚鼓足劲头的孙毓敏备受打击。当时正值隆冬,病房中没有炉子更谈不上暖气,掀开被子让孙毓敏在病房中冻得瑟瑟发抖,却没有一丝实质性的突破。身体的冰冷抵不过心头阵阵涌上的寒意。她垂头丧气地歪着头看着窗外飘零的片片雪花,眼角流下了两行清泪。

此情此景,不禁让人心生怜悯。如果一个人在黑暗之中,看到一丝微光,那么走下去的路即便再难,她也会因为之前乍见微光的欣喜,而鼓舞着自己继续坚持走下去,如果是一直深不见底的隧洞,也只能绝望地望着老天,等待更大的绝望。

生活单靠口号注定一无所成,做事必须要有踏实的步骤。她抱着不达目的誓不罢休的劲头,请求护士给自己穿上棉裤,然后继续练习,但当她准备开始练习时,却发现双腿非但没暖和,反倒似灌铅一般步履维艰。这对孙毓敏来说,又是一次沉重的打击,自己搬不动自己的腿,连翻身都有困难,她开始埋怨自己无能。孙毓敏知道自己要想真正站起来,前期的这些努力必须要付出,她需要的是一次次尝试,一次次的失败后再一次次的尝试。反反复复折腾之后,在天蒙蒙亮的时候,孙毓敏在梦里才得到短暂的休息来慰藉疲惫的身心,这让她感到些许轻松。

在这种看似不见成效却又略有提高的日复一日的练习中,孙毓敏终于把腿稍微拉动一点点。而恰恰是这一点点进步,让她顿增信心,让她继续坚持,更有底气。在这训练翻身的过程中,导尿管将她硌得难受,这是一个令人信心倍增的预告,这些小信号在不断地预示着她的知觉正在一天天恢复。这是在学会翻身之后,孙毓敏取得的最大突破,她欣喜万分,又增添了一份希望。与此同时,自主排尿还是不能随心所欲,她感到腹部胀疼,害怕憋破膀胱,只好请护士将拔掉的尿管再次插上。自主排尿的失败,并没有使孙毓敏心灰意冷,她想到的不是放弃,她又开始了一次次的尝试,她反复回想排尿的感觉,尿液竟然顺利地流了出来。孙毓敏彻底学会自主排尿之后,又研究出自己倒尿的方法,这让她一下子觉得自主干事的感觉真好，不需要再用祈求的语气去麻烦别人，不需要再低声下气地请求别人帮忙。如此一来，工作量减轻的护士们对待孙毓敏的态度也就更好了。情况似乎逐渐明朗起来，第一次挪腿，第一次翻身……事情好像在逐渐往好的一面发展，她用行动证明了自己坚强不屈的性格，这让她树立了自信。但已有十九天没有排便了，这让她十分忧心。一位责任心极强的护士硬是不怕脏不怕累给她做按摩，最终将她体内带血的小球掏了出来。

　　将这些琐碎的病中杂事了解完之后，后人对孙毓敏所持有的态度不应该仅仅只是同情，更应该多一些敬佩。她不甘于做一位被宣判成瘫痪的病号，不屈从于医学的定论，不屈不挠地与不公的命运做斗争，她的勇气注定要被后人当成楷模。她甚至不需要任何一点点同情，同情是留给弱者的。细小之事，对常人来说无比轻松的事情，对一位瘫痪病人却是一次又一次的挑战，每一次小小的进步都是奋不顾身的结果，都需要鼓足了劲儿，一点点地去征服才能做到。那一段时间里，孙毓敏不再背负弱者的标签，即便她孤身一人远在他乡，也没有丝毫想要博得他人怜悯的意图。她用自己的行动诠释着不屈不挠的真正含义，诠释着重整河山待后生的魄力。

　　身体上的疼痛和不适一点点减轻之后，一个努力上进的青年开始反思自己的现实生活了。孙毓敏开始觉察到，这种毫不上进的日子在逐渐消磨她的意志，她从心底里觉得，不能再这样毫无目标了。她每天面对着一成不变的日子，孤零零的感觉席卷着全身。可当一种积极的心态树立起来之后，孙毓敏即刻认识到生活变得不一样起来，这一切无不得益于她面对生活的积极性。她一直挚爱的京剧，在她心理状态极度低落的关键时刻，又给她建起难能可贵的精神支柱。她将其视为生命，视为人生伴侣的京剧艺术，在孤寂的病床上一遍遍激起她的精神气质。孙毓敏屡次回想起在北京的日子，那时的她，一天能连续不断地演四出戏，从早上的六点持续到晚上的七点，也成了大家公认的"金嗓子"。她开始有些懊悔在"文化大革命"时期的一时冲动，如果她当时能顶住压力，一定能挺过去。可她最终寻了短见，摔成残废，就连站起来都成了一件痴心妄想的事了。她有无尽的悔恨在心里，她怀疑自己，怀疑前途，她害怕演艺生涯不得不就此结束，害怕对京剧艺术的追求不得不立刻终止，这种悔恨让她的心情一度陷入谷底。

在孙毓敏逐渐康复之后，对京剧艺术那份扎根在心底的挚爱，令她难以割舍。她依旧存在着幻想，幻想着冷冰冰的石膏从自己腿上拆卸下来的那一天，幻想着政治风暴刮过去的那一天，真相终将会水落石出，她的一切委屈终将会得到劝慰。她期待自己又能信心百倍地回到魂牵梦萦的舞台上，在艺术的国度里尽情徜徉。这种百感交集的心情，在孙毓敏的脑海中一遍遍的回环上演。她那么热爱京剧，当她活跃在舞台上的时候，不管是小角色还是唱独场的主角，她都能以全身心投入的状态，给每个角色演绎出独特的风格，并总能获得观众的一致好评。但是现在她瘫痪在床，一切登上舞台的想法都显得那么不切实际。那时候，孙毓敏在现状面前也做了妥善的安排，如果不幸从此与舞台无缘，她愿意尝试任何与京剧相关的事情，她愿意重新开始，从零做起。她不断地鼓舞自己，每天都送给自己一句勉励的话，让希望之火不被现实的冰冷扑灭。正是这种坚持与倔强，才让她从未怨天尤人。

她开始尝试着弯弯手指，尝试着做一些简单的表情。她依然能回味起当年在舞台上的兴奋，依然忘不了当年热爱她的观众。孙毓敏绝不会容许瘫痪在床的自己失去信心和希望。一个人如果在最绝望的时候能够纠正好情绪，调整好心态，进而争取从一点点开始做起，任何事情到最后都会向最好的一面发展。执着地努力开始每一件事，最终都会得到好的回馈。

初步尝试的成功，让孙毓敏觉得这是上天的眷顾，这是为再次从艺保留了基本且必备的灵活身手。欣喜的同时，她不禁喊了一声"咿……啊……"，这一喊却惊动了值班的护士，在遭到他们关于病房不允许喊叫的训斥之后，孙毓敏发自心底的喜悦之情依旧溢于言表，这说明她的嗓子依旧洪亮，并不逊色于卧病之前。她把这种呵斥潜移默化地当成是对她"金嗓子"的另一种形式的夸奖，这是对她自己变相的鼓励和认可。当年塑造的每一个戏剧形象，在大脑里就如清泉一般喷涌而出，奔流不息。这是被岁月洗涤过的泉水，这是苦难后重生的甘露。孙毓敏忘记了遭遇的一切斥责，铭记的只有艺术带给她的最真实的慰藉。这种精神的疗养法，为孙毓敏的乏味生活增添了诸多乐趣，排解了病榻生涯的孤寂与疼痛。人只要不失去方向，就不会失去自己，人生中重要的不是所站的位置，而是所走的方向。她在一次次克服困难之后，再次找到了方向，也找到了一个可以重拾信心的自己。

这种入魔的迷恋，让她再次陶醉于京剧唱段的创作。广播里的"最新指示"是她艺术的风向标，每每听到，她都会迅速地记下来，变成她的创作素材。创作完成之后，她就邀请大家一起来唱。最初，她的一厢情愿并没有得到积极响应。孙毓敏作为一个被贴上标签的罪人，她的任何举动都会让大家联想到政治动向，他们在思想上和行动上跟孙毓敏划开了一条彻底的界限，他们不想接近更不能接近，这种歧视让孙毓敏又一次受到挫伤。但她依然默默地练习，勤恳地用功，最终在枯燥无味的医院生活之中获得了病友的认可。他们会趁无人监护孙毓敏的空闲时间，过来邀请她唱上几段，更有人曾暗暗下定决心要跟孙毓敏学上一小段。生活中若没有朋友，就如同生活中失去了阳光。正是这种认可，让孙毓敏在重获尊重的同时得到了生活中的一抹阳光。

她的声音回旋在医院的走廊里，吸引来了病友，也吸引来了护士和大夫。从他们赞同的笑容中，孙毓敏找回了尊严，找回了认可，甚至找到了自豪感，她完全把"犯人"的身份置之不理了。这一切源自于她一直坚守的信仰，这也让她更加确信，要继续在这条路上坚持下去。

除了这种反复的发声练习以外，她还保持了看书的习惯。这种蓄势待发式的储备，让她有了更多的积累和积淀，这为她演艺生涯的艺术造诣奠定了坚实的基础，也使她晚年的养生获益匪浅。孙毓敏得益于那个无视知识的时代，没人管理的书籍成为她获得知识的最有利的途径。好心的病友偷偷帮她换书，在一来一往之间，知识在不断地延续。同样延续的还有那个时代的人情，这让孙毓敏感受到诸多冷眼之后，终于得到了同情和理解。孙毓敏利用病榻孤寂难熬的时间，努力汲取书中的营养，一心努力进取，这让她在病痛和失落的岁月中找到了另一种精神寄托。

孙毓敏根本不管书的类别，《外科学》《内科学》《骨科学》《妇科学》《耳鼻喉科学》《小儿科学》，样样照单全收。也不管是苏联的、德国的、日本的全部照看不误，总之她只有一个念头，那就是把空闲时间利用好，使自己无暇胡思乱想，用书填满自己的精神世界。久病成医，对医学书籍的精读让孙毓敏成了半个医生。她研究发现，给自己打石膏的实习医生存在着很严重的技术问题，这会给她造成严重的后遗症。一方面是逐渐恢复知觉的身体给她带来的希望，另一方面是难以言表的冤屈和苦难，人生硬币般的双面性在她身上体现得淋漓尽致。

那一段时间，孙毓敏得不到护理，身体上病痛缠身，很多个夜晚难以入睡，常常让她忍不住掉下眼泪。但遭到的羞辱比之前少了又少，这让孙毓敏得以在知识的海洋尽情地徜徉，也让她获得了心灵上的满足。但好景不长，团里又派人去她那值班，对她的"群众专政"从此又拉开了帷幕。

顶着代表广大革命群众来实行"无产阶级专政"的名号，那张因为充满"阶级仇恨"而导致的扭曲、变形的脸，在接下来的日子里想尽一切方法折磨着孙毓敏，这段回忆对她来讲，不堪回首。

她怒吼着："俺代表革命造反派勒令你跟着喊——坦白从宽，抗拒从严！"

孙毓敏万般无奈之下也只能战战兢兢地跟着喊："坦白从宽，抗拒从严！"

她操着标准的河南口音，义无反顾地呵斥着孙毓敏。她的暴跳如雷，孙毓敏的唯唯诺诺；她的歇斯底里，孙毓敏的胆战心惊；她的代表权威，孙毓敏的被蔑

《霍小玉》，孙毓敏、方志成合演

视；她的所谓威严，孙毓敏的软弱；她的中气十足，孙毓敏的病痛缠身；完全是一个强者对于一个弱者的叩问和讥讽。

这个阶段过去后，每个经历过"文化大革命"的人，回想起当时的情景，都会觉得可笑到了极点。但在那个特殊时代里，某些人的人性被扭曲了。

那时从团里派来值班的人都很有"居高临下"的自大，他们无情地对待那些被他们看管的人，他们觉得自己的政治主见是绝对正确的，需要绝对接受，不容许任何怀疑存在。所以在要求他人接受自己的观点时，采取的措施也是极尽强制，甚至是粗暴的。他们自以为表现出来的是一种绝对忠诚的对上级政策的支持和理解，觉得自己正在做的是一件为革命增砖添瓦的大事，是无不神圣和光荣的。所以在对待这群被定性为有严重政治倾向问题的人时，他们丝毫不会去考虑"敌人"的心情和苦楚，而表现出一种革命的决绝和彻底，这不免让受其看管的人深受其害。那种极左的潮涌，让人在过后的岁月里，不断地涌来悸动和揪扯。

安排的看守每周会轮换一次，他们要求孙毓敏喊一些毫无逻辑的口号，革命色彩极其深重，其中充斥着不容更改的炽热与难耐。每天早晨，他们挥着小红书要求孙毓敏背诵语录，因为担心党内依旧存在"敌人"，那种怀疑情结非常严峻。在他们每个人的心里，依旧充斥着一种强烈到无以复加的怀疑、猜测和担忧之感，他们要求孙毓敏坦白从宽。在"文化大革命"期间，很多人因为承受不了非人的逼供，才不得不承认那些天方夜谭的错误。但就是因为这些无辜的低头认罪，让很多同志受到了非人的惩罚，付出了惨痛的代价。一些没有人性和道义的猜测，让很多人蒙受冤屈，甚至不得不选择以死明志。

这样的日子循环往复，折磨着孙毓敏，摧残着她那等待复原的心，日子在这种体制化的"教育""引导"中匆匆流过。在孙毓敏生活已经能够自理的情况下，在"叛徒"大爷包揽了一日三餐和其他脏活累活的情况下，被派来监视并护理孙毓敏的那些人依然在病房里支起一张床。这一举动只是为了监督她，对她实行看管和压制。他们就像在孙毓敏的房间安上了一双双犀利的眼睛，不允许孙毓敏有片刻的自由时间，看不惯的地方便会言辞犀利地破口大骂。他们对自己要求却不高，经常在看管孙毓敏的时候做些私活，用医院的热水洗衣服、洗被单、织毛衣，一边织一边警惕窗外的视察。

　　她们悠游自在，却对孙毓敏严加监管。她们的监管带有非人道的色彩。让她们跟一位各方面举止行为都合乎规范的病人天天待在一起，时间长了就会寂寞难耐。所以孙毓敏每天都在他们的牢骚和抱怨中度日如年。她们甚至对只能在房间里解决大便问题的孙毓敏，表示极度不满。那种戏谑的言语和嘲讽的眼神让孙毓敏感到心寒。孙毓敏向来是一个识相的人，她不愿遭人讨厌，不愿遭人嫌弃。然而那个时候，她瘫痪在床，只能无可奈何的忍受着她们的讥笑，忍受着她们对个人自尊的践踏。

　　后来孙毓敏想出了一个缓和情绪的方法，她主动提出帮她们织毛衣，也以此打发"被专政"时期的无聊时间。那些人理所当然地接受了她的免费劳动。孙毓敏经常会觉得胳膊酸痛，但她从不抱怨。她觉得打毛衣也是一种抗争，她要向那些人证明自己并不是一个瘫痪在床的废人，她还有能力做成一些力所能及的事，还有博得他人尊重的筹码。她也是在向自己宣战，一刻不停地织毛衣，可以让孙毓敏觉察到生活的存在，生命的切实可感。她在向自己索要尊严，她在向自己证明还有做事的能力，她虽然被疼痛捆绑在病床上，但并不是一个一无是处的人。有些事情本身我们无法控制，只好控制自己。既然瘫在了病床上，孙毓敏能做的就是用自己的勤奋来警示那些看不起她的人，她能用努力来赢得大家的尊重。

　　孙毓敏一贯拥有执着的劲头，对打毛衣产生了越来越浓厚的兴趣，她尽一切所能去接更多的活，她的病床变成了毛衣加工厂。在没有毛线，接不上任务的空闲时间，她竟然会感到空虚。她养病期间，先后为别人打过一百多件毛衣。这种长期劳动并不只是体力上的付出，还有毅力的磨炼和身体的锻炼。在这个过程中孙毓敏的手指手臂得到了活动，从而更充分地锻炼了灵活度。让她在卧病之余，体会到一种被需要的感觉，这让她感到快乐。孙毓敏是一个不会让时间蹉跎，不会让自己颓废，不会编造任何理由来为空闲找借口的人。她在任何时候都在努力寻找存在感。

　　看守们对孙毓敏需要的帮助采取能避则避、能躲则躲的态度。孙毓敏的衣服穿了很久，却没有人帮她洗。这一切都显得那么艰难，任何一件事都要这个瘫痪

第五章 坎坷艰辛 苦尽甘来

病人亲力亲为，一切都显得无助，让人感到心酸。她原本对看守们存有一丝侥幸，认为看在帮她们织过那么多件毛衣的情分上，会帮她做些分内的小事儿。但泡在盆中的衣服在桌边从早上放到晚上，她们都视而不见，这不免让她感到寒心，人情冷暖一下让人百感交集。她在床上焦急地等待着她们的主动，也在等待着一种叫作"回馈"的感恩可以出现，但事实却与之相反。

有一个喜欢听唱样板戏的小姑娘，到孙毓敏的房间来玩儿，她果断地帮孙毓敏把脏衣服洗好，晾好。在这过程中，小姑娘遭到了看守们的警告，他们拿孙毓敏的政治问题当作借口，不许帮她洗衣服。出乎意料的是，小姑娘硬是以坚决的态度和犀利的讽刺回击了看守们的无情。值班的看守被她几句话就噎住了，这样一个义正词严的小姑娘，令人感到惊愕与感动。从此之后，小姑娘经常来找孙毓敏，孙毓敏也用心教她样板戏。小姑娘的勇敢和朝气给孙毓敏的触动很大，在步履维艰的非常时期，孤身一人很难走下去。人为万物之灵，万物感其心，万物劳其形。人很难控制自己的情绪不被外界所惊扰。在这个过程中，必须适时出现一些人和事来让人感到宽慰，体会到真情的温暖，如此才能坚定信念，以更饱满的情怀填充内心，以更昂扬的姿态走出逆境。但在此过程中，要心怀感恩之心，要珍惜别人的给予。孙毓敏就做得很好，她跟小姑娘成了要好的朋友。在之后的相处中，尽心尽力地帮助她学唱戏，用自己的知识启迪她，丰富她。在那个特殊的年代，在极左思潮的洗涤下，太多人习惯用标签化的眼光来看待他人，缺乏同情与悲悯，充满呵斥与躁动。故而这种无私的奉献和纯洁的友谊，让孙毓敏倍感知足。

看守中换来一位舞美队的大姐，她是上苍对孙毓敏的恩赐。好心的大姐在得知孙毓敏三个月没有洗头发后，立即打来热水为她清洗头发。洗完以后又给孙毓敏灌了一个暖水袋，垫在枕头下烘干头发，这些美好的往事让孙毓敏一直记忆犹新。

1969年的春节，对于独在异乡的孙毓敏来说，生活变成了一种难以忍受的煎熬。窗外稀稀疏疏的鞭炮声让人格外想念亲人。她想到可怜的母亲，为自己操了一辈子的心，到老了也没能让她老人家省心。此时此刻，孙毓敏内心充满了对母亲的歉疚。她思念母亲的念头越发强烈起来，恨不得立刻出现在母亲身边，给母亲磕上几个头，求得母亲的宽容。

她也会为大妹和小妹担忧，她担心她们会因为自己而受到连累。她有无数的话，想要对她们讲，她有数不清的委屈想要对她们倾诉。然而她却沦为了造反派口中的"特务""嫌犯"，她想到蒙受的冤屈，想到被钉在床榻之上动弹不得的现状，想到远离亲人孤独无依，顿时备感哀伤。她与家人的团聚成了一种奢望，跟亲人见一面成了幻想。她作为一个"专政对象"，想要跟家人欢度春节是那样的不切实际，孙毓敏在病床怀念着在一起的往事，祝福着相聚甚远的亲人们。这种想念的心情和焦虑让孙毓敏彻夜难眠。

内心撕扯的孙毓敏，也会思考一些不能改变但又不得不想的事情。尤其到了过年时节，因见不到亲人而牢骚顿生的孙毓敏，对现状也会有所抱怨。她开始担忧国家的未来，她是被诬陷的，被抹黑的，与所谓的公平道义毫无关系。她不过是一位纯真善良的小女孩，为何要与政治直面相对。

那些曾经的艺术家和文学家及其作品，被打上了毒草的标签。他们苦闷、踟蹰、流泪，但历史不会陪任何一个人哭泣，它关注每个人最顶峰的状态，它只记得英雄的功勋荣誉。任何一个惨死或者放弃生命的人，在这场全民性的大悲剧中，显得那样渺小和虚无。这时候，孙毓敏更需要坚定信心，她要坚持下去，她要等待跟家人团聚，她要让自己的第二次生命挥发出应有的光亮。她等待着痊愈，也等待着跟造反派一次又一次的抗争。

小妹孙毓伟的突然到访，让孙毓敏激动不已。毕竟在这三个月里，她一个人在病床上孤苦无依，每时每刻都在思念着亲人，她有多少次梦见母亲和妹妹而被惊醒难眠。见到妹妹，孙毓敏哽咽得连一句话都说不出来。"近乡情更怯，不敢问来人"，大约就是这样的情绪，有好多的话想要说，有好多的思念想要倾诉，有好多的委屈想要排解，却在见到亲人的那一刻，瞬间语塞。迫切要看清妹妹的孙毓敏，泪水却早已模糊了视线。

在空荡荡的病房里，被固定在病床上，孙毓敏受到了太多无声有声的嘲笑、讥讽和诬蔑，没人为她排忧解难。她时刻记挂着远在他乡，不知是否安好的亲人。此刻，在孙毓敏面前的正是她一直想念的亲人，浓浓的亲情一下子充

第五章 坎坷艰辛 苦尽甘来

孙毓敏（右）与孙毓伟（左）姐妹

斥了整个房间。当妹妹拿出精心为孙毓敏准备的奶油蛋糕和巧克力糖作为生日礼物时，孙毓敏的心情跟所有久别家乡、杳无音讯的游子一样忐忑，最好的礼物莫过于面前这个切实可感的妹妹了。平日里还像孩子的妹妹一直在安慰病床上身遭重创的姐姐，她鼓励孙毓敏要坚信她的品行终有一天会被社会给以公正的定位。

但两个人互诉衷情还没多久，看守就强行将妹妹拉走了，任她们姐妹呼喊和哀求却都没有丝毫情面可留。这种情况是孙毓敏万万无法接受的，终于盼来的亲人相聚，却被迫强行分开，何谈自由，何谈人性，连多一分钟都显得那么不切实际。孙毓敏无奈、悲痛，却又担心妹妹的去向。房间里只留下孙毓敏捶胸拍床的无奈，那次匆匆相见把孙毓敏一下从梦想拉到现实。"文化大革命"不但摧残了中国的物质文明，更践踏了人们的道德情操。它让太多人妻离子散，家破人亡。

亲人的相见相当急促，探监的时间都比这宽松很多，这让孙毓敏觉得委屈难耐，万般的辛酸，霎时间又提上了心头。但即便如此绝望，她也仍然无处排忧，没有任何一个人在意她的境遇。孙毓敏有千言万语要跟妹妹说，紧迫的时间，还

81

没等她说到重点就宣判了相见的结束。她想问母亲的现状，想问一直高洁要强的母亲有没有在这场运动中受难。但还没等她把这些极度关心的问题说出口，她们姐妹之间的谈话就被迫中断了。她心里面霎时间塞满无数的愤懑、苦痛。她埋怨着上天的不公，抱怨着命运的蹉跎。她曾经有太多梦想，有太多机会，在"文化大革命"到来的时刻，刹那间灰飞烟灭了。

那个时代，又有多少人正像孙毓敏那样被诬陷，被冠以某种不实之词，并接受着各种"冠冕堂皇"的罪证。

与妹妹的相见，留给孙毓敏的并非全是苦痛，直到现在，她依然认为妹妹出现的两分钟，是一生中最宝贵最令她激动的两分钟。在这短短的两分钟里，她体会到了久违的大喜，也是在这两分钟里，她直面了与亲人被迫离散的大悲。但妹妹的一段话让孙毓敏意识到，妹妹已不再是那个经不起世事的小丫头了，她认真地给自己上了一课，关于生命，关于亲情，关于事实和真相，关于隐忍和勇气。她感谢妹妹，感谢她的成长。妹妹竟让曾经一度下定决心要保护家人的长女羞愧万分，却又意识到为了自己更为了那些深爱她的人，应该以饱满的心态生活下去。

妹妹给孙毓敏留下了一块苏联旧手表，那是妹妹至尊至贵的宝物，稀罕至极，舍不得半点磕碰，却毫不含糊地留给了她。当孙毓敏在最为难受和煎熬的时候，听到那循着规律始终镇静的"嗒嗒"声，总能激发出继续坚持下去的决心。妹妹曾说"看着它，想着我，好好活下去"。这种手足之情的光辉，温暖着她冰冷的心房。这块表见证了孙毓敏从绝望到重生的奋斗过程。它的意义已经远远大于计时的功能，而是一步一步不紧不慢的节奏，每一步都是踏踏实实稳扎稳打的督促。

妹妹走后，孙毓敏开始遗憾，开始后悔还有好些话没有交代。她后悔没有叮嘱小妹，将母亲先接到她的住处。在孙毓敏的印象中母亲是倔强的，她担心母亲会走上绝路。亲人之间常常会说一些善意的谎言，不想让对方担心，想独自承担一切，以便把最轻松的一面留给对方。但在小妹故作坚强的背后，却是母亲已经惨死的不忍卒读的回忆录。而这一切，当时的孙毓敏却一无所知。

第五章 坎坷艰辛 苦尽甘来

他人的诋毁能使人遍体鳞伤，亲人的劝慰却可以让人顿时振奋。孙毓敏在孤单的病室熬了这么久，历经千山万水的小妹，让她又重新看到了希望和活下去的勇气。因为这种感动，孙毓敏更加坚信，终有一天，自己会站起来，她满怀着对未来的美好憧憬。她渴盼着双腿能够走下病床，走上舞台，她渴望着一个破壳而出的自己。

在巨大的希望和强烈的担心之中，1969年4月的一天，孙毓敏脚上的石膏终于要拆下来了。白色的石膏经过几个月的风干，已变得异常坚硬，原本的雪白布满了污秽，好似陈旧的书纸。大夫拿来锯切，吱吱呀呀的声音仿佛在诉说孙毓敏这些日子里所承受的熬煎和困苦。当石膏被打开的那一刻，孙毓敏顿时又陷入了深深的绝望之中，呈现在她面前的是瘦若枯柴皮包骨头的双腿。孙毓敏感觉自己的下身仿佛是用两根烧火棍组接而成的，直挺挺地横在那里，松垮的皮肤耷拉下来，干枯得像陈年的树皮一般，完全丧失了任何生命迹象。双腿关节高高隆起，与两边相比显得鼓囊囊的，像树疙瘩一样狰狞在那里，一截截骨头，一根根脚筋清晰可见。似乎只有死人才会有这样的腿和脚。她试图站起来，可脚腕已经完全僵化了，别说走路，连动一下都是妄想。她伸手掐了一下脚，却毫无知觉，直到指甲掐破了一层皮，渗出了些许红色的血，她才缓缓地松开了手。孙毓敏日夜祈祷的希望和期盼，瞬间被现实击得粉碎，被狂风吹得消散，孙毓敏的身体不禁阵阵颤抖。

她一度以之为信念的全新艺术生命，现在看来显得更加遥不可及了，这种满怀希望又一度落空的落差让孙毓敏窒息，直到空白的大脑恢复意识，她才渐渐抽泣，继而号啕大哭起来。孙毓敏无法接受双腿残废的事实，她一度央求大夫把自己的双腿锯掉。

大夫也曾尝试用针灸给孙毓敏进行探视性的治疗，即便将腿扎得出血，也没让孙毓敏感觉到丝毫疼痛。这种麻木感让孙毓敏的精神状态再度低迷。孙毓敏的神经已经被震断了，一根神经每生长一寸需要十二年。这更让当时的孙毓敏感到前途无望。她曾经日思夜想，拆下石膏那一刻，她便能重新站起，可现实却给了孙毓敏沉重一击。

孙毓敏脑子里闪过一幕幕那些丧失双腿的悲惨人生，她甚至重拾了自杀的想法，与其依靠别人伺候和怜悯苟活于世，还不如一死了之。那种一下子被打入深渊的绝望让人生不如死。这种情绪让孙毓敏感到恐惧，让她想要逃离，想逃离这令人无法忍受的火海。此时的孙毓敏迫切需要前辈的劝慰，它让人学会坚持和隐忍，去隐忍生活给自己的幸与不幸，隐忍时代给一个人的悲剧与喜剧。"叛徒"大爷语重心长地劝解着这个绝望的姑娘，激励她鼓起勇气，接受生活的安排，并拿出勇气和命运再抗衡一次。细想一下，人果真是很脆弱的动物，任何一个念头都可以摧毁一个人。大爷的坦诚自白，让绝望到底的孙毓敏意识到生命的珍贵，只要活着就不能把希望全部抹掉。

在接下来的很长一段时间内，她每天进行强烈的刺激治疗，针灸、电针灸、电兴奋、梅花针，甚至每天下午趁冲开水之际，都倒一大盆热水，把脚泡在里面揉搓和按摩。孙毓敏依然非常焦躁，但事实证明，这种看似烦琐但却用心耐心的治疗，让已经宣判死刑的双腿一点点有了好起来的迹象和征兆。

大夫为孙毓敏拍了一张腰部 X 光照片，结果显示第四腰椎已经和别的腰椎长在一起了。这对孙毓敏来说是一个振奋人心的消息。她平日里面对着一成不变的天花板与外界隔绝，对未来的美好憧憬时刻鼓舞着病痛中的孙毓敏。一个瘫痪在床的人，对重新感受这个世界一草一木的渴望，无以言表。但她并没有康复，走出病房的心情是急切的，但走向大门的脚步却是沉重的。孙毓敏持之以恒的耐力永远不会改变。

在四个人的搀扶下，孙毓敏开始进行最初的尝试。可即便护士为她穿上了钢条背心，用很厚的棉被垫在腰后，她还是第一时间就感到头昏目眩，竟然晕了过去。第二次是付出了莫大辛苦之后，才终于坐住。可因为颈椎无力，脑袋总是不听使唤地垂下来。别说站起来，能安稳地坐五分钟都是一种奢侈。在普通人眼里看起来如此简单的事情，对于瘫痪在床的孙毓敏而言，每一次一小点儿尝试都要竭尽所有力气和勇气来完成。有时孙毓敏会对自己感到失望，但她并不因此绝望，她还想再度站起，重回正常人的生活。她开始一步步地按计划进行康复训练，从最简单的"会坐"开始。

第五章　坎坷艰辛　苦尽甘来

孙毓敏严格要求自己，不管多么晕眩都要坚持坐到规定时间，不管多么痛苦都要强迫自己每天增加练习。日复一日地坚持终于换来了让人满意的收获。半个月后，她可以连续坐二十分钟。当她阔别已久的一切逐渐开始呈现回归的迹象时，她的心激动得颤抖了。为了更好更快地恢复，孙毓敏曾经为自己的康复制定长期的锻炼计划。一天几次的"热水疗法"，以及不间断的拍、揉、推、拉，每日清早的腿部肌肉练习，与日俱增的运动量，渐渐好转的身体状况让她更坚定了方向。

孙毓敏在病痛中学会的最为重要的就是坚强。深知身体遭受的重创之大，让她觉得自己不能急于求成，要想恢复必须一天天地坚持康复训练，必须有耐心等待的心态，她时刻坚信着一点，终有一天自己会像正常人一样站起来。漫长而痛苦的恢复过程使她的内心逐渐强大，天大的灾祸降临到她身上也不会再将她压倒了。

然而，每当看到自己那嶙峋丑陋、扭曲变形的双脚时，她也会抱怨，抱怨落后的医疗条件，抱怨跟这有直接关系的严大夫。后来，孙毓敏终于鼓起勇气问严大夫的妻子，严大夫为何不肯搭理她。得知其中隐情之后，孙毓敏着实感到悲凉。医院的张副院长在开腹手术方面，技术高明，在全国范围内有很高的知名度，严大夫是他的徒弟。张副院长在"文化大革命"期间也遭到了迫害，也被诬陷为"叛徒""特务"之类的罪名。出身不好又被时局吓怕的严大夫，不敢接近因为政治问题跳楼自杀的孙毓敏也在情理之中。墙倒众人推，这种时局之下，个人的安危尚不能控制，那种平时应有的关心和体谅自然会少之又少。

严大夫的医疗事故，给孙毓敏造成了严重的后遗症，给她后来的康复治疗带来了极大痛苦。每当痛苦难耐，孙毓敏也会委屈得痛恨严大夫，也曾想过有朝一日去找严大夫算账。但后来严大夫因为遭到"文化大革命"的迫害，又因张副院长的自杀而受到强烈刺激，导致了精神错乱，再也无法上手术台了。孙毓敏内心对他的所有怨恨都化为了烟尘，甚至为严大夫的事感到无助，也在那一瞬间她终于理解了严大夫对自己的冷淡。严大夫是一个脆弱的人，是一位心灵的弱者，处于社会边角，要想在不理智的政治环境中生存下来，显得那样艰难。在极大的压迫下，他不敢向社会反抗，也不敢直面死亡，内心痛苦的折磨让他渐渐失去了自我，逐渐被恐惧蚕食了纯真的心。

那些年，中国存在太多像严大夫那样的人，他们没有公开喊出拒绝运动的口号，他们耽于自己的家庭安危，为保全饭碗，不得不做出让步，他们也在心里给自己施加压力，让自己不去那么积极地投入运动，不与一些极左的人同流合污。所以这种内心的矛盾就会更加强大，对精神状态造成了伤害，导致整个人逐渐崩溃，身心最终沦陷。

在那个弱者被无情欺凌和压抑的时代，即便是原本神采奕奕的大人物尚有沦落为阶下囚的危险。如果与严大夫同为弱者的孙毓敏不去原谅和理解他，那么就根本不会再有任何人愿意去慰藉被病态社会风气击垮的脆弱心灵。在时局的逼迫之下，他选择了以自我退避的方式来保护自我。这让孙毓敏对他又产生了深切的同情，真心为他的悲惨遭遇感到难过。严大夫没有走出那个最严酷的考验阶段，没有等到曙光再现就精神崩溃了。他并不是个案，这是那个特殊年代留给一些人的悲哀。

1969年8月，因为孙毓敏所在的医院被下放到周口地区，她只好被遣送回剧团。随后被安置在剧团二楼的一个小房间里，以软禁的方式将她囚禁。不准获知外界的一切信息，更不能跟家里人取得任何联系。在得不到安慰，失去自由的情况之下，她还要接受着大家的嘲讽和冷言讽语。有人说她是"被摔坏成烂梨"，有人说她是"害眼的特务"，面对各种侮辱与欺凌，让本就身体不适的孙毓敏更多了一份心理负担。她除了不吭一声以外也没有其他更好的办法，只能默默忍受。

剧团里的一个小姑娘跑到孙毓敏的房间跟孙毓敏讲了一个关于"三心人物"的说法。"三心"就是：远瞧伤心，近瞧恶心，搁在家里放心。可谁曾想，正是这次短暂的交谈招致了后来诸多麻烦。第二天就有一个男造反派闯进了她的屋里，大骂孙毓敏的政治问题，随后便强制孙毓敏写交代材料，要求她坦白交代腐蚀青年思想的罪证。

这样无理的质问让孙毓敏感到糊涂，当时她斗胆地问了他一句："我究竟归

第五章　坎坷艰辛　苦尽甘来

谁管?"对方却气急败坏地呵斥孙毓敏"谁来管你，你就归谁管"。这样胡搅蛮缠的答案，让孙毓敏一头雾水。孙毓敏躺在床上，心里面却像是大海里翻了船，焦急、惶恐又无可奈何。想到在明天中午十二点之前必须交材料，她拿出了纸和笔，尽力去回忆任何一个和自己交谈过的每个人。那时候孙毓敏多么渴望与他人交流一下苦闷，以便排解心里的忧愁。可在那个各顾自家的社会里，又有谁会愿意打破"界限"听她诉苦呢? 进她屋里的人，除了对她冷嘲热讽外，没有任何温暖的话语。她在这个狭窄的屋子里已经是处处小心，处处忍让了，可还要经受"人言可畏"的恐慌。

孙毓敏绞尽脑汁，终于想出曾有六个人来过，但每个人事事小心，除了百般讽刺挖苦之外，根本不敢跟她有任何瓜葛。要这些人为她澄清事实，根本就是一种奢望。现在看来都是一些无稽的话题，在特殊的时期，对特殊群众的心理产生了微妙的效应。这不免让人们去反思，人与人之间变得那么微妙，随口一句话就可能将自己推上"政治问题"的风口浪尖，时常一些惯性行为却可以让自己犯下倾向性错误，故使得人心惶惶不可终日。

一波未平，一波又起，专案组的人拿着一封信呵斥着孙毓敏。这封信其实是一位渴望给病痛中的孙毓敏一点安慰的朋友写的，信的内容简单易懂，无非用了时下一些略显政治色彩的词语。就这样几句关心人的话却激发了那帮人的"革命豪情"，大张挞伐。

凡此种种问题，他们最终都要归到孙毓敏的头上。孰能谅解，写信者的措辞问题竟然也要让这个已然被时局陷害到无法动弹的人来承受。屋漏偏逢连夜雨，真的要将孙毓敏赶尽杀绝。一个已经在肉体上遭遇挫折和迫害的年轻女孩，还要遭受这软刀子的宰割，却不能发出任何一声呻吟。

既然想理直气壮就要明辨是非，就要讨回公道。不只怨气让人更加奋进，还有与生俱来的对自己人格的维护，沉重得让人窒息的感觉让她意识到自己一定要抗争。只有抗争了，才有获得自由的可能性，孙毓敏不愿再像被笼子锁住的鸟，在这样如牢笼般的屋子里慢慢磨掉自我。她想要自由，她跟所有青春洋溢的年轻人一样追求一种自由自在的感觉，追求自尊自爱。

如果敌人能使你生气,那说明你还没有真正战胜他。在经过一夜难眠的思想斗争以后,那种年轻人才有的豪情和正义让孙毓敏急切想去团部一说究竟。她当时甚至做好了最坏的打算,等待他们对自己发起进攻的号角。比起让人无法喘息的生存状态,她更愿意飞蛾扑火一样去争取一下自由和真相。

事实证明正是这种不屈服和不妥协,让身处困境的孙毓敏多了一份奋不顾身的潇洒。她假借要去医院针灸电疗趁机跑到团部,求见一把手"军代表"丁政委。她的计划并不周密,但没人会想到她一个残疾人竟能偷跑,所以她侥幸进了团部。然而求见的过程却并不顺利,丁政委开会未回,但见到了一位姓刘的科长。在孙毓敏哭诉完自己目前的状况以后,刘科长安慰她,让她安心养病。孙毓敏的抗争发挥了效果,在一次找孙毓敏的谈话中,专案组讲了一些勉强劝慰的话,却把罪责轻松地推开,没有丝毫道歉的意思。

世上有种人比较擅长的伎俩就是伪善。他们无情地践踏着国家的法律,歪曲着政策,一种人性的丑恶,在面对孙毓敏的时候,被放大到极致。

在残酷的政治氛围下,孙毓敏依然深信着邪不压正,这使她赢得人生的信仰。一个柔弱的女子,一个在极端的环境中用生命拼死抗争的艺人,所有一切在当时的社会背景下都显得那么单薄,但又那么掷地有声。她在向整个反动派宣战,在向整个不敢吭声的社会发起呐喊。

这种性格的养成植根于她的母亲——一个宁愿带着三个孩子独自抚养也不要跟着丈夫强颜欢笑的伟大女性。也可能植根于她曾经扮演过的

《哑女告状》,孙毓敏饰哑女

第五章 坎坷艰辛 苦尽甘来

角色，像尤三姐那样刚烈、自爱的性格，深深影响着孙毓敏，这让她在心里悄悄埋下一枚自强自立的种子，静静地、倔强地生长着。而在此时此刻，这枚种子在萌发了。

几经抗争，专案组对她的限制相对松缓了许多，这也让她有了更多的时间和精力，利用有限的自由来强化自己的身体素质。"没有比人更高的山，没有比脚更长的路"，正是这种决心让孙毓敏更加坚信要走下去，脚踏实地走下去。想得简单，做起来却是一件相当艰难的事情。看着自己弱不禁风的细腿，她心里有一点退缩。很多时候我们走在黑暗中，路还是白天的路，如果我们眼前一片漆黑，那么没走几步就会察觉到前面有所阻挡。其实并非如此，我们只是太害怕，害怕前面的一切危险，更因为看不清面前的路究竟有多漫长，前进的步伐就会显得颤颤巍巍。孙毓敏当时害怕康复过程会是一条深邃的胡同，里面充满太多未知的曲折。

经过反复纠结后，她决定哪怕再艰难也要开始尝试。她开始从床上下地，可当脚一着地，钻心的疼痛瞬间席卷全身。双脚已经萎缩，承受这样的重量的确困难。那种扎入骨髓的疼，让哪怕一厘米的前行都变得痛苦不堪。等她慢慢适应了，准备将重心移到脚上，但整个脚的所有部位布满了大大小小的创伤，这就让每一次的落脚或者站定显得极度困难。每当她尝试着站起来，身体重量的挤压让身上的所有致痛点瞬间集中到一起，让她疼痛难耐。那种剧痛恐怕只有体验过的人才能知道，只言片语根本无法准确形容。她默默地坚持站在床边，能多一秒就多一秒，每一次时针转动都能让她感觉距离独自站立更近了一步。

每个人都应该像孙毓敏这样，在事情未成之前，多一份坚持和忍耐，少一些牢骚与愁苦。当第一次向别人诉说个人痛楚时，别人会为她分担痛苦，并会投以同情的目光。当她再一次去诉说，别人会觉得无关紧要，等到第三次就会引来反感，更多次就会伤害到尊严。所以我们在学会和朋友分享欢乐和痛苦的同时，还要学会从痛苦中站起来，众人眼中的自己才会是一个坚强的人。一味地沉浸在痛苦之中，只会降低在别人心目中的地位。孙毓敏也在用行动向人们证明着，她是一个多么坚强的人。

孙毓敏那时候的走路速度需要以小时来计算，四米的距离需要一个小时。步伐非常迟缓，但却非常坚定。伴随着练习强度的增大，腰部的负担也明显加重了，原本已经畸形的腰，开始疼起来，折腾着孙毓敏。经过漫长的练习，她能越来越快地完成那段短短的四米路程。也正是因为这种坚持不懈地练习，让她可以拄着拐杖慢慢行走了。艰苦的练习加上每日的按摩、针灸，使得身体开始慢慢恢复，她也终于可以丢掉双拐，跟小孩子一样开始试着趔趔趄趄行走了。有时候人很脆弱，世间万事万物的变动都在惊扰着人们情绪的波动，但有时候人们又很坚强，能够克服的压力连自己都想不到，能够克服的疼痛总显得不可思议。

京剧是孙毓敏追求第二人生的重要组成部分，学会走路的她很快意识到要迅速掌握行走姿态。在这种心态的鼓动下，孙毓敏的练习也会稍显急促，有时候因为一个劲地往前走，最终却因为走出太远而回不来，就只好坐在马路边上垂泪。那时候的她很像一个孩子，像一个刚学会走路又稍显稚嫩还有些逞强的孩子。一些善良的人总会出现，友好地帮助她，而这些事和人，孙毓敏在许多年后依旧心存感激。心怀感恩之心是孙毓敏的特点，她感激那些在她困境中，曾经伸出过援手的人，感激他们的真情实意和无言付出。这种赤子之心让孙毓敏没有被集体冷漠化的时局所污染，她保持着一种难能可贵的品质。

一切都朝好的方向发展着，尽管每一次小小进步都显得那么困难。凤凰涅槃也要经历火海锻造，高远的追求让孙毓敏每一次都能鼓起信心，迈出的每一步都显得非常笃实。

孙毓敏在团里住了半年之后，又住进了河南医学院，进行中西医综合治疗。为了早日康复，她练就了病友们都佩服的喝中药的本事。在接受治疗的过程中，钻研出烤电、热敷、蜡疗等有助于恢复神经功能的方法，依此类推，进行自我治疗。除了努力康复之外，她开始琢磨以后的出路。孙毓敏曾充分利用空闲时间，将以往登台演出的经验记录下来，将来一旦无法登台演出，还能有其他的谋生手段，不至于成为无所事事的人。孙毓敏事事考虑周到，即便在最困难的时候也总能找到一条适合自己去走的阳光步道。她在做准备，哪怕只有丝毫希望，她依然继续寻找着跟京剧相关的线索。如此的耐力，不禁让人称赞。

第五章 坎坷艰辛 苦尽甘来

一个天气晴好的春天，孙毓敏重新回归到了令她昼思夜想的舞台。如果你在春天开启一个梦，那么就会有更多的希望去开花结果。在春天之前，那枚种子历经了严寒摧残，病虫咬噬，执着的心多了一份殷切的期待和为梦想执着的顽强。所以在这个季节，她需要的只是做好自己，静待花开。

医院成立了业余队到农村演出，孙毓敏第一个报名参加了。当她真正等到了登台演出的机会，当台下轰鸣般的掌声瞬间响起时，仿佛距离上一次演出隔了一整个世纪。在这期间，孙毓敏遭遇了太多痛苦。其中的辛酸，千言万语说不清。在雷鸣般的掌声中，孙毓敏觉得一切都回来了。这种迟来的掌声，对等待已久的那枚种子来讲，欣喜到不知所措，她走过的路，她历经的事，都让人难以忘却，她曾那么艰辛等待，但却从没忘记过登临舞台的梦。自从孙毓敏的身体稍有好转之后，她从不放弃任何登台演出的机会。为了再次登上这个舞台，她准备了很久，也期待了很久，她深爱着舞台，不愿意错过机会，无论有多么艰苦的考验，她都愿意去尝试，尽管对她来说是严峻的挑战。

那次简陋的舞台演出，是孙毓敏第二次舞台生涯的正式开始。演员的价值就在舞台上，失去舞台，也就失去了光彩。每当她觉得再也撑不下去的时候，都是那个重登舞台的念头，支撑着身体和精神都极为脆弱的孙毓敏。那次演出是一个新的起点。

她热切地想要把自己内心的激动告诉她的母亲，她亲爱的母亲一直站在她的身边，支持着她。这次终于能让她那干涸的内心得到一丝丝滋润了。但就在这个时候，孙毓敏得知了母亲惨死的真相。转念的一瞬间，孙毓敏被现实惊醒，她的母亲已经去世，永远留在了那个难忘的时代。多苦多难的母亲，一切为了孩子的母亲，一辈子要强的母亲，早已不在了。此时孙毓敏的悲苦全部涌上心头，她悲愤于世事的无情，哀悼于母亲的过早离开，苦痛于自己的未能尽孝。但不容忽视的是，成功在一天天逼近，孙毓敏的身体也在一点点地好起来，她向往艺术追寻舞台的精神也愈加旺盛起来。

有时候人特别脆弱，为情所动，为心所困，情和心纠缠着每个人，任何一个人都难以逃脱情绪和感情对自己的干预。生活中一直以母亲为依傍，精神上一直

毓秀钟灵　荀韵新声——孙毓敏评传

孙毓敏与母亲孙杰（1966年）

以母亲为榜样的孙毓敏，对于母亲惨死的事情一直无法接受。这让她觉得瞬间失去了重要的精神支柱，也受到了前所未有的重创。

多少个夜晚辗转难眠，折磨着刚刚有所好转的孙毓敏，脑海里想象着母亲躺倒在血泊中的场景，让她几度发疯。疯狂的人是一种自我放逐或自我解脱，最煎熬的不是那些已经精神崩溃的人，而是那些正处于焦急、焦虑、无法解脱的人。

孙毓敏身边有不少由于各种原因而发疯的人，她知道每一个疯子的背后都有一个悲惨而迥异的故事。她知道这些人需要被人们同情和怜悯，但却遭到了嫌恶和讨厌。

孙毓敏曾觉得自己已经濒临疯狂的边缘，她自暴自弃，她逃避母亲去世的事实，她整夜睡不着，她上街会把钱乱花一气。曾经觉得能够从病床上再度起来，就是上天给予的最大的馈赠，但是却没想到附带而来的是母亲的惨死。这让孙毓敏悲痛至极。让她觉得现在获得的一切瞬间变得昏暗，一切都失去了意义，一切都显得那么微不足道。

人在承受悲伤的时候，总认为自己是世界上最悲惨的一个，沉溺在悲伤中，并加以严重渲染，进而更难走出来。孙毓敏得到了很多开导，不管是来自医院的大夫、护士还是病友，但所有这些劝告都无济于事，因为在孙毓敏心里，始终坚信这些人没有经历过如此悲惨的遭遇，根本无法理解她的心情。美好的生命应该充满期待、惊喜和感激。母亲的逝去，让孙毓敏感觉不到生命应有的期待，在灰色的生活节奏中,她任由自己消沉在失去母亲的悲恸之中。

直到那年除夕,邻床病友邀请孙毓敏到她的宿舍去。一进门看到的竟是一张披着黑纱的男子的遗像,孙毓敏那坚固的悲伤城堡才一点点地开始瓦解。后来她也屡次强调那次到访对自己的影响是彻底的。

遗像上的这位男子是朋友结婚仅有三个月的丈夫。他们恋爱了六年,度过长长的爱情之后,走入了婚姻的殿堂。自由婚恋的幸福刚刚开始,朋友就去上海进修了,而她丈夫则因为出身不好,被调去乡下做巡医。丈夫不敢有丝毫的懈怠,害怕领导说他偷懒,不勤恳,怕被揭发。也正是因为这种过分的谨慎,让他即便是患有重病,也不敢休息。这种煎熬让他最终倒在了工作岗位上,他因为失血过多和中暑,病倒在了那条山路的石头上。全新的被褥和炊具,却不再是全新的心情。晚婚的朋友,再嫁已是困难,那颗饱含爱情的心也瞬间苍老了许多。

在后来孙毓敏的回忆中,依旧能清晰地记得那个跟朋友互诉衷肠的夜晚,仿佛要将所有的一切苦水全部倾倒出来。这一夜给孙毓敏的教育终生难忘,朋友遭遇的不幸,让她找不到理由自怨自艾,生活还可以继续。就像是铁轨一样,要承受着火车的巨重,一直延伸下去,在某个风驰电掣的夜晚载着这份沉重,飞奔在风雨之中,那种淡定、从容,足以让人心悦诚服。

孙毓敏再次鼓起了生活的信心,既然上天给了她第二人生,这种珍贵是自己曾经梦寐以求的,然而现在自己却不珍惜,这让她在面对这个依旧爱着伤痕累累的生活的朋友时,感到十分惭愧。在努力纠正悲观思想的过程中,孙毓敏时刻想着用那个案例教育自己,它让孙毓敏坚信,要倍加珍惜来之不易的一切,要用不顾一切的勇气和拼搏向前的韧性来告慰母亲。这种信念一直支撑着孙毓敏走过了之后的岁月和磨难。

为了进一步恢复身体,孙毓敏不远万里来到医疗设施和水平相对更先进的上海,找到了当时享誉国内的骨科专家。那种登上舞台、描上彩妆、继续进行舞台演绎的激动,让她觉得在这次会诊中会得到巩固和升华。她盼望着能有一天,她可以像正常人那样行走,可以在深爱的舞台上大放异彩。

可会诊的最终结果让希望显得虚无缥缈，这位骨科专家断言孙毓敏的腿要想再次登上舞台，简直是天方夜谭。这种宣判式的结果让孙毓敏一下丧失了希望。但这一次，孙毓敏没有就此灰心丧气。因为那种对舞台的信念，让孙毓敏不想这么早就说放弃，她针对自己伤病情况，再一次制定了相应的锻炼计划，像第一次学习走路时那样坚持着开始了新一轮的拼搏。

为了矫正脚型，她开始针对性的练习踮着脚走路；为了磨平跟骨凹凸不平的骨棱，她也曾决心下十年苦功；为了增大踝骨关节的弯度，她使劲按压，把全身一百多斤的分量全部压了上去；为了增加腿的力量，减缓小腿肌肉萎缩，她忍着痛一步一步地爬楼梯。她坚持着，仿佛坚持已经成了她生命中的一部分。

她发明和试验了很多前所未有的治疗方法，对于孙毓敏来讲，任何一次尝试都不能放弃，她告诉自己哪怕是一分的希望，自己也要为之付出百分的努力。由最开始五十级台阶到第二次的六十级台阶，到一周后的一百二十级台阶到半个月后的二百级。她用自己的事迹告诉那些曾经断言过她一辈子卧床，一辈子拄拐杖、坐轮椅的人。他们当年说的那些话，简直是一个天大的笑话。原本因苦难而变得不甚明亮的眼睛散发着异样的光彩，她抿紧双唇，鼓足勇气，再一次向上挪动步伐，每一次的脚步抬起就是向舞台走近一步，这种感觉让孙毓敏庆幸和激动，也让她有更大的信心继续走下去。

在一次街头走路练习时，由街道生产组的一些老太太每糊一千个火柴盒算一次钱的经历中，孙毓敏领悟到自己也要以爬一千级楼梯为单位，进行每天的练习。在向一千级楼梯努力的过程中，每当她感到支持不住的时候，她就常常用红军爬雪山、过草地的英雄事迹激励自己，用保尔等英雄形象鞭策自己。她一次次地告诉自己，任何战斗和比赛，胜利的关键往往取决于坚持。

皇天不负有心人，孙毓敏用两个月完成了任务，之后的每一天里，她都拿爬一千级楼梯作为自己的锻炼标准。生活有时候并不是靠口号就可以衣食无忧的，每个欲求改变现状的人都应该意识到要有切切实实地去做去计划去执行的践行力。如果一个口号可以催生力量，那么幸福来得太易，那么需要用奋斗和拼搏得来的东西就会不再那么弥足珍贵。孙毓敏的坚持，她的耐受力，让人们看到一个踽踽跚跚、踉踉跄跄，但为着目标努力的踽踽独行的形象。这种楷模足够让我们坚信：任何被定性的事情，都有被突破的可能。

第二节　三次平反　沉冤昭雪

孙毓敏遭遇了炼狱般的痛苦挫折，经历了河南医学院三年的住院生活，她终于又回到了省京剧团工作，夹在没有一句台词的群众演员中参与了团里排练的《奇袭白虎团》，尽管是一个不起眼的角色，但也算是重新登上专业舞台。

工作上的不如意，身体上的不舒服，让孙毓敏更觉得孤单寂寞。孙毓敏很希望能有一个体贴的人在她身边，哪怕只是说说话，在苦闷的时候排解一下压力。在十年浩荡的"文化大革命"期间，孙毓敏浪费了青春，错失了年华，以致到了"大龄"的年纪，还没有出现能陪伴她一生的人。

第一个相亲对象让孙毓敏记忆深刻，他用恶狠狠的眼神盯着她，查问她的出身，盘查她跳楼的原因以及各种政治问题。孙毓敏在"文化大革命"期间见过的那些威逼欺人的嘴脸，又一次次在这个相亲对象的脸上找到了痕迹。对孙毓敏跳楼这件事没有丝毫同情和怜悯之情，反而表现出了一贯狰狞和不屑一顾。孙毓敏自然不能将这样的冷血人物设在考虑范围之内。孙毓敏恨不能尽快逃离这个令人厌恶的人。"文化大革命"中，很多人的心里都有一种"红卫兵"情结，这种情结伴随了很多处于青年时代的人们，他们以极高的热情积极参与到了运动中去，并以此为荣。

见过一个令她惧怕的人之后，经人介绍，孙毓敏又鼓起勇气去跟一位长得颇有些电影明星样子的大学毕业生相亲。他出身中农，成分没问题，这似乎是那个年代介绍对象比较重要的一个考量因素。"文化大革命"让政治因素渗透到了生活的方方面面。可孙毓敏对他并不满意，那个人虽然相貌上沉稳斯文，却是一个爱吹牛的典型代表。他硬说自己喜欢二胡表演，并能娴熟演奏，但在孙毓敏唱了一段"铁梅"之后，完全听不到他附上的节奏，却还硬说自己演奏得好。格格不入的生活方式和态度，让孙毓敏非常失望。

孙毓敏的政治问题拖了她的后腿，有很多人一听到她的经历，就打起了退堂鼓，不敢赴约。不管是相亲时遇到的无端定性，还是在病房遭到的鄙夷，都向孙毓敏说明了她已被社会标签化了，她的形象已被时代定性了，有太多对她至关重要的东西不能复回原来了。所以找到一个懂她珍惜她的人，显得格外困难。

多少像孙毓敏这样的人要顶着这场运动随意扣上的帽子，在众多有色目光中去寻找自己的出路。时代让太多人背负着政治的重担，正常生活受到了极大的影响，当孙毓敏终于决定开始寻找回到正常生活的轨道时，却要遭受如此巨大的打压。

不久，又有人向孙毓敏提亲了，他最终成了孙毓敏的丈夫。他是一个出身平常的工人，年龄已是三十六岁。但因为他为人坦诚、心地善良，即便文化水平不太高，工资很低。孙毓敏还是庆幸自己去了那趟相亲，使得生命中出现这样一个最终相伴自己、可以依靠的人。在世俗因素的影响下，现代人的感情观变得跟以往迥异。对孙毓敏这样的人来讲，老实本分，真心实意，就是结婚对象的最佳人选。

上海口音的老洪给孙毓敏留下了很好的印象，面色黝黑、身材高大、五官端正、浓眉大眼，一副憨厚老成的样子。他让孙毓敏感到非常踏实，在他面前能够完全放松，不顾一切，非常自在。孙毓敏被他的憨厚和善良感动了，事实证明孙毓敏当时做出的决定是正确的，这个年长几岁的男人，在她最困惑的时期，最需要被人开解的时候，没有嫌弃自己，反倒以配不上文化人的心态，小心地珍惜着如获至宝的感情。在以后的生活中尽心尽力地照顾着这个既能在舞台上光鲜亮丽，又能在生活中坚强自信的女人。他甚至丝毫不介意孙毓敏的政治问题，尽管那时候孙毓敏的政治问题还没有得到平反。就是那样一种爱情中的傻劲儿感动了孙毓敏，也促成了一对在困难中走到一块的夫妻。

爱情是圣洁的，它不同于亲情、友情，它是一种炽热、干净、美好的情感。孙毓敏的爱情来之不易。从那段不堪回首的恋爱中走出来以后，孙毓敏遭遇了太多痛苦。初恋是轻率的，它头也不回地将自己抛在身后，孙毓敏陷入绝境，

第五章 坎坷艰辛 苦尽甘来

被追查政治问题，都与那段爱情有着千丝万缕的联系。但初恋的不安在与老洪的爱情中完全消失了，给孙毓敏带来的是一种踏踏实实的归宿感。

有时候爱情很简单，就是一种信任和担当。后来被孙毓敏称作老洪的人，给她在政治问题上的信任，生活上的照顾，让年轻时候的孙毓敏欣喜万分。老洪常常给孙毓敏寄长达五六页的情书。这给了孙毓敏一个很大的惊喜。恋爱中的人都比较容易被打动，孙毓敏也不例外。她丝毫没有察觉到一封封炽热的美好的充满爱意的文字，是一群工人的集体创作。他们团结协作的精神，让孙毓敏十分感动，每当提起她和老洪的故事，总少不了那些乐于助人的工人同事们。

孙毓敏夫妻合影

爱情因为浪漫而唯美，因为婚姻而升华，浪漫固然是爱情所追求的，安稳平淡才是爱情最终的归宿。孙毓敏一直渴望一份温暖在心底荡漾。然而，每一条通往阳光的大道，都充满坎坷，爱情则是荒废的灵魂遇到幸福的邂逅。每一个人都渴望拥有至真至情的爱，对于一颗久泊的灵魂，找到了这样的归宿，无不让人感动和祝福。1972年底，孙毓敏到了老洪的家，在工资微薄物质简陋的条件下，举行了简单而又隆重的婚礼。自此以后，孙毓敏孤寂的单身生活结束了，从此她拥有了一个温暖的家。两年后他们的家中出现了一个女孩，随后又把婆婆接到了郑州。婆婆对她慈母般爱戴，老洪对她体贴入微，一家人和和睦睦。这让孙毓敏一颗受尽创伤的心总算得到了安抚，一颗久泊的心找到了一个停靠的港岸。在经受了那么多的身体和情感上的创伤之后，心力交瘁的孙毓敏终于找到了归宿，找到了让她感到安逸的地方。有了情感的寄托，有了可以排解心理压力的地方，孙毓敏感觉生活走上了正轨，一切都开始显露新生的希望。

结婚不久,"军宣队""工宣队"相继离开了孙毓敏的生活,随后开始陆续解决"文化大革命"遗留的各种问题,但为孙毓敏平反一事,依旧只字未提。

孙毓敏一直困惑,她没有犯任何错误,却无缘无故遭受这么多年非人的生活,好不容易等来国家和政策的改变,自己却被遗忘在了角落里。偶然的一次机会,孙毓敏问原"工宣队"自己的问题有没有查清楚,但得到的答案是那样的悬而未决,发人深省。那时候的揪斗会,调查者尽情想象被调查者可能存在的问题,尽一切努力将罪名按到这个人的头上,以显示自己能力的强大。所以孙毓敏也不免成了他们的试验品。但原本"工宣队"的队长却表现了难得的亲切感。孙毓敏从方方面面都能感受到国家正在往好的方向改变。

由恋爱引发了政治倾向问题,进而引发了一系列的批判和鄙视。而这仅仅只是建立在胡乱猜疑的基础之上,毫无依据可言,却让孙毓敏经受了多年的病榻生活。在那些熬煎的日子里,孙毓敏经受了侮辱和厌恶。这种源于无端猜疑所引发的错误,真正为其付出代价的人却是孙毓敏,她从亮丽的舞台到苦楚的病床,失去了母亲,耽误了青春。

百感交集的孙毓敏,望着那位曾经风光无限的"工宣队"队长时,顿时生出一种历史的苍凉感。一段荒唐的岁月过去了,原来在历史舞台上活跃的人物都一个个下台了。虽然自己的嫌疑仍被保存,但那种如释重负的感觉却油然而生。欣慰的是她面前的这个原"工宣队"队长,良心发现之后开始变得坦诚,开始感到愧疚。

孙毓敏渴望政策早一点落实,但当时唯一的办法就是去找专案组的造反派们。但他们含糊其辞的回应,让孙毓敏感到失落和气愤。他们以香港没有回归为由,事情不能查清和确认为说辞,让孙毓敏再等等。对于"等等"这样的话,"文化大革命"中有太多人就因为一个等字,很多年就过去了,很多机会就错失掉了。更有很多人在这种等的过程中,被嘲笑被讥讽,失掉了生活的信心和做人的尊严,最后也就失去了生活下去的勇气,以决绝的方式了却此生。

造反派专案组的推诿和扯皮,让孙毓敏意识到,依靠他们落实政策是行不通的。在那些人的观念里,只要有对孙毓敏一点点的怀疑就可以抵挡自己的错判误

第五章　坎坷艰辛　苦尽甘来

判。孙毓敏只得找到更高的领导，向他说明自己的情况，但结果也并不如意。最后领导做出的妥协就是在一个到场人员稀稀落落的会议的尾声，小声宣布"孙毓敏同志这几年受了不少压力，日子不好过。今天宣布，她没有政治问题——但是，她跳楼是不对的！"

即便是这样吝啬语言的道歉宣布，在最后还要将孙毓敏的跳楼作为强调，这着实让孙毓敏伤心。但更让孙毓敏气愤的是她蒙冤而死的母亲，一直没有一个公开的事实澄清，要想依靠本单位领导去完成她的心愿，那根本就是痴心妄想。到了应该做出澄清的时候，这些人以"不是本单位人"为由拒绝做出致歉。

孙毓敏平反的第一步很不顺利，没有书面的说明，没有领导的重视，没有员工的响应。有的仅仅是含糊其辞，越描越黑的伪陈述。她渴望母亲的冤案得到恰到好处的落实，让母亲得到谅解和尊重。所以一向倔强的孙毓敏在这件事情上依旧没有退缩，她一次次找领导，一次次说情况，一次次碰壁，一次次不放弃，终于在1973年底由省直三团写了一份表意不清的结论："根据本人交代和内查外调，到目前为止，还没查出孙毓敏是坏人。"

凡是一个有点文字基础的人都会看清楚，这句话包含着不止一层含义，他们意指孙毓敏还有查出是坏人的嫌疑，还有被调查下去的必要，这足以让人心寒。但更让人心痛的是，对于母亲的惨死，他们不置一词，但这次文字说明，却将母亲的死认定为对运动不理解，害怕受到株连而选择了自杀。他们将一个因受不了打压、诬陷、迫害而不得不选择自杀的人归结成个人情感的使然。对待孙毓敏的黑材料，他们以本人不能看档案为由，在孙毓敏的档案中保留材料足有两厘米厚。等这一切水落石出的时候，已经是多年以后了。

直到1976年，"四人帮"被粉碎之后，一场席卷整个中国的"革命"被革除了。1978年，孙毓敏被调回北京之前，河南省京剧团终于正式为孙毓敏平反，写出了实事求是的"平反昭雪决定"，当众烧毁了孙毓敏的黑材料，同意为她的母亲补开追悼会，并将"平反昭雪决定"印发寄送到亲友的所在单位，以消除影响，决定的内容如下：

关于给孙毓敏同志平反昭雪的决定：

孙毓敏同志是上海市人，家庭出身系城市贫民。她从十岁即考入北京戏校学习，1959年毕业后被分配到了荀慧生京剧团工作。她在党的关怀、教育、培养下，曾先后被评为"五好青年""五好团员"和"北京市文艺代表"。她在继承流派——荀派艺术方面有一定的成就的。

孙毓敏同志的学习和工作实践证明，她是热爱我们的伟大领袖和导师毛主席的，她是热爱敬爱的周总理的、拥护共产党的。

就是这样的一位同志，在1968年却遭到了一场严酷的迫害。

孙毓敏同志于1963年结识了一位朋友——爱国华侨顾××。此人在英商怡和公司中国贸易部担任工程师。之后，在北京筹备英国在北京的仪表展览会。经人介绍，同孙毓敏同志认识，后来发展成为恋爱对象。

"文化大革命"初期，由于林彪、"四人帮"干扰破坏毛主席的侨务政策，将华侨顾××怀疑成"特务"。孙毓敏同志竟被视为"特嫌"，于1966年6月被下放到河南省京剧团工作。

1968年10月（清理阶级队伍时期），孙毓敏同志竟被按"特嫌"揪了出来，遭到了残酷无情的审查、斗争和迫害。情况是这样的：当时在军、工宣队的直接领导下，省直文艺界都被集中到了省委党校，搞清理阶级队伍。孙毓敏同志因同华侨顾××的恋爱关系，而被当作"特嫌"列为重大的政治案件，大整特整，限制人身自由。尤其当无故怀疑她的箱子里放有什么"电台"时，就大搞"逼、供、信"，进行残酷斗争，甚至逼她在十分钟之内交出来。当她感到走投无路的情况下，一怒之间从三楼的窗口跳了下来。

接着又以所谓"孙毓敏畏罪自杀"的事实，说明她的问题十分严重，必须坚决大搞。

问题的真相究竟如何呢？经调查证明，顾××实属爱国华侨。孙毓敏同志与顾的来往实属正常的恋爱关系，根本不存在什么"特务"和"特嫌"的问题。因此，1968年10月将孙毓敏同志视为"特嫌"进行大整特整一案，实属错案、冤案，应当彻底平反昭雪。因此而强加给孙毓敏同志的一切诬陷不实之词，应予全部推倒。孙毓敏同志不幸被致残的问题，我们除深表无产阶级同情外，其实际问题，按照党的政策，尽量予以照顾和解决。

正当孙毓敏同志惨遭迫害的时候，又怀疑其母孙杰与孙毓敏的所谓"特嫌"问题有所牵连，而被弄到党校"审查"，限制人身自由，大搞"逼、供、信"，进行残酷斗争。之后，又派人将其母送回北京，并向街道交代什么：孙杰的女儿孙毓敏有"特嫌"，畏罪跳楼自杀（未遂），身受重伤住院。孙杰和她女儿孙毓敏的"特嫌"有牵连。不久，其母被逼无奈自杀，因受株连，不幸逝世。据此，同意孙毓敏同志关于在新疆妹妹那里给其母举行追悼会的要求，寄以哀思。

中共河南省京剧团支部委员会（章）
1978年11月20日

一个弱女子，这么多年在平反昭雪的路上踽踽独行，顿时觉得一切都释然了。在此期间，她在病榻上忍受煎熬，在艺术的道路上屡遭坎坷，在对母亲的怀念中坚信人间正道，走了那么远的路，在平冤昭雪的文件下达的那一刻，瞬间觉得一切路都没有白走，一个人和一段历史的抗争异常艰难，能坚持下来已属不易。但现在这个腿脚不便的孙毓敏，带着特殊年代的烙印，以胜利的姿态站到了世人面前。她坚强，她无畏，她跨过了时代的帷帐走出了自己的路。现在的她更想告诉母亲，告诉一直坚信公平正义的党，她真正获得重生了。

第三节　讲学任教　重返舞台

总不能硬着头皮去干，如果在自身条件所不允许的情况下，也只能选择绕道而行。孙毓敏的身体受到重创之后，重回舞台的梦想显得越发渺茫。一个深爱着舞台的人，不得不接受现实给予的明确答案。但对京剧艺术的情结，一直萦绕在孙毓敏的心头，痴痴地，不离不弃地拥抱着她。孙毓敏在苦思冥想之后终于获得良方，系统地梳理知识，建立一个体系，即便登不上舞台，只要与戏剧表演艺术相关的工作，她都愿意接受。

孙毓敏此时反而更为开朗了，她当下务必做到，嗓音质量不下降，手脚足够灵活，理论知识更加丰富。一个人在心态上的积极和豁达，反而更能激发潜藏的创造力。孙毓敏进不了样板戏剧团，却没有丝毫影响她的自学和研究。正因为她的勤勤恳恳，日复一日的苦练，使得唱功并不逊色于专业样板剧团。

在未知的将来面前，在前途渺茫的时候，最需要的就是自我锤炼，提升各方面的能力，使自己有能力适应任何方向。这需要沉下心来，细致和耐心地梳理和归纳，准备随时到来的机遇。孙毓敏对京剧的痴情和执着，让她坚定地认为这个领域就是她一生的挚爱，是其余生奋斗的阵地。

孙毓敏结合多年来舞台表演的具体实践，趴在病床上将经验一点点整理下来。她所编的教材从最初的五千字逐渐丰富到了六万多字。一向兢兢业业的孙毓敏不断改进自己的文章，丰富语言表达，也经历了六易其稿的过程。这也就有了后来的《京剧唱腔体会点滴》《荀氏手势、动作、台步及表情简析》《京剧舞台语言的魅力和研究》《荀派水袖》和《十五个方面的技法练习和演唱规律》。这丰硕的成果让人感到惊讶，一个人对目标的确立应该就在当下，随即就该日复一日地坚持和奋进。

孙毓敏诸多著作的诞生造就了她系统的理论体系，可理论要再反哺于实践才会更有意义，更有继续发展的潜力。一位赏识孙毓敏的老师建议她尝试一下教学，并把几个学生交给她。当人们面临困境，仍不愿改变自己高洁的志向时，常常用"长风破浪会有时，直挂云帆济沧海"来勉励自己，这种心态固然有益于最终的成功，但适时地调整自己到达目标的路径，也是一种有智之举。

于是孙毓敏开始将自己在病床上研究的一套戏剧理论用于这批急于考取文艺兵的学生去尝试教课。她不厌其烦地教学生练习十五个方面的基本技法，耐心细致地教授发声和唱腔。在学生们全无任何训练的情况下，考虑到旋律复杂不易掌握的京剧唱腔规则，孙毓敏硬是琢磨出了一套分段解剖、按气口记忆的

第五章 坎坷艰辛 苦尽甘来

方法，大幅度降低了学习难度。初次教学尝试，终于在一个多月的速成训练之后产生了效果，有四个学生被录取了。这来之不易的成果让孙毓敏感慨天道酬勤。

这让孙毓敏认识到自己研究的教材很有实用性，她的辛苦没有白费，这些成绩让她得到了尊重。孙毓敏很快就接到了武汉军区京剧团请她去做唱腔辅导的邀请，对方诚恳的态度让她倍感欣慰。她不辞劳苦并满怀信心地乘火车到达武汉，又坐了很长时间汽车才到达武昌。这对于当时身体状况稍有好转的孙毓敏来说是一次不小的考验，但当她想到学生们殷切的眼神时，想到这种诚挚的邀请时，孙毓敏觉得一切都是值得的。在那场"革命"运动中屡次遭到奚落和嘲讽的孙毓敏，又一次被这种来自内心的尊重所感动，她感受到了信任和期盼，她又一次在阔别舞台之后提起了信心，找到了归属。

给学生讲完理论课之后，她又开始了试题测验和个别辅导。一对一具体纠正了每个人的唱腔、发声和吐字。最终在汇报演唱会上，学生们的表演获得了上级首长的好评。孙毓敏的兢兢业业在一次次得到认可之后，戏剧教学能手的名号不胫而走，很快就应邀去湖北艺术学院讲学了，仍是好评如潮。直到现在，孙毓敏

孙毓敏讲学

103

也一直认为讲台上毫无保留的讲课令她感到满足。每时每刻都会感觉到自己的付出是那么值得，她感谢从讲台之下投向自己的每一束目光，她欣慰于每一份对自己的信任。

因为敬业操守和舞台经验，让孙毓敏很快被列入到应邀讲学的层次。郑州大学、河南省曲艺学习班、河南省话剧团、河南省歌舞团、河南省说唱团等都诚挚地发出了请柬。孙毓敏一次次地完善讲稿，"因材施教"慢慢成了授课的核心理念。

"文化大革命"遗留的问题在政策上不落实，使孙毓敏到团里辅导学员的时候感到很不自在。"文化大革命"过去之后，让那些曾经因口舌惹来灾祸的文艺界人士变得蹑手蹑脚。不是因为品行变得卑劣，而是因为苦痛的经历让他们更为谨慎了。孙毓敏请来团代表和其他领导督学，教学过程中，哪怕在呼吸和装饰音方面都格外小心严谨，效果令人称赞。

这种喝彩建立在不断练习和提高的基础上，她跑着小圆场过马路，在和别人说话时练习弯曲手指锻炼灵活性。她进行着各种各样的尝试，从不削减的努力让孙毓敏在粉碎"四人帮"之后的再度登台，体现出了充足的精神头和超凡的体力。

孙毓敏讲学

在京剧艺术的国度，孙毓敏仿佛有使不完的劲儿，她一边进行康复训练，一边充实着专业，她在一步步接近曙光的过程中，迸发的耐力和执着值得称赞。所有付出都会得到回馈，所有努力都会为日后的光华增砖添瓦，即便在人生的谷底，也要明白自己一生的追求，每一个音符，每一种旋律都不容忽视。高潮时，凯旋而奏，低谷时，亦能找准心态，执着演绎。唯有如此，才能高歌人生。

第四节 再返京城 终回正轨

京剧《逼上梁山》在北京上演，引起了一连串细微而又深远的影响，这对一个心中坚守信念的人而言，或许就是命中注定。相对剧团其他工作人员而言，孙毓敏比较熟悉北京，因而开始负责采购道具和定做服装的事务。在老师和同学们的照应下，事情办得很顺利。然而正是外出采购这项工作，使孙毓敏的生活又迎来了转机。

事情发生在1978年7月，趁着去北京采购的空当，孙毓敏拜访了张君秋先生。在老师的家里，她见到了张君秋的二胡琴师张似云先生。在他们的交谈中，张似云先生告诉孙毓敏，新任文化部部长在每个星期六上午都会接见文艺界人士，倾听他们诉冤诉苦。孙毓敏这位因为时局动乱而遭受重大挫折的京剧演员，也应该尝试一下，为回京努力争取机会。

每个在特殊环境下遭受压迫的个体，当时局发生改变时，会处于一种本能的被动状态。在历经无数动荡之后，会产生一种"敬而远之"的抗拒感。人们刚挨过了一场浩大而又荒唐的运动，此类心理反应在潜意识里得到了加强。孙毓敏早已认定不再折腾了，做好了在河南终老的心理准备。

然而在张君秋先生家里的那一次做客改变了孙毓敏的下半生，从张先生的话传入耳际的那一刻开始，一切都发生了改变。孙毓敏想到了自己热爱的京剧，想到了承载着自己演艺回忆的这座古城，想到了永远陪伴着她的那些恩师和好友，她感到了它们在召唤着自己,她应该回去,应该让一切重新开始。孙毓敏之前一直在默默接受着各种安排,尽管一直在尽力抗拒,但应该更加积极主动。

孙毓敏连夜赶写了一份相关材料,回河南后还向文化部寄去了一份更加详细的材料。她经过不懈努力,跨越重重阻碍,化解无数困难。黄镇部长答应下个星期六上午接见孙毓敏。这对于孙毓敏来说,仿佛阳光照进了生活,仿佛在干燥的沙漠里终于找到了清澈甘洌的泉水,这泉流从北京一直流到河南,来迎接她回到京剧艺术的舞台上,她下决心要更加努力争取,以此来珍惜这次难得的机会。

得到接见的应许后,孙毓敏焦急地把好消息告诉了荀师娘(荀慧生夫人)。挨过多年困顿苦难的日子,平冤昭雪之时终于近在咫尺,师娘抱住孙毓敏,失声痛哭。孙毓敏整理了师傅荀慧生在"文化大革命"中遭受残酷迫害不幸逝世的材料,并在师娘的建议下,带上了师傅的演出剧本选和《演剧散论》。

星期六上午,孙毓敏按时来到了黄部长的接待室。黄部长对孙毓敏以及荀慧生的强烈同情,大抵源于他们遭遇的灾难和迫害。这种同情是由感动和悲悯所催生的。黄部长对孙毓敏的遭遇非常重视,这位小小年纪的艺术家,遭受了不堪承受的迫害与摧残,却仍未放弃对生活的信心和对艺术事业的热爱,一直不断努力寻找着新的希望,部长不禁对她产生了敬佩之情。

孙毓敏讲述了自己的遭遇,从家庭出身到艺术修养到流派差别,再到"文化大革命"中受屈致残的经历,黄部长深表同情。她又表达了自己对京剧事业的热爱,阐述了自己今后在京剧道路上的规划和愿望。黄部长听后,便邀请她来参加9月份在北京举行的各流派京剧大会演。

那次谈话结果超乎孙毓敏的预期,她满腹欣慰地回到了河南。在9月份到来之前,她一直在为会演做准备工作。在那段时间里,她每隔两周就写信给部长的秘书,询问会演的消息,得到的总是"有希望"的含蓄鼓励。后来孙毓敏才知道,在这期间,无数人为了她能够回京在默默付出,他们的努力令人动容。一位老演员写了详尽的材料,向文化部说明了孙毓敏的情况,特别强调了孙毓敏在流派继承中的不可替代的作用,肯定了她,推荐了她,坚定了黄部长

第五章　坎坷艰辛　苦尽甘来

将孙毓敏调回北京参加会演的决心。直至8月，孙毓敏终于收到了进京参加会演的通知。

经过反复推敲和充分准备，孙毓敏最终决定演出《红娘》中《悔婚》至《花园》四折，大约四十分钟，需要演出三场。对观众来说，这可能只是他们生活中短短的四十分钟，只是演出中的一个节目。然而对孙毓敏来说，这三场演出有决定性的意义。从文化意义的角度来讲，这次会演是粉碎"四人帮"以后，首次进行的"梅、尚、程、荀"四大流派的会演。被压抑了十多年的优秀传统剧目，又重新在首都舞台上得以呈现。这场会演是在寻找传统京剧艺术的一个新出口。对于每一个在强制政策与单调环境下坚持京剧艺术的人而言，都是一个全新的机遇。孙毓敏深知这场重回北京舞台的表演，不仅对她个人来说意义非凡，对在"文化大革命"中被塞到犄角的荀派艺术来说，也同样是浴火重生的时刻。

时间到了9月份，地点转至北京，各流派京剧会演终于开始。第一场是为"市文联扩大会议"演出，北京市文艺界名流几乎都到场观看。尚派由李翔主演《昭君出塞》，荀派由孙毓敏主演《红娘》一折，梅派由梅葆玖主演《霸王别姬》一折，程派由赵荣琛主演《荒山泪》一折。

时间的流逝不能阻挡所有客观事物在这场洪流中的变化，然而永不改变的是人们心中最本初的信念。孙毓敏回到了阔别十二年的北京戏剧舞台，望着熟悉而陌生的一切，有种"到乡翻似烂柯人"的感觉，一时热泪盈眶，不知做何言语。她的心里翻

《红娘》"传柬"一场，孙毓敏饰红娘

107

涌着一阵阵冲动，在那些期待自己演出的观众面前，在熟悉的舞台上，这种冲动占据了她那颗重新炽热的心。

极力克制住内心的激动，孙毓敏准备上场的时候，却感觉到从脚心传来一阵剧痛，她的心也剧烈地颤动着，随即在最短时间内恢复了平静。这次机会来之不易，所以她一定要尽最大努力去珍惜，将一切杂念抛在脑后。她抵抗住痛苦，从容地上了台。

面对阔别已久的北京舞台，面对曾经熟悉的首都观众，孙毓敏心里面充满了激动，她努力控制住情绪，以免影响对角色性格的塑造，她竭尽全力去演绎戏中的红娘。久违的舞台，让孙毓敏就像鱼儿重新回到水中一样畅爽，到了忘我的境界。而她的表演也更加如鱼得水，她的动作如云燕般轻盈，她的唱声更是宛若鸿雁在空中滑行。她的表演感染着场内的气氛，牵动着观众的心不断沸腾。而观众的眼神充满热切的赞誉与期盼，感染着孙毓敏忐忑不安的心。她感受到了来自台下的热情，这是每一位艺术家在展现自我的过程中最渴望得到的肯定。它对孙毓敏而言，是最好的激励，它让孙毓敏感到自己对艺术和生命的坚定与热爱是有道理的。它让孙毓敏明白她所坚守的，一直都是世上最珍贵的宝物。演出结束后，有人送孙毓敏一首诗："一颗明珠放光彩，蹉跎岁月被掩埋。神州春雷催红雨，百花争艳牡丹开。"

在第二场的演出中，几位新上任的市委领导也在观众之列，而当年把孙毓敏发配河南的那位领导也在其中。他们受到现场气氛的感染，看着孙毓敏在台上尽心竭力地表演，对于她的未来也进行了商讨，最终他们做出了决定——将孙毓敏调回北京。

第三场是为文化部演的，刚从西北视察归来的黄部长亲自前来观看。这场演出也取得了极大的成功，黄部长还与艺术家们进行了合影。三场演出过后，孙毓敏代表荀派所进行的回归演出圆满完成，至此，她的京剧事业得到了重生。

用"三场演出定终生"这种说法来描述孙毓敏，从客观事实上来说非常准确。但事情却并不能用这样简单的一句话来概括。在看待一个人的成功时，人们往往将其所有经历当作完备的案例，进行统筹兼顾的分析，他们会标出一生

第五章 坎坷艰辛 苦尽甘来

中遇到的所有大事，并评论哪些是转折点，哪些是影响深远的事件。然而人们却不能看到在他们所无法关注和记录的地方。而这些人们所忽略的生活中的细微小事，往往却是成功者得以成功的关键。在那些艰苦的岁月里，孙毓敏坚持做到了两件事：保持着对京剧艺术坚强而热诚的信念，无论遇到怎样的困境都永不放弃；以坚强无比的意志对抗着病魔的折磨与各种严酷的迫害，永远向往着重生。

在1979年春天，孙毓敏被正式调回北京，分配到北京京剧院三团工作。孙毓敏从低谷反弹成功，是经历无限痛苦的生活之后，上天给予的补偿。她拥有超越常人的信念与热忱，并在一生中从未间断努力拼搏，最终才实现了梦想。她在那阴暗的隧道里，永远保持着对光明世界和广阔天地的渴望，并向着黑暗里每一条能够透出阳光的裂隙去探究，最终才回到了她所向往的世界。

孙毓敏对从事京剧事业的机会倍加珍惜，因而在工作中竭尽全力。在她所热爱的事业中，孙毓敏从身体到精神都充满着能量，永远也不知疲惫。她每年演出一百二十到一百六十场，几年内几乎没有请过一天病假，也从来没有回过一次戏。凤凰涅槃之后，她获得了更加灿烂的生命，绽放出了更加绚烂的光芒。

即便精神的力量如此磅礴，一个人的身体机能也有着不可逾越的极限。那时孙毓敏的身体并未完全康复，在超乎常人的工作背后，她所要承受的是超乎寻常的痛苦。她腿脚的旧伤折磨着她，她脚上的伤口开始溃烂，脚趾上逐渐起泡，在表演过程中经常忍受着剧烈的疼痛，她的脚只要接触到地面就会感到剧痛。然而这种痛苦却没有阻挡她对艺术追求的脚步，她对重归舞台的快乐倍感珍惜。每次演出后，她都需要走很远的路，转很多站车才能回到家里。褪去了舞台上光鲜的模样，在路途中她总是一副狼狈不堪的样子。甚至在身体极度痛苦时，要上楼回家都是一件难以完成的任务。回到家中，她必须赶紧脱掉鞋袜，揭下脚心的橡皮膏，解开脚趾的纱布，开始按摩换药。

尽管如此，孙毓敏的演出并未受到病痛的影响，观众们看着她在台上完美的表演的时候，没有人会想到她正在忍受不堪的疼痛。这种忍耐，不但是坚强意志的体现，更体现着对她所热爱的艺术的尊重。那是孙毓敏经过了漫长黑暗岁月后所沉淀下来的一种人生态度。她不论身体怎么疼痛，她的内心都在微笑着，这是生命与精神的深层愉悦。

在演出《红娘》中，有一个下跪的动作，需要弯九十度下跪，但由于孙毓敏足跟骨上移，造成膝部强直、僵硬，打弯困难，使得她只能弯四十度，跪不下去。每逢有下跪的动作，她只能做出个让观众分神的眼色，引开观众的视线，再悄悄地用一只手扶住腿跪下去。尽管观众可能没注意到，可孙毓敏的心里却一清二楚，这样下跪的形象与她所追求的艺术境界是无法相符的。在《金玉奴》《红楼二尤》《玉堂春》等戏中也有下跪的动作，尤其苏三要跪着唱达四十分钟。如果都用这种带有瑕疵的手法来完成表演，孙毓敏无法令自己满意，也无法给观众一个交代。她甚至开始觉得自己对不起对她抱有期望的观众，对不起自己负有继承和发展责任的荀派艺术，对不起帮助她回到北京舞台的领导与师友。为此，她下定了决心，尽最大努力去练好每一个技巧动作。

她本就承受着比一般人更大的痛苦，却仍旧付出了更大的努力。在已有的表演技术的基础上，她精益求精，要克服身体残疾，做到最好。她以一个荀派弟子的精神自律，每天在别人休息时挤出时间，反复练习，更何况每次练习的过程都是极其痛苦的，但她将其视为夺回自己逝去青春的一场战役，她不能向自己屈服，不能向过去屈服，她的精神不能向任何物质条件和客观事物的局限屈服。

自1979年以来，孙毓敏年年按时完成场次指标和经济任务，仅《红娘》一戏就上演了九百多场，而且场场满座。《金玉奴》《双玉缘》拍成电视和电视戏曲片。《玉堂春》《宋宫奇冤》《红楼二尤》《勘玉钏》等戏也都多次受到观众好评。其中有不少唱段还录成了磁带和唱片。她曾经用两周的时间排出了由昆曲移植改编成京剧的《痴梦》和《钗头凤》。她还参加了《三姑闹婚》等七出新编历史剧的排练和演出。她忍受着比常人更多的痛苦，取得了非凡的成就，这一切皆因为她的坚韧、强毅，皆因为她血液中流淌着对京剧艺术的热情。

一个和谐的家庭，一对和谐的婆媳，需要一家人共同经营。宽怀、包容、理

第五章　坎坷艰辛　苦尽甘来

解和支持是必备的因素。如果一方只是一味地给予，一方只是全额地接受，那么这种毫无回报的付出并不能持续长久。而一个人，尤其是一个女人在事业上的成功，往往必须建筑在一个和谐的家庭上。一位像母亲一样的婆婆，一位像大哥一样的爱人，让孙毓敏把心思都留给了她所钟爱的京剧艺术。

丈夫老洪当初的憨厚、老实，在结婚以后没有任何变化。在生活方面他细心安排，不用孙毓敏操更多心，家里的重活更是他一个人独揽。很多夫妻没有经过艰苦岁月的考验，所以感情总是飘摇不定。但上辈人似乎并不如此，在"文化大革命"政治问题

孙毓敏的婆婆

的讨论下，被定性的孙毓敏在老洪那里找到了安慰和依靠。没有学识，经历爱情挫伤的老洪遇到不嫌弃他的孙毓敏，这种结合让彼此多了一种互谅的心情。所以在后来局势逐渐好转的日子中，两个人非但没有被时间冲淡情感，反而会更加珍惜彼此。老洪全心地支持孙毓敏去追求她热爱的舞台，孙毓敏也全心地坚信，彼此间的情感不会被世俗所冲淡。

孙毓敏常常在媒体面前说，她生命中一个至关重要的人就是婆婆，一个打理好家里的所有事，不让孙毓敏有丝毫为难，待孙毓敏如亲生女儿的婆婆。她也曾用很多文字来描绘她可亲可敬的婆婆，但不管从理论还是情感上来讲，相信一直夸赞婆婆的孙毓敏要调节好家庭与事业的冲突，处理好婆媳关系，一定也付出了很多努力。婆婆在生活上的无微不至，总能让她感到很温馨。孙毓敏的孩子从小一直都是由婆婆照顾，婆婆有着温厚的性格，朴素的生活作

风，把孩子教育得很好。除此之外，对于孙毓敏的事业，婆婆也给予了很大的支持。

孙毓敏的腿脚虽然在不间断的锻炼中得到恢复，但要想在高强度的舞台表演中取得满意的效果，这个恢复过程显得很慢，体贴的婆婆就会给她增加补品，增加营养，而她老人家自己却不舍得吃。1981年孙毓敏拍电视戏曲片《双玉缘》，那时候由孙毓敏女扮男装演小生。小生必须穿厚底靴，但她的腿脚并不灵便，穿着只用一大沓厚纸压成的靴子，实在痛苦难忍。婆婆就研究了好多种方法来解决这个问题，虽然多次尝试都不成功，却把孙毓敏感动得流泪了。

孙毓敏对婆婆也极其关心，她也会不厌其烦地给婆婆做按摩。为了让婆婆有些娱乐活动，常常陪她去电影院，用尽各种方法让婆婆开心。在孙毓敏心里，婆婆对她精神上的鼓励有很大的帮助，互谅和互助让他们彼此之间更多了一份默契和谅解。她们一家人互敬互爱，和睦相处，是真正意义上的"五好家庭"。

第五节　凤凰涅槃　振翅奋飞

意志力能战胜很多困难，可身体却是不能硬撑，肉体上的限制让精神的强大显得徒然，更何况是身有残疾的孙毓敏。每一次演出对孙毓敏的体能和身体都是一个巨大考验，她的脚每一次着地都让她战战兢兢，像一只只蚂蚁在不断吞噬着她的神经一样痛苦。所以即便她能咬牙坚持，但也终究不是长计。

孙毓敏有时感觉无法支撑了，连续奔波使她脚心的伤口总处于疼痛之中。这种慢性折磨像一味药引，随时准备引燃她体内所有伤痛，以致让她碎裂而亡。可即便如此，考虑到回戏会给单位和领导带来的麻烦，考虑到观众们的期待和热情，她最后还是选择了继续坚持，甚至在无数痛不欲生的夜里，她都想着死也要死在舞台上。一个真正艺术家的眼里只有艺术，他们对舞台的尊重，对观众的尊重，都超越了他们对自己的尊重。他们超越了自我，成为艺术的一部分。就像孙毓敏一样，肉体上的折磨让她身心俱疲，但对舞台的热爱让她像

第五章 坎坷艰辛 苦尽甘来

一个血肉刚强、无所畏惧的巨人一样傲然挺立，在几乎无法渡过的苦海和风暴中渡过难关。

可孙毓敏的身体终究还是到了极限，1983年的时候，山东演出的最后一站在济南。在坚持完成下一场演出后，孙毓敏不知道还能支撑多久，脚上的痛苦和观众们的热情像一根搅棍，搅得她心里翻江倒海。最终还是选择了后者，经过简单的治疗，她圆满完成了那场对她犹如酷刑的演出。整场演出都很顺利，没有观众发现她的鞋子已被血水浸湿，内衫已被汗水湿透，她始终没有喊痛，甚至不曾皱眉，她暗暗庆幸总算坚持到了最后。谢幕时观众们经久不断的掌声和叫好给了孙毓敏最大的安慰。

孙毓敏的追求如此卑微而伟大，她默默地在艺术之海埋葬自己的青春，待年过芳华，用独特的方式带给大家最美好的享受。她不求声名在外，但绝不容许她所珍爱的艺术遭到践踏和否定，所有的努力只是为了一句肯定的话和一句贴心的安慰。一切都撑过去了，孙毓敏心里很满足，她的血汗不曾白流。尽管她的身体已不堪重负，所有的伤痛都奔涌而来，但她依旧能含笑谢幕，不仅因为观众，更为了曾陪伴她痛苦的记忆和干涩的汗水。

济南的演出结束后，孙毓敏的伤口几乎已被踩烂，她踏上了回京的归途。脸上的微笑与眼泪混杂，一半是忍耐了痛苦、战胜了伤病的自豪，一半是演出的圆满成功所带来的喜悦。回京后，孙毓敏的坚强外壳终于卸下来了，不断加重的病情让她只能躺在床上接受家人的照顾，她像一个受伤的孩子一样享受着安逸。但她无法让自己停下来，即便躺在床上也始终惦念着曾经的舞台和殷切的观众。痛定思痛的孙毓敏决定进行一次彻底的治疗，让自己尽快好起来，以便能全心全力地投入到舞台表演中，再也不能有这么多后顾之忧了。

然而情况并不像想的那么简单，无数次的询问和检查后，得到的回答大抵相同。因为她的脚植过皮，现在又处于畸形状态，周围没有肌肉，局部条件不容乐观，所以手术成功的概率很小。如果进行手术，也要分作两期进行，时间更是长达四个月。最让她担心的是双腿吻合的石膏固定之后，膝关节很可能不能伸直，很可能引来坐骨神经痛复发。到那时，无论如何也无法再在她所牵挂的舞台上待下去了。几年来的经历说明，如果不植皮，这处伤口是不可能自行痊愈的。它一直是演戏和走路的一大障碍，长此下去，伤势不断加重，用不了多久，她还是要向舞台告别。

这纠结的想法一直在她心里盘旋。人生在世，不如意之事十有八九。孙毓敏的人生旅途中充满了种种荆棘，使她痛不欲生。犹如狂风之于陋室，巨浪之于孤舟。百世沧桑，不知有多少心胸狭隘的人因为遭遇挫折而一蹶不振；人世千年，更不知有多少意志薄弱的人因为忍受痛苦而志气消沉；万古旷世，又不知有多少内心懦弱的人因为面对折磨而葬身于万劫不复的深渊。而孙毓敏面对挫折和困难，没有放大痛苦，一直在勇敢地直面人生。

面对挫折，她没有过分地沉迷于痛苦失意的阴影中不能自拔，没有整日浸泡在悲伤痛苦的泥沼中越陷越深，更没有长期颓废不振而迷失眼前的方向。孙毓敏遭遇挫折，缩小痛苦，做出了最明智的选择。如果她一味沉迷于挫折的痛苦中，结果将不堪设想。心态积极的孙毓敏在走投无路之际找到了转机。一次很偶然的机会，她在1983年6月26日上海《新民晚报》上见到一条消息："上海静安区中心医院吴伯刚大夫创造植皮新技术，一次手术成功。"她立即写了一封长信，向吴大夫诉说了自己的病情，并请求诊治。

两周之后，手术完成了。但在她术后静养两个多月，刚预备下床走路的时候，足跟骨刚一接触地面，便感到一阵剧痛袭来。这与上次瘫痪后第一次下地时的疼痛一模一样。孙毓敏曾经为了将双足跟骨棱磨平，忍痛磨砺了十个年头。她已有十年的锻炼经验，决心把它当作又一次考验。她又从挪步开始，不停地练了又练。咬住牙，忍住痛，从开始走几步，到几十步、几百步、上千步，从一天练两次到一天练四次，这过程几乎是十年前的重演。一切都很顺利，只用了两个月，她的步态就已经接近常人了。

生活一次次和孙毓敏开着玩笑，但终究拗不过她。她近乎偏执的坚持，让她可以毫无顾虑地去追求自己的梦想。在所有人以为她要放弃的时候，坚持是她唯一的出路，逃避和退让只会让她一步步走向绝路。

使孙毓敏感触最深的是，这次住院和十几年前那次住院相比全然不同。那次

第五章　坎坷艰辛　苦尽甘来

她被定性为特务的罪名，孤身一人在痛苦和寂寞的深渊中挣扎。而这次，却像战斗英雄一般无愧无悔地躺在柔软的病床上。院长、团长等许多人都来慰问，组织上也在时时关怀着她的病情。看望人员包括了上海的同行、朋友、学生，甚至观众，他们常常会挤满病房，用各种方式表达他们的慰问，急切地盼望着孙毓敏能早日痊愈重返舞台。

这一切冲淡了孙毓敏手术的疼痛，使她在追求理想的路上走得更加坚定和执着，仿佛之前所有的痛苦和委屈，都在为改变和新生做准备。生活在新的一天，生出了新的模样，曾经的所有痛苦和折磨都不再是煎熬，而演变为一种财富和力量，让她在今后的日子里去摄取和享用，抵御了所有的磨难和不安。

而这些也督促着孙毓敏不断地提高和完善自己。为了有效地利用难得的空闲时间，孙毓敏借来半导体、录音机、书籍和一块写字板，看书、读报、听戏、学戏、写信、写回忆录，忙得不亦乐乎。在这两个多月里，孙毓敏看了二十余本书，学了两出戏，写了几万字的回忆录。她几乎没有浪费任何一点闲暇。她开始反思因为跳楼而浪费的宝贵青春。她开始觉悟了，她要抓紧时间更加努力地向前进发。

"孙毓敏是真使劲的！她终于冲出来了。像一只青鸟，带着一个信息，一种精神，一片希望，冲开那铅板似的帷幕，披着开放时代的霞光，向我们扑过来了！赞美你啊，青鸟！"这是在1985年的一期《戏剧电影报》上，一位评论家所写的一篇《青鸟赞》的结尾。

对于这样的赞美，孙毓敏一再表示这是过誉，总说自己不是青鸟，而是一只带伤的笨鸟。孙毓敏的勤奋和坚强有目共睹。俗话说："笨鸟先飞。"孙毓敏总是怀有比别人下更多的功夫才能赶上的心态。这种在逆境和挫折中一路走来练就的意志，像一种无法被消磨的能量在她心里长存，在她以后遇到的所有困境和泥沼中给她力量，让她坚强，让她成为一只带着伤痛起飞，在天空中历练风雨，最后展翅翱翔的"不死之鸟"。

凤凰涅槃，浴火而重生，孙毓敏就是这样一只浴火的凤凰。在她伤愈归来以后，事业上不退反进，参加了"北京市戏曲、音乐、舞蹈、曲艺、杂技中青年演员调演"。这次调演规模盛大，前后历时三十五天之久。虽然这是孙毓敏手术后的第一次演出，但在调演结束后她还是获得了很大的肯定，并拿到了"特别奖"。

生活就是这样，乌云密布恰是云外阳光最灿烂的时光。但却有很多人倒在了一道未知的闪电或隐蔽的响雷之下，到死也不曾重见阳光。但也有一些人总能像孙毓敏那样，在乌云之下感受苦难，在暴雨之中经受磨砺，最终拨云见日，取得了引人注目的成就。

在那次演出后不久，上海吹响了"继往开来　振兴京剧"的进军号。那年5月孙毓敏接到了上海人民广播电台、上海电视台、中国唱片社上海分社联合发出的参加"南北著名中年京剧演员大会演"的邀请书。孙毓敏第一次单枪匹马来到上海，与上海京剧院合作，参加演出。同时被邀请的主演还有叶少兰、刘长瑜、李维康、耿其昌、尚长荣、王梦云、李长春、张学津等。

回到故乡，上海的舞台让重新站在这片热土的孙毓敏感慨万千。她感到自己莫名的可怜，像刚从井底爬出来似的，伛偻着身子，走路一颠一跛。但当记者采访孙毓敏时，内心百感交集的孙毓敏哭了起来。孙毓敏跟着母亲走了那么多的路，历经了那么多的辛苦，在这其中发生了那么多的变故。最终又能在自己的故乡上海，举起"继往开来　振兴京剧"的大旗，心中的感觉三言两语又怎么道得明白。

古往今来，人们对自己家乡深挚的感情，不知凝结成多少瑰丽的诗词曲赋，不知演绎了多少催人泪下的故事。那是一个月华如水静静的秋夜，一位体态清癯的古代诗人披发长吟"海畔尖山似剑铓，秋来处处愁割肠，若能化得身千亿，散上峰头望故乡"。那是在遥远的异国异邦，一位老华侨在弥留之际，一双手抖抖地，将一撮家乡泥土紧紧贴在胸前，溘然长逝。当孙毓敏再次面对上海一切变化，母亲离世、亲人四散各地的悲凉不免又涌上心头。

这次盛会的重要性非比寻常，孙毓敏十分珍惜，这是她证明自己的最佳时机。出色的宣传和整个戏剧界的重视，让这次演出空前盛大。这次会演提供了一个京剧界团结合作的良好范例。他们不争牌位，不计个人得失，不顾

第五章　坎坷艰辛　苦尽甘来

自己是主角还是配角,处处将戏放在第一位。他们彼此相互促进,呈现了"百花齐放,百家争鸣"的盛况,所谓一花独放不是春,百花齐放春满园,也是这样的道理。

回到上海的孙毓敏,第一次登上了高达二百一十米的上海电视塔,俯瞰上海全景。"繁华"和"变化"是孙毓敏对家乡最直接的感受。通夜的霓虹,穿梭的车流,这一切第一次让孙毓敏感到上海的美丽和繁华,上海这些年的发展几乎可以算作整个中国的缩影。这让孙毓敏不禁想到自己,当初离开这里时,那种落后和杂乱的场面好像还历历在目。如今还乡

《三姑闹婚》,孙毓敏饰程三姑

归来,却是人事两非,谁也不会想到孙毓敏会是今天的模样,而孙毓敏心里的惊讶同样巨大,她真切地意识到,国家和百姓一直向上,像电视塔一样接近无尽的天空,孙毓敏顿时感到袭来无限的力量。

王家熙先生曾这样描绘孙毓敏的这次演出:"孙毓敏上场就是一个光彩异常的亮相,仿佛让她一下子冲到了观众面前,使上海观众眼前为之一亮。观众在震惊之余,也感到这位二十年前跟着师傅荀慧生闯上海滩的小囡囡已经今非昔比了,便情不自禁地给她一个响亮的'碰头彩'。当她在演唱《荀灌娘》那段【西皮慢板】时,由于这是荀慧生先生亲传,那真是字字珠玑,句句华彩,充分显示出她多年来对荀派艺术的不懈追求。而更见功夫的是,演唱时有一个扯四门的程式套路,只见她在唱完'闺阁英雄志量广'后,使用了一个两手扯手绢向左转身的动作,那娇媚的目光和妩媚的动作美不胜收,全场观众为此报以热烈的掌声。当她唱到'从来不喜风流样'时,她拖着裙子有三个连续

先迈右步前移的动作，这时她的手、眼、身、法、步和她的神气浑然一体，把少女的天真表现得入木三分，使许多观众立即想起当年荀慧生先生演出的情景。"几十年的努力仿佛在几天内得到了超过预期的回报。热情到极致的观众所给予的肯定，值得孙毓敏回味一生。生命中所有的期待和想象在此刻化作最具象的存在。在走过艰难岁月之后，这种被幸福选中而遭突袭的感觉竟然令她感到惊慌。

除了在基本功和演技上的出色发挥，孙毓敏良好的现场发挥和应变能力也给人留下了深刻的印象。由于上海昆丑刘异龙是第一次演出这个戏，在台上无意间出了些错误。但孙毓敏还是依靠她机敏的反应和自然的表演化解了这一切，让观众感觉无懈可击，频频叫好。宝剑锋从磨砺出，梅花香自苦寒来。孙毓敏这么多年在逆境中的努力，终于有所回报。生活就是这样，没有偏爱，没有不公，痛苦、失败、低潮，这都是在为成功做准备。孙毓敏生命中所有的磨难都没有白受，所有的泪水都不会白流，生活准备了足够丰厚的回报给她。

回京不久，恰逢新中国成立三十五周年大庆，北京京剧院遵循现代戏、新编历史戏和传统戏三者并举的方针，赶排了多台新戏，京剧院三团排演了《三姑闹婚》，由孙毓敏主演。为了争取新的观众，孙毓敏大胆创新，在剧中融入很多地方戏技巧，使得表演更加简单易懂，她突破了传统京剧形式。

1985年3月，北京市专业剧院（团）1983—1984年度新编剧目评奖揭晓，《三姑闹婚》荣获"二等奖"，孙毓敏荣获"优秀表演奖"。更重要的是，孙毓敏在中国剧协第四次代表大会上荣获第一届梅花奖，并被选为中国戏剧家协会第四届理事会理事。不久，孙毓敏收到了中共中央顾问委员会副主任宋任穷的一封信：

毓敏同志：

　　祝贺你荣获戏剧表演的梅花奖。发奖那天晚上，你在《红楼二尤》中扮演的尤三姐，演、唱都很好，我看了很高兴。希望你继续努力，创造出更多广大群众喜爱的戏剧形象。

　　过去，京剧界的一些前辈创造了各种流派。我们现在处在社会主义时

第五章 坎坷艰辛 苦尽甘来

代，各方面的条件比过去好得多了，京剧界的同志们，特别是中青年演员，更应该刻苦钻研，发挥创新精神，为京剧的振兴和繁荣做出更大的贡献。

现在，京剧各行当都涌现出了一批新秀，演出了一些好的剧目，这是后继有人的可喜现象，值得庆贺。但是，京剧界存在着一个比较重要的问题，就是团结还不够好。希望京剧界各个行当、各种流派的同志们在"百花齐放，百家争鸣"的方针下继承各自的特点，发挥各自的优势，并且不断创新，争取创造出新的更好的流派。为此，应该端正思想，加强团结。要破除门户之见，互相交流技艺，互相学习，互相帮助，互相支持，互相谅解。振兴京剧的关键和前提是团结。这个问题解决得不好就会影响京剧艺术的发展和创新。

知道你走的道路是很曲折的，但是在各方面都经受了锻炼，你的坚强意志，使我赞佩。正因为如此，你更应该珍惜自己所喜爱的艺术，同大家一起做好京剧界的团结工作，我看这也是为人民服务，为祖国社会主义四化建设服务做出贡献。

京剧界的一些老前辈贡献很大，应当受到大家的尊敬。他们除了精湛的表演艺术外，还具有良好的品德。在反动统治时期，演戏有很多困难，他们互相帮助，共渡难关。在抗日战争时期，他们以拒绝演出以示对侵略者的抗议，表现出了崇高的爱国主义精神。这些都是值得我们回忆和学习的。想到这些我们还有什么不能在一起团结和合作呢？

我非常喜欢看你们中青年演员的演出，其中有不少人很有成就，演了不少好戏。要为中青年演员特别是青年演员让台，为他们发展创造条件。只要让青年演员多演出，他们中间许多人就会很快成为很好的演员，例如辽宁阜新市的迟小秋就是这样，她今年才刚刚二十二岁。

我爱听京剧，但是不懂行，只是爱好而已。正是出于爱好之心，在此发表一些不成熟的议论和希望，不一定对，请你批评。

此复并致敬礼

宋任穷

这样一位功勋卓著的老一辈革命家的信，让孙毓敏非常感动，极大地激发了她的创作热情。人生中的一些感悟需要长时间的不断积累，但形成往往只是瞬间。一件事，一句话，一场演出，一声问候，都会让人顿悟，佛学所谓醍醐灌顶，大约如是。瞬间的感悟不甚困难，难在悟之后觉，能有所为。孙毓敏就是这样，她懂得如何用行动去激发和改变身边的一切。让所有的思想和梦想紧紧相连，进而更加接近成功。这种行动已经超越了个人的意义，表现为对集体利益和团队意识的关怀和热爱，对生命中所珍重的一切，不能磨灭的激情和向往。

每个人都有高潮和低谷。当你鲜衣怒马，挥斥方遒之时，身边大约少有知心者，反而是周遭环绕的可呼来唤去之人更多，可推心置腹的寥寥无几。而当处于人生的低谷时，食不果腹，壮志难酬，这时身边讥笑谩骂者比比皆是，得遇贵人就几不可求了。对于一个艺术家来说，除了艺术道路上遇到的至心至情之人，还有谁值得他们弯腰呢。十几年后孙毓敏找到宋任穷老先生所住的医院，在老先生的病床前磕了三个响头。这样的弯腰不是卑微，而是一种敬意，一种对前辈，对艺术的勘探者完善者的尊重。

孙毓敏对恩情的重视可谓极致。在走出逆境，逐渐转向好的过程中，她对每个曾经伸出双手援助过自己的人都抱有无尽的感恩，总能以恩人一样的情谊相待，她尊重他们，感激他们，总期待能用尽所能去回报他们，以此来让曾接受过无私帮助的心得到安定。这种"反哺"的精神在如今的时代，实属可贵。

作为一个从那样的艰难时期走过的人，作为一个被时代和环境挫伤的伤员，她始终保持着自己善良的本性，即便是在当时那段任何人都对她无限薄情的，人性几近沦丧的艰难日子里，孙毓敏都未曾怨过谁，恨过谁，反而更加重视友情、亲情和爱情。也正是这种性格，让她在之前和如今的生活中都能淡然面对一切，在艺术的追求中平稳前进。

一个人的经历决定了生命的质量。在浮躁的社会中，人人都在追求功利，但总有一些人像游离在这个世界之外的纯净灵魂，他们用生命演义精彩，用精神指引生活。总希望能用自己微薄的力量感染世人,他们通过各种方式希望自己所热爱的一切成为一种传承。孙毓敏几经起伏的一生,精彩极致,同时也兼具难能可贵的感染力和引导性。看她就像看着一片历史遗迹,每一堵墙,每一片瓦都能抖落无数心酸的故事和人生的智慧。

第六章 重返母校 精诚奉献

第一节 尊师重教 开门办学

　　人生就是一场未知的旅途，谁也预料不到，孙毓敏在这场旅途中，会以怎样的形式来展示她那令世人惊赞的才华。1991年，此时的孙毓敏作为一名北京京剧院四团的主演，与同样作为四团团长的王玉珍和四团的当家老生赵世璞同台共事。"一山不容二虎"，人们普遍认为王玉珍和孙毓敏必定会不欢而散。在一次会议后，孙毓敏主动找到王玉珍谈话，坦诚的性格深深地感动了王团长，两人在很多方面不谋而合。她们无论在艺术造诣上还是在为人处事上，都得到了公众的认可。这两位艺术家用实际行动证明，她们的合作只会是强强联手。

　　最珍贵的友情莫过于"将相和"，在令人感到讶异的和谐环境里，孙毓敏与赵世璞成功地排演了一部新戏《一代贤后》，无论是排演还是演出，《一代贤后》都获得了业界和观众的

《一代贤后》中孙毓敏扮相（1991年）

高度评价。但因为要保护当时作为重点团的二团，国家规定《一代贤后》不许参加汇演和任何形式的评奖活动。尽管感到不公，但身为共产党员的孙毓敏，最终还是坚决服从了领导的安排用实际行动证明着自己的大度与豁达。在此期间，她鞠躬尽瘁，每年都能超额完成演出任务，在全团一年要演出的二百五十场戏中，她的戏份总能达到一百六十场之多。

这些成功与他人的帮助和支持息息相关，在与王玉珍共事的日子里，两位大师相处融洽。王玉珍毫无团长的架子，很尊重孙毓敏，对孙毓敏总是以师姐相称，有任何疑问都毫无避讳地向孙毓敏请教。在这愉快的氛围中，工作起来格外得心应手。同事之间的理解和支持，各地观众的热切期盼，这一切因素都激起了孙毓敏对京剧对舞台最深切的热爱。

正当人们认为孙毓敏会以这种形式，度过人生的后半程的时候，在改革大潮的推动下，国家决定对现有的剧团进行"缩兵简政"，孙毓敏所在的四团就首当其冲了。

孙毓敏、王玉珍、赵世璞三人本是同林鸟，奈何如今"大难"临头，却要各奔西东了。不久之后，"缩兵简政"的调岗方案公布了，王玉珍被调去了青年团兼任京剧团副院长，她服从安排；赵世璞以主演的身份被调到二团，亦欣然前往；顾盼左右，三人中竟然只剩了一个孙毓敏无处可去。国家考虑到她年过半百，又是内行，于是孙毓敏被一纸调令，调去了她的母校北京市戏曲学校当校长。

殊不知，对于国家特一级演员的孙毓敏来说，戏校校长的职位实质是"明升暗降"。孙毓敏考虑到自己的党员身份，顾全大局牺牲个人利益是她义不容辞的责任。在她最难熬的时间里，常务副校长吴江常来悉心劝导她，一再表示对她的鼓励和支持，这才使她从起初的郁郁寡欢重新变得斗志昂扬。吴江不止一次告诉孙毓敏，在学校她将会大有作为，而在未来的发展中，孙毓敏用实际行动证实了吴江敏锐的眼光。还有一个不得不提的人，他便是欧阳中石教授。作为孙毓敏的师友，在孙毓敏举棋不定的艰难时刻，他的巨大推动起到了决定性的作用，他提出，传道授艺历来是受人尊敬的事业，京剧界更是将它延伸为"替祖师爷传道"。这一番话下来，孙毓敏就又像往常一样，重新拾起了对自己对事业的信心。孙毓敏最终坦然接受了组织的安排，就在那一刻，她忽然想到这辈子再也没有机会登台了，不禁悲伤起来。她拨通了中央电视台的电话，录制完成了《一代贤后》的录像资料，她决定用影像来铭记舞台上最美的一刻，来记录下戏曲演艺生涯中最后的一抹浓妆。

孙毓敏回忆起当初的戏校生涯，反思总结了许多学校教学过程中存在的问题。老师们宁愿喜欢一个服服帖帖不敢越雷池半步的乖学生，却容忍不下一个有想法有创意的叛逆学生，有太多学生的创造力被老师无情地扼杀在萌芽状态。

孙毓敏想起了令她敬畏的郝寿臣校长，他是一位当之无愧的好校长。他曾经在孙毓敏的学生时代给过极大帮助，两个妹妹也是在郝校长的帮助下才到新疆京剧院学习的。孙毓敏对郝寿臣校长的感恩之情时刻不能忘怀。他的朴实、直率、苦心孤诣，始终影响着孙毓敏的一举一动。还记得在1955年，在那个嘈杂浮躁又毫无秩序的年代，北京全民动员掀起了一场轰轰烈烈的围剿麻雀的运动，人类所到之处，必是一片惨不忍睹的狼藉。眼看着一只只无辜的麻雀直挺挺的从天空坠死，作为基督教徒的郝校长心里五味杂陈。不顾同事和领导的告劝，郝校长为麻雀建起了避难所，望着院子里依然心有余悸的小鸟，听着远处此起彼伏的轰鸟声，郝校长痛恨着那些无知滑稽的跟风者。然而，面对一群人的集体蒙昧，他一个人的觉醒显得势单力薄，根本无法挽回整个荒唐的结局。郝校长遭到了群体性的围攻，但他并没有被无知吓倒，他始终坚守着自己的信仰，坚守着自己的良知。这令孙毓敏对郝寿臣先生格外的敬佩，她敬佩他的敢作敢为，更敬佩他对人生原则的坚守。

子曰："见贤思齐焉，见不贤而内自省也。"孙毓敏见过贤人，也见过不贤。因此，我们有理由相信，她可以在自知天命过后的半个世纪里，绽放出她艳丽而又耀眼的光芒。而事实上，以后发生的事情也充分证明了这一点。在她当校长的日子里，出现了一个与舞台上完全不一样的孙毓敏。在舞台上的她，优雅高贵，才气十足，当校长的她，精明干练，英气逼人。无论身处何种境地，她总能应付得游刃有余，尽管开头很艰难，但过程却很精彩，结局也异常绚烂缤纷。

第六章 重返母校 精诚奉献

孙毓敏经过重重思想斗争，最终不辱使命，重新调整好思路，开始冷静地思考摆在面前的各种难题。在干中学，学中干，边干边学。孙毓敏向来是位自信又自强的学生，等待她的将会是更加宽广的一片天地。她离开了她所热爱的京剧团，时间定格在这一刻，孙毓敏终于接受了组织的决定。此时注定将会是不平凡的：它见证了孙毓敏作为一个戏曲演员舞台生涯的终结，也见证了她作为校长传奇半生的开始。怀着五分失落和五分斗志，孙毓敏终于来到了自己的母校——这个她曾经奋斗过，将来也注定要为之奋斗的母校。

进入新环境，必然会有调整期，首先要从心理上接受眼前的一切，其次还要把自己置身其中，摆正位置，调整心态，规划未来。然而事情的转机总是发生在不经意之间，出乎所有人的意料，来到戏校，孙毓敏立即感受到一股在其他任何地方都没有的亲切感，她感受到一股暖流慢慢地流淌进她那紧闭的心扉，长久以来的失落感，瞬时被这暖流一冲而散。同事们的质朴、精干、本分和踏实深深地感染着孙毓敏。相同的兴趣爱好，相同的价值取向，使得他们安心于"为祖师爷传道授业"，尽管当时人均只有二百零四元的工资，演出费也不过二块四角钱，但同事们依旧乐此不疲，始终坚持着站在教学的第一线，任劳任怨，无怨无悔。他们的坚守、清贫和仙风道骨，不止一次给予孙毓敏深深的感动。从此之后，孙毓敏步步为营，逐渐接受了校长这一角色，跟这么多志同道合的好人一起，为着自己的目标奋斗，也是人生极乐。

孙毓敏在刚刚进入学校的日子里，处处关心，事事留意，认真地观察着每个人的一举一动。在所有人中最引人注意的，就是曾经在孙毓敏感到苦闷的这段日子里，真心规劝过她的常务副校长吴江。先于孙毓敏三年进入学校，吴江早已对学校的大小事务烂熟于胸，在管理学校事务方面功不可没。也正是由于他的全力支持，孙毓敏才能以最快的时间适应角色和身份的转换。因此，学校里大小事总要他来亲自过问，辛苦程度自然不必多说。曾经有一段时间，吴江面容憔悴，但崇高的师德迫使他一次一次坚守在自己的岗位上，轻伤不下火线。终于有一天，有不放心他身体的同学将这一情况告诉了校长。孙毓敏立即派两个同学送他回家了。吴江工作忘我程度，可见一斑。

工作到如此境界的老师，远不止吴江一个人，为了节省上课时间，每次日常会议都在课下进行，有时甚至开夜车。到夜里，大家肚子饿了，孙毓敏就请食堂的师傅每人做一碗素汤面，吃完了接着工作。有的老师竟然直接住在了学校。大家的勤奋、"傻实在"深深地感染着孙毓敏的方方面面，为以后工作的展开奠定了一个良好基础。

只有真正坐到校长的位子上，孙毓敏才真正感受到了责任与压力。先抛开学业不讲，单单就学生的安全问题也令她并不轻松。幸好有一批任劳任怨的老师分担了孙毓敏的压力，他们将学生们的零用钱收存起来，统一分发，既保证了钱财的安全也避免了同学们在日常生活中的浪费。每当有学生生病，孙毓敏总是亲自到学生宿舍探望，对于那些没钱治病的孩子，她总是带头募捐，每次均能起到不错的效果，互帮互助的风气开始慢慢在这个不大的校园里弥漫开来。风气在短时间内得到迅速改善，整个学校到处都充斥着家一样的温馨。

诸如此类的感动，时刻在校园里出现。老师们在自己工资尚不能补贴家用的情况下，坚持为成绩优秀的同学发放奖学金，这是相当难能可贵的。除此之外，为了丰富同学们的课余生活，孙毓敏用个人奖金为学生们购置了一台电视，奉献程度，不言而喻。诸如此类的生活细节不胜枚举，孙毓敏用实际行动证明了她的无私奉献和过人才华。

即使在现在看来，孙毓敏的这些做法也是独树一帜的。当今的教育，并不是每个学校的校长都能躬身实践。当有些教师为了职称而拼命相争，有些校长在为升职而钩心斗角，应该有人来振臂高呼，呼唤像孙毓敏这样无私奉献的教育工作者的归来。

要创办一流的学校，至关重要的是教师。要提高一个学校的品质，除了硬件基础，更重要的是师资力量和教学团队的水平，这关乎学校和学生未来的发展。而在当时，教师不够用，行当不齐，技能水平有限，教学在很大程度上受到了限制。因此，孙毓敏决定动用自己的各路关系，请各位老先生重新出山。

第六章 重返母校 精诚奉献

孙毓敏在学校食堂检查工作

  这些老前辈身怀绝技，深居简出，毫无出山之心。在万般无奈的情况下，孙毓敏决定亲自出马。当时学校资金短缺，付给老师的课时费不高，要请到好老师，只能靠孙毓敏在京剧圈内的影响力，只能打感情牌。众所周知，京剧是一个越老越吃香的行当，没有几十年的表演经验是很难悟出道行的。如何让退休的老前辈来为这些年轻的学生把关，成为当务之急，调动他们的积极性是其中的关键。直接以校长的身份发号施令是绝对行不通的，这些老前辈容不得任何人对他们的个人行为指手画脚。而金钱诱惑同样不能奏效，活到年纪一大把，往往都会视金钱如粪土。孙毓敏陷入了深深的思索。正当时，吴江出现了，听了孙毓敏的描述，不愧是学校的老人，沉默片刻后，吴江的办法就想好了。

  两个人买来上好的白酒和两个涮锅，所有要用的材料也就备齐了。酒过三巡，菜过五味，孙毓敏交了实底，她想请老先生们重新出山为学生把关。老先生们这才明白了校长的一番良苦用心，不禁被孙毓敏的诚恳和谦恭所打动。他们本来都是爱戏如命的艺术家，都愿为中国戏曲献出毕生的力量，他们慷慨陈词欣然前往。从那天起，老先生们一大早就来上班，晚上吃过饭，自觉牺牲个人休息的时间，耐心等待着学生们回教室加课。老教师带头，青年教师也会更加积极。就这样，在极短的时间内，学校的学习气氛日渐浓厚，上了一个大台阶。尽管工资不高，但对待这些技艺纯熟的老艺术家们，适当规模的礼遇自然必不可少。老先生们一把年纪，每天挤公交，很不合适。孙毓敏看在眼里很不是滋味，于是她频频出入于市政府，苦苦哀求领导能为学校配一辆专车，用于接送老先生们上下课，她的努力最终得到了回报，孙毓敏由衷地笑了。

孙毓敏的工作已经逐渐取得了一些成功，但她认为还远远不够。当听闻学校欠款达到一百多万元时，这个出身贫苦的校长惊呆了，她一辈子也没见过这么多钱。在巨大的挑战面前，这位顽强的斗士再次失眠了。在寂寞的夜里，她设想了无数种渡过难关的方法，也否定了无数种方法。最终她还是坚定了克服困难的决心。

在一次偶然的机会，孙毓敏听闻一位领导的夫人喜欢京剧，尤其喜欢荀派戏。这是一个难得的机会，反复思量，孙毓敏决定厚着脸皮登门拜访。孙毓敏是一个自尊心极强的人，她原本绝不允许自己低三下四，但为了学校的发展，她屈服了。

一个晴朗的周末，孙毓敏带着一盘伴奏带，刚进家门就迫不及待地表明了来意。表演一段京剧过后，孙毓敏终于再也承受不住这生命不能承受之重，心里的委屈像不断的雨丝，密密麻麻地从心中倾泻而出。她越说越难控制自己的情绪，那位领导被感动了，主动拨给戏校五十万资金用于学校建设，孙毓敏的脸上终于露出了难得的笑容。"故技重施"，她用这种方式又得到了北京市政府拨发的一笔数额不小的教育基金补助。资金的问题一解决，孙毓敏就踏实了。

自此开始，孙毓敏当校长才有了成就感，对各项事情的处理也有了一些经验。她一手抓学生，一手抓管理，在两者之间的角色转换得游刃有余。也因此得了两个奇特的外号："孩子王"和"花子王"。"孩子王"在孩子们身上付出了太多宝贵的时间和精力。"花子王"为学校的建设付出了太多的心血与汗水。这两个外号正是她勤奋工作一心教学的见证，当之无愧。

第六章　重返母校　精诚奉献

纵观孙毓敏从不情愿到硕果累累，让人们看到了她的坚持、自尊和责任心。起初，面对世俗的不公，她无力抗衡，只能含着泪水默默接受，最终离开了她心爱的舞台。在巨大的困境面前，她没有颓废，没有随波逐流，而选择了拼搏和奋斗。但这远远还没到巅峰，她所带给世人的震惊远不止如此，这仅仅只是一个开端而已。

作为领导，无论怎样努力，永远不会让每个人都满意。工作中势必要触及一些人的既得利益，阻力是不可避免的。在刚刚入驻戏校的一段时间里，孙毓敏少说话多办事，能力虽小，但为清贫的教师们争取到了更多福利，虽不求被人铭记，但终究得到大多数教师点头称道。然而，竟然还有人不懂得孙毓敏的一番苦心。在一次会议结束后，有位曾经受过孙毓敏帮助的校友竟然对她破口大骂，且不说他的教师的身份，恩将仇报的行为让在场的所有人都为之震惊。孙毓敏愣是一句话都没说，径自回到了办公室，内心充满孤单、委屈和不平，泪水如洪水般倾泻而下。

在郁闷沉重的心情中，孙毓敏度过了一段难熬的日子，她有太多的不解无人倾诉。正如她所说：“这件事对我的打击是刻骨铭心的，多少年以后只要一想起这件事我还是感到委屈，想哭。"

学戏之初，要文武并进打好基本功，不能过早地分流派。而要做到这一点，全面专业的教学是必不可少的，这无疑对教师的要求更高。孙毓敏坦言说：“即使我自己去做，也不一定能做得好。”由此可见，要找到这样全面的老师，并不容易。可谁知，"踏破铁鞋无觅处"，一个偶然的机会，一位河南同事前来拜访孙毓敏，闲聊之时，不经意间说起张善麟。他是江南武生盖叫天的孙子，一直没有得到发展的机会。孙毓敏顿时有了请张先生来学校教盖派武生艺术的想法。虽然北方人并不喜欢盖派的动作和亮相，但盖派的把子功十分讲究，其独特的唱法也具有独树一帜的风格。如果张善麟来戏校教书，能够很好地开拓学生们的眼界。

第二天，孙毓敏就迫不及待地把这一想法在会议上告诉各位同事，并说明了自己的用意。本来期待会得到不错的响应，但却事与愿违，许多京派的老先生非常反感盖派表演。但盖派艺术技艺高超，应该受到足够重视，特别是在技艺传承方面，显然受到了歧视与不公。为了进一步说服京派的反对，孙毓敏分别找他们谈话，最终成功说服了持不同意见的同事们。

当张善麟老师来到北京之后，迅速以其正宗独到的盖派艺术得到了广泛肯定，他亲身示范教学生们《武松打店》《狮子楼》《恶虎村》，都取得了极好的教学成果。通过观看汇报演出，观众们对真正的盖派艺术刮目相看，极为崇拜。

孙毓敏访谈张善麟

此后，为了进一步弘扬传统的盖派艺术，孙毓敏又专门组织了一次"盖派艺术专场演出暨张善麟老师示范演出"，中央电视台闻风而动，对全程活动进行了现场直播，演出状况十分盛大。孙毓敏还请来了袁世海、张云溪、王金璐等京剧老前辈和吴祖光前来为盖派教学会诊。各位前辈一致认为孙毓敏此举意义非凡，既传承了中华民族传统文化，又使学生们开拓了眼界，增强了他们的专业素养。一席话下来，听得孙毓敏心里热乎乎的，她的教学方法终于得到了众位前辈的认可。

演出结束后，张善麟专门找到孙毓敏，感激之情溢于言表。他感谢孙毓敏给

第六章　重返母校　精诚奉献

了自己也给了盖派艺术一个展示的平台，使得盖派艺术得以传承下去。事实上，张善麟在以后的日子里，名望日渐升高，相继到中国戏曲学校（下文简称"中国戏校"）、上海市戏曲学校（下文简称"上海戏校"）和浙江京昆艺术剧院及台湾教学，并举办盖派专场演出，使得盖派艺术得以复兴。这一切都与当初孙毓敏的知人善任有着很重大关系，她拯救的不仅是一位大师，更拯救了一门艺术。

继张善麟老师的教学取得良好成绩之后，孙毓敏决定继续走开放式教学的路线。她请来了内蒙古京剧团的著名武生吴荣喜。此时正值学生盲目狂妄自大之际，请他来无疑是给浮躁的学生们吃了一颗定心丸，让同学们真正意识到人外有人，天外有天。几个动作下来，吴老师身段优美，功架大气的特点，立刻令所有学生折服，开始心甘情愿跟着他学习了。在教授《水帘洞》时，其中有个特技是钻洞的"高毛"。这个高毛要一下子窜过间隔半米，高一米半的四个藤圈，又高又长，难度非常大。面对这一项挑战，许多学生都望而却步，但其中有一个特别淘气的学生非但不气馁，甚至在头皮蹭破的情况下，依然坚持训练，他为了减少空气阻力直接将头发剃了个精光。学生的拼命精神，深深感动了吴老师，又是鼓励又是表扬，最后愣是把这个淘气的小子训练成了勤学苦练的模范。如此可见，一位非凡的教师一定会产生非凡的影响。

在以后的日子里，孙毓敏先后请来了谭派正宗嫡传谭元寿先生、茹派嫡传茹绍荃先生、张派传人吴吟秋先生、武旦名家冀韵兰先生，甚至还把四十多年前教她的李金鸿先生也请来了。还有一位不得不说的就是朱福侠先生，他编的新戏不用布景，单靠四功五法来完成技艺非凡的表演。他的创新能力对学生的教学非常有益，孙毓敏专程请他到戏校来教学。

朱福侠是一个很有头脑很有创造力的演员，一到课堂，他创造性的以大运动量来教学生练习圆场功，从最初的五圈、二十圈到四十圈，最后甚至到了二百四十圈之多。但同学们依旧毫无怨言，心甘情愿地重复着圆场的动作，哪怕练到两条腿毫无知觉也在所不惜。对于娇生惯养的孩子来说，如此巨大的运动量是吃不消的，但他们看到朱老师跑在最前面依旧面不改色便心生佩服，学生们再累也义无反顾了。

起初，公众并不理解朱老师的严酷训练，直到《忆十八》彩排时，大家才明白他的良苦用心。演员在这出独角戏中几乎没有任何喘气的机会，连跑带走同时还要表现出人物的潇洒和心情的欢快，难度非常大。若非这种教学方法，在这么短的时间内教学效果根本达不到这种程度。来自全国各地的名家学者都给予了很高的评价。为了表彰和提倡朱福侠的强化教学法，孙毓敏写了一篇文章发表在《北京晚报》，称朱福侠是一位马俊仁式的好教师。

此外，为了推广朱福侠创作的几个特色剧目，孙毓敏还专程在北京人民剧场举办了"朱福侠率学生教学示范演出专场"，专门请到了中央电视台做全程现场直播，使得全国观众都有机会欣赏到他的技艺和精彩表演。演出结束后，孙毓敏特意组织了"朱福侠教学剧目学术研讨会"。

朱福侠的教学不仅在校内取得了成功，在校外也产生了非凡的影响力。跟之前张善麟的事例一样，由她当初的一个简单提议直到在戏曲界产生巨大影响，这跟她开门办学的政策密切相关。"只有想不到，没有做不到"，孙毓敏作为一位学校的管理者，善于用智慧引领学校的发展，她的一次次改革，在引领着学校一步步走向成功。

孙毓敏的公开办学政策取得了显著效果，使戏校在短短几年内一跃成为佼佼者，平心而论，这与孙毓敏的努力是密不可分的。她开启了一个京剧院校的新风气，使得全国范围内的京剧教学，从各自为战到互联合作，使戏曲艺术得到了更好的传承。

第二节　克服困难　博得重点

孙毓敏年过半百，担任了北京市戏曲艺术学校校长，苦心孤诣，终于把一所普通的戏曲学校办成了人才辈出的全国重点学校，这一过程可谓举步维艰。为了评选北京市级重点学校和国家级重点学校的称号，北京市教委和国家教委发出通知，要求学校根据国家教委艺术类学校评估指标，参加市级和国家级的评估。面

第六章 重返母校 精诚奉献

对突如其来的六十五项三级测评指标，大家都陷入了沉思。对他们来说，这样的高指标就像泼了一盆冷水，让孙毓敏和她的同事们倍感压力。一个穷到不能再穷的学校，面对种种苛刻要求，的确显得有些无奈。

当参加评估的其他艺术学校看到这六十五项指标时，也同样束手待毙。这些硬性指标就像一条无法逾越的鸿沟，让他们只能望洋兴叹。有一些比北京市戏曲学校名声大的学校，经过内部评估和讨论后，正式声明要退出评估。面对此情此景，学校的许多领导都将目光转向孙毓敏，按照她的性格，迎难而上一定是最终的选择。果不其然，孙毓敏坚定了信念，毅然决定参加重点学校的角逐，并一定要争取拿下。重点学校不只是一个简单的封号，也是一个"门面"，只有重点学校，才能吸引更多莘莘学子。如果一个学校没有足够的吸引力，不能给学生带来自成一派的魅力，学生们就没有任何理由选择它。孙毓敏相信只要努力做了，就一定能实现。强大的信念和足够的自信心，让她从一开始就给整个团队注入了活力，鼓舞着她身边所有人的士气。

但在现实面前，这个"穷酸"的学校面临的问题太多，一项项指标几乎无法实现。比如学历问题就难以解决，他们学校的戏曲教学沿袭了科班制的传统，和大学教育研究生的方式有着根本区别。当时科班教育是戏曲人才培养的主流，这种教育讲求"学徒制"传统，有技艺习得的显著优势，但在培养人文素养的方面存在明显不足，需要出科之后再请导师指导深造。没有教育部门批准，算不上正规学校，更没有正式学历。这就是现实，这个指标就是她们的硬伤和软肋。而这还只是六十五条指标中的一条，可想而知，要想达到要求并不容易。

孙毓敏看问题很全面，懂得取长补短。她深信学校很有发展前景。从这个学校毕业的学生道德品质高，责任心强，有良好的行动习惯，有自制力和克服困难的精神，有良好的社会声誉和极高威信，受到社会各界的一致好评。那些劣势不会影响到她对学校崛起的坚定信念。孙毓敏是睿智的，在众人迟疑并退缩的时候，她看得到希望，经得起打击，她坚强地站在第一位，并鼓励大家传递着"做得到"的理念。她的血液里流淌着韧性与坚毅，有一股雷打不动的强大力量。

孙毓敏的思维和想法极其开阔，富于远见。她认得清市场形势，懂得办学经营的理念。京剧正在走下坡路，在极其萎靡的时刻，将它当作主导并不可取，仅靠它来支撑整个学校根本就是天方夜谭。所以，孙毓敏认为在教学领域应该加大开拓，把市场的文化需求看透，从实际出发，立足现实，并把目光放长远。在此基础上，她提出了"戏曲教学少而精，艺术教学广而博"的口号。这次改革在孙毓敏的带领下取得了巨大成功。他们的环境良好，内部团结，顺应了历史发展的趋势，与时俱进。除此之外，此次改革得到了北京市委市政府的大力支持，副市长何鲁丽在他们的报告上批准加挂"北京市艺术学校"的校牌，扩大了招生范围。改革无反对无阻碍，这将有利于改革的开展和执行，加快了进程。

在招生方面，学校有了极其强大的权威性，并以此吸引了更多的戏曲热爱者，音乐界和舞蹈界也都纷纷赶来与之合作。后来，在孙毓敏的带领下，学校又合办了杂技分校。许多省市艺术团体把他们招收的学生送到北京，交给北京市戏曲学校来培养。他们还办起了综合艺术班、舞台灯光班、电脑音乐班、民族舞蹈班、国标舞班、评剧班和木偶班等，整个学校的专业立刻丰富起来了。那个时候，北京市戏曲学校可谓是蒸蒸日上。台湾复兴艺术学校的校长陈守让来到他们学校访问，亲身经历课堂体验并询问经费，他实在想不透如此低的经费竟能把教学办得这么出色，他决定让台湾学校的教师分期到北京学习。

面对教学困境，孙毓敏展开了大范围实践，积极展开文化市场的调查，还开拓了教学领域，把硬件软件一起抓，齐头并进。三年后，国家教委颁发的"重点学校"的金牌第一次挂在学校的大门口，一块是北京市教委颁发的市级重点学校牌，一块是中央文化部颁发的省部级重点学校牌，一块是国家教委颁发的全国重点学校牌。这是孙毓敏奋斗的结晶，更让她懂得了坚持教学理念的重要性。五年过后，一座设施先进的豪华排演场落成，为学生的演出实践提供了有利条件，成为学生进步的阶梯和强有力的保障。这项基建工程的实施要历经多少甘苦，恐怕只有孙毓敏才知道。在中央领导和北京市委的支持下，她亲力亲为，带头启动了

"海峡两岸五戏校蓝岛杯京剧大奖赛"(以下简称"蓝岛杯"京剧大赛)和"双休日少儿京剧百场演出"活动。她意识到只有不断地实践才能让实力站稳,才会有足够的立足点。她总是拼尽全部心血让学校变得出类拔萃,作为学校的领导者,她把学校当成她的脸面,学校象征着她完美价值的存在。

北京市委副书记在北京戏校建校五十周年大会上感慨地说:"孙校长为了报批一个活动或一个项目,经常是早晨七点多钟就到市委办公室去堵我的门,她全部是为了学校,没有这样一位勤奋敬业的好校长,北京戏校是不可能有今天的。"

第三节 募集资金 兴办大赛

"蓝岛杯"京剧大赛是孙毓敏任校长以来举办的第一个全国性大型演出活动,整个比赛从构思、策划到演出结束,经历了重重困难。比赛的圆满落幕,让孙毓敏和北京戏校成了中国戏曲界的焦点。

孙毓敏曾经为了继续上台表演,每天坚持爬一千多级楼梯,她这种坚韧不仅表现在舞台生涯中还表现在她的校长之路上。作为一名京剧演员,孙毓敏骨子里就重视宣传,在她看来唯有宣传才能得到大家的重视。她认为当时之所以有"现代青年不喜欢京剧""京剧不符合时代精神"等社会舆论,就是因为现代年轻人根本就不了解京剧,而这归根结底就是因为对京剧的宣传不到位。这使孙毓敏更加意识到宣传的重要性,在她的观念中,有意义的事情就不应被耽搁。

为了让大家更加关注京剧艺术,她做的第一件事就是"宣传留学生"。艺术没有国界,京剧不仅是中国的国粹,更应是世界范围的艺术,组织留学生学习京剧拥有重大意义。孙毓敏发现不少留学生非常热爱京剧艺术,并且学习非常刻苦,其用功程度绝不亚于京剧科班生。

在这些留学生中也不乏优秀者,他们成绩斐然,表现优异,让许多国人都感到不可思议。最让孙毓敏看中的几个留学生中，有一个英国姑娘玛亚每天六点半就起床练早功，刻苦程度让一些中国学生都自愧不如。而玛亚的京剧艺术学习完全依靠到法国使馆勤工俭学的微薄收入来维持。皇天不负有心人，经过严格的训练与刻苦的学习，终于学有所成，成功演出了《扈家庄》《战金山》《武松打店》和《霸王别姬》等戏；还有一个美国姑娘梅恩，她演出《拾玉镯》，并以此出名；除此之外还有以色列人笑狮，凭着苦练昆曲《下山》，获得了中央电视台国际票友大赛金龙奖。俄国的长靠大武生嘎法和日本的短打武生早野等都在京剧界小有成就。孙毓敏大力宣传留学生的做法达到了非常显著的效果，以间接的方法达到了宣传目的。智者总是能在关键时刻做出正确的决定，通过宣传留学生对京剧的热爱，孙毓敏让外界人士意识到国际友人对京剧艺术尚且如此痴迷，作为自己国家的艺术精华更应该得到大力支持，而不是一味追赶所谓的时尚潮流而摒弃中华传统文化。通过这一宣传也更有利地斥驳了京剧艺术不符合当代潮流的谬论，为京剧艺术在世界艺术舞台上赢得了更多光辉，对业内人士来说更是一种鞭策和鼓励。

北京艺培戏曲学校（北京市戏曲学校前身）的李文敏老师作为程派传人，一直采用流派教学的方法授课，成绩斐然。学校其他流派的传人和再传人也都相继采用同样的教学方法，大都取得了很好的成绩。在流派教学方面，艺培戏曲学校经验十分丰富。因此孙毓敏所做的第二件事就是宣传"流派教学"。

北京艺培戏曲学校的首任校长郝寿臣和继任校长马连良等都是京剧艺术重要流派创始人。在孙毓敏看来，他们的艺术成果都是京剧界的精华，若使得这样的艺术精髓断层，那将是后代的损失，更是当代的过错，所以务必要将前辈们的艺术精华传承下去。于是孙毓敏抵制住过去科班和戏校对流派教学的老思想，继续将这一方案实施下去了。起初得不到业内人士的认可，尤其是一些思想顽固的京剧前辈，这成了孙毓敏最大的苦恼。为了使大家更好地接受，孙毓敏打着流派教学的招牌举办了"程派教学专场""郝派剧目展演""盖派教学专场"等演出，还把马派剧目《赵氏孤儿》列入重点教学剧目。经过不断的努力，最终使流派教学在社会上占得了一席之地。

第六章　重返母校　精诚奉献

孙毓敏不断将创新想法向外推广，不断为京剧艺术做出力所能及的贡献。她做这些不仅仅宣传了京剧，也把学生和老师成功地宣传出去了。因为与剧团相比，学校的环境闭塞很多，学生在社会上的认知度小，因此备受冷落，就连老师也没有受到过多关注。宣传不仅可以使戏曲教育工作得到社会上的广泛承认，享受到应有的社会地位，也可以让戏校学生成为"科里红"，在观众中产生一定的影响，如此可以缓解校园京剧的尴尬场面。但孙毓敏仍感觉自己所做的还不够，虽然大家对京剧有所重视，但与她所期待的效果相差甚远。

在一次全国艺术教育会议上，孙毓敏和上海戏校的王梦云校长、中国戏曲学院附中（简称"国戏附中"）的校长武春生和天津戏校校长王小淳讨论如何加大社会对戏曲教育事业了解的话题。孙毓敏提出各校要联合举办一个全国性的戏校学生艺术比赛，到时邀请一些权威人士参加，在报纸上加大宣传，提高观众对比赛的关注度，从而使京剧艺术能够渗透到广大群众的视野里，她的这个提议得到了一致赞同。提议简单，但是实施起来却没有那么容易。

对于比赛的选址问题，各学校校长都认为应在首都，北京作为全国的政治文化中心，这里聚集了最重要的政界人士和文化名流，若能举办成功，其影响力可想而知。故此，作为北京的地方戏曲学校的校长孙毓敏当仁不让地成为主办人。在大家的殷切期盼下，孙毓敏就开始筹办起来。孙毓敏和台北复兴艺校的校长陈守让因戏曲相识，打去了电话，得到了他的大力支持。陈守让校长表示会亲自带领学生参加比赛，这无疑给了孙毓敏更大的动力，两岸戏曲交流使比赛向成功迈进了一步。

要举办比赛首先得有资金，而这竟然成了一个最棘手的问题，在戏剧不景气的当时，出钱举办比赛实在成了难题，孙毓敏名为"主办方"实为"找钱人"。俗话说"企业搭台，文化唱戏"，而在一般情况下有钱的大企业根本不愿意为这些小学校出赞助，因为在他们看来这实在无利可图。

不过孙毓敏总算还是找到了赞助商。而关于这位赞助商的赞助，社会上也流传着各种版本，流传最多的是赞助商的儿子要考戏校，赞助支持完全是为了给儿子争面子。对于这些流言，孙毓敏只能置若罔闻。当日后有人问起孙毓敏的时候，她才具体说出这位赞助商出钱赞助的真正原因，其实大部分钱是孙毓敏用真诚"挣"来的，其中也不乏机缘。

这位赞助商是北京十大商场之一蓝岛大厦的总经理李贵保，他有两个女儿。那一年的孙毓敏还不是戏校的校长，孙毓敏的女儿和李贵保的二女儿同时初中毕业，都各自带着自己的孩子在北京几所中专参加面试。有一天孙毓敏和李贵保各自带着女儿在同一所中专参加面试，人比较多，所以大家都在等。孙毓敏和李贵保的女儿都被安排在下午面试，按照规定，中午休息之后两点开始，但是当大家已经等到两点十分的时候，负责面试的工作人员仍没有开始工作的迹象，那个年代的人比较憨厚老实，都还在耐心地等待学校开门办公。但是着急上班的孙毓敏实在等不了了，就上前询问前台工作人员："已经到上班时间了，你们怎么还不办公？"孙毓敏的话似乎说出了众家长的心声，也都在小声抱怨着，李贵保对孙毓敏的做法很是赞同。孙毓敏和李贵保同为学生家长所以也就有了共同语言，慢慢地就聊了起来，也为打发一下漫长等待的时间。

李贵保虽是经商之人但是非常喜欢京剧，京剧爱好者基本都看过不少孙毓敏的演出，这其中就包括李贵保。他一开始就认出这位唱荀派的花旦演员，只是没有聊天的机会，这一聊俩人说了许多关于京剧的事情，最让孙毓敏感动的是，李贵保说出了许多京剧表演的细节之处，能在女儿面试的时候遇到京剧爱好者，孙毓敏心里有说不出的高兴。本以为俩人只是一面之缘，谁知他们又在另一次陪孩子参加面试的时候相遇了。有了第一次的相识，这次聊天倒比以前更为放松，从谈话中孙毓敏得知李贵保是一个百货公司的经理。后来两个人也就谈到之后孩子工作的问题，李贵保还说公司正在翻盖一座商业大厦，建成后需要大批各种各样的人才，建议孙毓敏的女儿到他的公司去当售货员，李贵保的态度非常诚恳，孙毓敏也没当成玩笑话，留下了很深的印象。在之后的日子里彼此之间也有电话往来。时间流逝，人的境遇也在变化，李贵保成了蓝岛大厦的老总，孙毓敏成为北京市戏曲学校的校长。

之前算是电话联系，真正与演出有关联的还是因为李贵保邀请孙毓敏学校的学生到大厦参加表演，当时孙毓敏正愁学生没有演出的机会，就应邀去蓝岛大厦

第六章 重返母校 精诚奉献

进行京剧艺术表演，只是后来演出太多，担心对学业有所影响才慢慢终止。通过那段时间的接触，孙毓敏发现李贵保真是一个实在人，没有暴发户的浮夸，让人感觉很踏实，值得信赖。据孙毓敏说，这也是她当时唯一能想到的"有钱"的熟人，所以也就把他作为赞助商的候选人。在看人方面，孙毓敏还是很有眼力的，她能以最快的速度选中目标，为比赛的前期筹划省了不少力气。

在蓝岛大厦办公室里，孙毓敏对李贵保讲明了来意，李贵保给的答案模棱两可，也说出了自己的难处。他虽是老总，但是钱也不是说出就能出的，他要为公司的全体员工负责。孙毓敏知道李贵保想让她给全公司的人一个说得过去的理由，至少得让他们觉得做这件事是有意义的，再直白一点就是商人讲究的是利益，无利可图的事情是不会做的。李贵保说首先要做的是争取公司党委的同意和批准，这是需要时间的，听到这里孙毓敏的心里略感凉意。

但是孙毓敏仍没有灰心，并暗暗下定决心，一定要更加努力。这时孙毓敏清醒地意识到现在最需要做的是什么，那就是让蓝岛大厦的人了解从事戏曲教学工作的艰辛以及传承民族文化事业的伟大，只有让对方清楚地了解自己，才有可能主动帮助。孙毓敏决定让蓝岛大厦公司领导来参观学校，她想用孩子的努力和自己的诚意来打动他们。经过一番精心准备之后，孙毓敏代表全校师生邀请蓝岛大厦的中层以上干部和优秀售货员代表到学校参观。那天是李贵保带领公司骨干来的，孙毓敏为表诚意亲自带领他们参观了同学们的各种课程，包括腿功课、毯子功课、排戏课等，最后观看了学生的彩排剧目。学生们也知道这些人前来参观的目的，所以都比平时更加卖力表演，腿抬得比平时还高，表情更是比平时还要认真，这些让天天看孩子们训练的孙毓敏都感动不已，更别说那些已为人父母的公司员工了。像这么大的孩子大多数都还在家里享受孩童的美好时光，孩子们却在这里经受着成年人都难以忍受的筋骨之累和皮肉之苦，让他们都心疼得不得了。孙毓敏还自编自导自演了一段京剧小插曲，以幽默的方式让大家对京剧有一个基本认识。在孙毓敏的引导下，大家充分感受到京剧的艺术魅力。此外孙毓敏还讲述了戏曲教育工作中的种种艰辛，这让蓝岛公司的员工很是同情。

来参观是一定要在学校吃午饭的,为此孙毓敏也做足了功夫。在她的要求下,厨房师傅拿出看家本事,把饭菜做的色香味俱全。孙毓敏要求饭菜在好吃的同时还要尽量节省成本,这样的饭才是充满真情的,也能表现出对蓝岛大厦的尊敬,她认为这时的铺张浪费只会起到反作用。大家不得不佩服孙毓敏的聪明与细心,这样小的细节也能做得如此周到,李贵保和蓝岛公司职员想不动心都难。多年以后,李贵保回忆起那次的午饭依然意犹未尽,甚至还能记起当时的各种菜名。重要的不是饭菜的美味,而是里面透露的真诚。在他们吃饭的时候,在校方领导的一致同意下,决定聘请蓝岛大厦总经理李贵保为北京市戏曲学校名誉校长,孙毓敏带领所有的领导班子站成一排,非常郑重的将委任状交到李贵保手中,大家给予了热烈的掌声。参观活动效果很好,孙毓敏的努力没有白费,几乎所有来参观的人都被孩子们的努力和孙毓敏的诚恳打动了。由于他们在思想认识上达成了共识,使比赛赞助的问题得以顺利解决。

几天后,孙毓敏正式接到蓝岛大厦同意资助京剧大赛的消息,为此全校的师生都非常高兴。孙毓敏将赞助经费已解决的情况告知各戏校校长,很快就接到了上海戏校、天津戏校、国戏附中和台北复兴艺校正式同意参加京剧大赛的协议书。孙毓敏担任校长以来第一次独立举办大型活动,责任之重、压力之大可想而知。但是,孙毓敏自尊心极强,性格倔强,从不轻易认输,她严格要求自己只能做好,同时也带给自己更大的精神压力。作为参赛方的其他几位校长表现出了极大的热情,共同为孙毓敏分忧解难,帮助她解决比赛师生的交通问题,大家都希望能把戏曲教育事业搞好,这也给孙毓敏增添了安慰。为了能更好地开展工作,孙毓敏将学校领导班子进行了明确分工,接待、演出、宣传、后勤等分工到位,在各司其职的同时又相互协助。孙毓敏着重强调这次活动是学校对外的形象展示,大家也懂得这次活动的重要意义,所以都把它当作头等大事来看待。

为了提高这次活动的影响力,孙毓敏还邀请了中央顾问委员会副主任宋任穷、中顾委委员荣高棠担任这次活动的名誉顾问。宋任穷是孙毓敏的老首长,一

第六章　重返母校　精诚奉献

直对她非常关心,而荣高棠则非常热爱京剧,两位首长不光出席这次活动,还主动为京剧大赛题词。宋任穷同志的题词是"祝海峡两岸四地五校校际大奖赛圆满成功。——宋任穷敬贺";荣高棠同志的题词是:"喜看京剧后继有人。"在他们的带领下,老艺术家张君秋、吴祖光、袁世海也纷纷为大赛题词,这次活动还得到文化部、北京文化局以及中央电视台和北京电视台的支持。农工民主党中央委员会主席方荣欣是位资深的社会活动家,他也给了这次活动极大的支持。他对孙毓敏极为照顾,是北京市戏曲学校的常客,每次请他老人家来看戏都很高兴,从来不会因为没有为他安排前排座位而生气。

参加这次活动的还有北京市常务副市长张百发、文化部常务副部长高占祥和广电部副部长刘习良,他们还主动担任组委会的名誉主任,在活动举办方面给予了诸多方便,活动能成功举办离不开这三位领导的鼎力支持。得到大家认可的孙毓敏内心充满了自信,在大家的支持与鼓励下,孙毓敏怀着激动的心情给中央首长丁关根同志发出了邀请函。令她兴奋的是,丁关根首长表示会出席比赛的开幕式。

1996年1月11日的晚上,由北京市戏曲学校和蓝岛大厦联合举办的"蓝岛

"蓝岛杯"京剧大奖赛情况介绍会专家合影

杯海峡两岸五戏校京剧大奖赛",终于在北京的民族文化宫大剧院正式拉开了帷幕。中共中央政治局委员、中央书记处书记、中央宣传部部长丁关根同志出席了这次开幕式并给予孙毓敏真切的关怀。当丁关根询问孙毓敏学校演出情况的时候,孙毓敏在首长面前丝毫没有虚假,认真地向首长汇报在演出准备过程中遇到的种种困难,例如场地租费和报纸广告的昂贵。孙毓敏还说希望剧场能够优惠接待戏校学生,给予学生更多的关心和帮助。听到孙毓敏的汇报,丁部长给予深切的关怀,并表示要亲自帮忙解决戏校的实际问题,大力支持戏校学生的演出。领导的这些话让孙毓敏感激却又担忧,在她看来,丁部长能够来参加开幕式就已经是最大的支持了,还能解决实际问题,这份礼物太意外,太惊喜了。但她怕自己做得不够好,让如此看好她的丁部长寒了心。

开幕式一开始首先是五个戏校校长先后讲话,然后是蓝岛大厦李总讲话,北京戏校作为主办单位自然是要唱开场戏的,开场戏是一出大武戏《雁荡山》,北京武戏人比较多,排练方便,这也是孙毓敏以它为开场戏的原因。参加演出的同学们为了这次表演每天都在刻苦练习,吃饭睡觉都在想着怎样才能把戏演得更好,最终赢得了同行们的一致好评,其中最受关注的是上海的女须生王佩瑜和天津的花脸王玺龙以及北京市戏曲学校的"七龄童"穆宇,这几个孩子的底子好,功夫和嗓子都不在话下,自然更受青睐。看完这出戏,丁部长上台与师生合影,孙毓敏的感谢之言还没说出口,丁部长竟先向老师们表达了谢意,并肯定了老师们的教学成绩,这令在场观众特别感动。丁部长的举动足以说明管理文化工作的最高领导人已将戏曲教育事业摆在了工作日程上,由此可见国家领导人对戏曲教育事业的重视与支持,这让孙毓敏感觉自己所做的一切都是值得的。

关于这次比赛的评委人选,孙毓敏丝毫没有怠慢,强大的评委阵容也是这次大赛的亮点之一,孙毓敏请来了全国最具权威的评委,有谭派须生名家谭元寿、余派须生名家于世文、武生名家王金璐、旦角权威吴素秋、李慧芳、于玉蘅、李金鸿、花脸名家景荣庆、名鼓师赓金群、名琴师姜凤山,这十位评委在京剧业内是绝对的实力派。此次评委中唯一的一位外界人士是北京生理研究会的名誉理事长

第六章 重返母校 精诚奉献

刘曾复，虽然他不是演员，却是许多艺术家都非常尊重的前辈，大家都说刘老不是内行，胜似内行。这样的评委搭配真是无可挑剔了。

关于演出评比，这五所学校每个学校的演出进行一个晚上，演出前两个小时请评委点评前一天的演出情况。在这些权威面前，校长们都表现得很谦虚，评委们总会列举学生的诸多优点，孙毓敏和其他校长们听到这些固然欣慰，但是他们更想听到评委们多说一些学生所存在的缺点和不足，这次比赛大家都没有独占鳌头的意愿，都抱有点评为主、名次为辅的心态。这次大赛完全是为了促进戏曲教育事业的发展，希望能够通过这次活动交流教学经验，共同进步，引起社会对戏曲教育事业的重视。所以每当点评到缺点的时候，该校老师校长都会主动记录下来，更希望评委能给出具体的解决方案。这种闻过而喜的态度让评委们很欣慰，所以丝毫没有怠慢与应付，都很认真地观察学生表演的每一个动作与表情，不肯错过任何细节。评委的认真负责，校长们的谦虚有礼，使得各校都认识到了自己的优点与不足，也积极地吸取了其他学校的优点与教训，孙毓敏认为这样的比赛才有真正的意义。

北京戏校荣获一、二、三等奖各一名，共十五人获奖。临近比赛闭幕时，孙毓敏再次向大家传来了惊喜，中共中央政治局常委李瑞环同志将出席这次比赛的闭幕式，消息一出，大家立刻沸腾了。这位领导的到来是对此次比赛的最大肯定，也把大家的热情推向了高潮。在此之前，孙毓敏曾不止一次邀请李瑞环同志观看学生的表演，但他日理万机总不得空，这次能够应邀而来，算是给大家辛勤劳动最好的礼物了。

闭幕式在1996年1月17日举行，地点选在北京西单民族文化宫礼堂的东门外，李瑞环同志也是一位京剧爱好者，没有一点领导的架子。孙毓敏和他谈话没有感到一点不自在，像是和老朋友聊天一样。李瑞环同志给了孙毓敏和其他校长带来了更多的鼓励，让大家都备受鼓舞。在闭幕式的表演上五所学校都摆出最强阵容，孙毓敏也推出自己最好的学生——学程派的郭伟演出了《荒山泪》片断，只有七岁的穆宇演出了《空城计》的"三报"。这两个学生也算给孙毓敏挣足了面子，尤其是年仅七岁的穆宇把诸葛亮的闻听三报唱得惟妙惟肖,赢得了满堂彩,就连李瑞环同志也在不停地鼓掌,并连声说:"这个娃娃可真会演戏,真好。"

第二天,北京各报刊头版上都刊登了《海峡两岸五戏校蓝岛杯京剧大赛圆满闭幕,中共中央政治局常委李瑞环出席闭幕式》的重要新闻。这次比赛让更多人了解到,孙毓敏不仅能成为一个好演员,更能成为一个好校长。

第四节　力捧新人　巡演四方

在孙毓敏的带领下,北京市戏曲学校进入了全新的状态。学生鼓足干劲,练功格外勤奋。教师动力十足,讲课更加卖力。唯有学生们的演出难题一直困扰着孙毓敏。一方面是演出场所的问题,学校没有能力支付剧场的场租,没有固定的演出场所就没有固定的观众群,就无法保证演出票房。另一方面是演出宣传的问题,一场演出的前期宣传至关重要,可以让更多人了解演出从而得到更多观众的支持。

1996年2月11日,北京文化局的局长于长江和副局长吴江召集戏校的业务骨干,商议起草了一份《要求中央领导同志帮助我们解决演出难问题》的报告。他甚至考虑要想尽办法说服中央首长支持学校的日常演出工作。当时孙毓敏并不在学校,她正在国戏附中向丁关根部长汇报学校的教学工作。会后,孙毓敏作为北京戏校的负责人,陪同丁部长和北京市常务副市长张百发、文化部常务副部长高占祥和市委宣传部部长强卫、文化部教育司等部门的负责人一同参观了学校。

孙毓敏知道,丁部长视察国戏附中和北京戏校就是为了摸清情况,更好地解决学生们演出难的问题。所以她必须要抓住这次机会,力求得到丁部长的大力支持,来解决眼前的困难。会前,她和学校的负责人准备了各种材料,想通过这些事实来说服丁部长,以便能在经济等方面得到援助。可是丁部长在会上的一席话让孙毓敏等人喜出望外,他针对性地指出了当前京剧发展人才匮乏的问题,并明确了发展京剧人才的紧迫性。这说明丁部长对戏曲艺术非常重视,对当下戏曲的

第六章　重返母校　精诚奉献

处境也很了解，这让孙毓敏松了一口气。

丁关根部长强调，学生演出必须要有一个固定剧场，有固定的观众群。他提到的剧场选址、场租、演出宣传等问题都得到了解决。张百发市长明确了北京市政府的责任并建议将剧场选在戏迷较多的北京市工人俱乐部，不仅如此，他还亲自落实解决了一年二十万元的场租问题。强卫同志负责演出宣传工作，并提出要把学生演出列入北京市双休日系列活动。在会上丁关根部长还强调这是他第一次到北京市属单位办公，并要求张百发市长和强卫同志争取在春节前落实现行问题并及时向他汇报。丁部长最后的那句"开幕那天我一定来"使得事情一锤定音。中宣部部长亲自观看演出就是最好的宣传。在"蓝岛杯"京剧大赛上，丁关根同志说要帮助孙毓敏解决学生演出难的问题时，她还将信将疑，毕竟北京戏校当时只是一个小小的处级学校，中宣部部长一般不会直接参与这些琐碎的事情。没想到仅仅一个月，丁关根同志就履行了自己的诺言，这让孙毓敏喜出望外。丁部长不仅解决了表面困扰，更提高了他们对京剧表演人才培养的认识。孙毓敏心里的惊喜自然难以言表，孙毓敏把戏曲艺术和北京戏校看得比生命还要重要。她下定决心在接下来的工作中，认真贯彻丁关根部长提出的思想，把戏曲教育工作真正落实到行动中，不能让丁关根部长感到失望。

3月15日，北京戏校和国戏附中联合举办的"双休日少儿京剧百场演出"拉开了序幕。就在那天，整个北京工人俱乐部沸腾了。丁部长邀请了当红武生王金璐助兴演出了《汉津口》，还邀请了谭元寿、梅葆玖、李世济等许多名家，刘长瑜、叶少兰和孙毓敏也登台清唱，再配有两校学生的最佳阵容，使得这场开幕式在社会上引起了广泛关注。丁关根同志的亲临到场让文化部和北京市政府格外重视。在以后的演出剧场里中，也经常能发现丁部长的身影，他总会认真地看完演出，并及时敦促学生们的学习进度。另外，丁部长还经常召集两位校长到中宣部汇报工作，及时了解学生们的学习情况以便于更好地解决困难。丁部长为两个学校的发展费尽了心思。这一切和孙毓敏的努力争取是分不开的，她用自己的亲身经历和实际行动告诉人们，京剧艺术需要得到更好的保护与发展，让上级认识到了培养京剧人才的重要性。

剧场演出正如火如荼地进行，这个固定的剧场给小演员们提供了更多表现的机会，也给附近人们的生活增加了更多乐趣，每个周末的表演让观众和这些小演员们更加亲近了。每个双休日是工人俱乐部最活跃的日子，许多老戏迷也变成了常客，有一位人称"戏姥姥"的老戏迷，每场演出必然到场，并且从来不蹭戏，尽管收入微薄，她依然执意自己花钱买票，她甚至还经常到后台看望唱戏的孩子们，给孩子们买一些零食。她早已经把这些孩子们当作自家人了，若是哪个孩子演出累了，受伤了，她会由衷地心疼。有些下岗工人来看戏也一定会主动买票，从不蹭戏。文化的力量是信仰也是追求，孙毓敏内心不由得对他们产生由衷的敬意。小演员与观众的关系类似鱼和水的如胶似漆，鱼对水的依赖，水对鱼的怜惜。演员们用自己的本领，用京剧的魅力丰富了人们的生活，人们也用自己的行动推动了京剧事业的发展。

一个固定的演出场所丰富了小演员们的舞台经验，告别了"纸上谈兵"的时代，也丰富了小演员们的生活，让他们对京剧有了更浓烈的热爱，让他们在戏曲艺术的道路上越走越远。剧场丰富了他们，他们也为了这个剧场付出了很多。有一个主演《龙潭鲍骆》的小武生崔欣欣，演出时特别卖力。有一次他的腰病犯了，有个旋子没拧过来，可他还是不顾伤痛咬牙坚持了过来，谢幕时观众含着热泪送上雷鸣般的掌声，年龄虽小，但他的敬业精神，让人们看在眼里，十分敬佩。还有一个来自陕西的小武旦张淑景，在一次出演《虹桥赠珠》时掉了枪，可观众们不仅没有给她倒彩却依然报以鼓掌，以免给这个初出茅庐的小演员造成心理阴影。果然，观众们的做法成就了张淑景，现在她已经是北京戏剧院的当家武旦了。

小演员里面最受欢迎的要数穆宇和陆地园了，他们的演出上座率能达到九成以上，尤其是演出《赵氏孤儿》的时候，剧场里早已座无虚席，等退票的人也能排起很长的队。著名戏剧大师吴祖光看了穆宇的演出大为惊奇，他没有想到一个孩童的台步身段竟然如此成熟，从唱功到表演技巧都带来了震撼，于是他连夜撰文称赞穆宇为"大家风范"，并高兴地给孙毓敏打电话，表达老一辈戏剧家的欣喜之情，他希望孙毓敏能重点培养穆宇。为了能让穆宇更全

第六章 重返母校 精诚奉献

面地学习，孙毓敏又安排他向王硕老师学习打鼓，并且参与实践演出，在中央电视台2000年除夕的春节联欢晚会上，穆宇表演了自打自唱，再一次受到观众的好评。

孙毓敏为学生们争取了固定的剧场、固定的观众群，为演员们的进步提供了必要的硬件条件，这对人才的培养是非常重要的还能让人们更全面地认识了戏曲教育，使戏曲学校走出了闭塞的境遇。

孙毓敏在人才的培养上格外用心，她总是用非同寻常的眼光去审视每一位学生。他们身上都有自己独特的优点，而这需要老师去审视开掘。正如孙毓敏本人一样，当年她并非是班级里的佼佼者，也并非是老师眼中的好学生，她爱思索，喜欢尝试新鲜事物，正是在不断思索和研究中，她能获得一种别样的乐趣。她甚至曾经让两把二胡给她伴奏了一出《断桥》。因为她独特的思维模式，时常有独特的选择标准，有时会与领导的意见不一。学校在接收穆宇这个特殊学生的时候，她和领导的意见就产生了分歧。孙毓敏看中的可塑之才，不会因为其他条件的限制而最终放弃。每个家长都希望能让孩子选择一个好学校，穆宇的家长也不例外，他们找过另外一所学校，却因为某些原因没有被接收。孙毓敏知道这件事情，可她并没有因为穆宇在他校落选就置之不理。自从第一眼看到这个孩子，孙毓敏就感受到了他的灵性。穆宇对京剧的悟性是非同寻常的，深深地打动了孙毓敏，认定必然是一位可塑之才，这也给孙毓敏日后带领"四小须生"巡演四方埋下了一股无形的力量。

每一个从小就接受戏曲演唱训练的男演员们，等到一定阶段，都要面临变声问题，这是他们无法逃避的现实，既然每个人都要去面对，那这个问题就不该是问题。从另外一个角度去考虑，穆宇只能比其他男孩子的成材率更高一些，他的自身条件非常优越，所以孙毓敏当场就同意录取了。

小穆宇是回族人，被孙毓敏的学校录取时才六岁。他在这里上学，有很多条件限制，并不像其他孩子一样有正常的作息时间。穆宇的父母与他分隔两地，他们一家三口相聚的日子只有周五晚上至周日下午这短短的两天时间。一方面是为了更好地工作挣钱养家，另一方面是不想耽误孩子的学习，这个三口之家只能在

147

两个城市之间不停奔波。如此说来，对于培养穆宇这样特殊的学生，学校所付的责任也更为重大。孙毓敏对穆宇的照顾要远远多于其他孩子。穆宇在学校里的饮食起居，孙毓敏要担负一定的责任。自古以来，就有很多重视人才的理论说法，龚自珍说过"不拘一格降人才"，而孔老夫子也说过要"因材施教"，对特殊人才就要特殊培养，孙毓敏深知这个道理。按照常理来说，放弃对这个学生的培养是符合规章制度的，但这样潇洒的举动，可能会造成京剧事业的遗憾，就像把一朵本应可以开放灿烂的花朵，在含苞待放时被人掐断了，只留得零落满地的嫩嫩花瓣，徒留一股芬芳，让人独自叹息。

为了能更好地培养穆宇，孙毓敏请来了一位女教师——丁是娥，她在教育孩子方面特别有耐心，而且也是回民。丁是娥是雪艳琴的女儿，她特别热爱京剧事业，曾先后四次获得表演奖，其中连续两年获得上海市戏曲竞赛一等演员奖。她的演唱艺术精湛，唱腔婉转、绮丽多彩，善于抒发人物的内在感情，自成一家。此外，她在培养青年演员方面也做出了很大贡献。由她来管理穆宇的生活起居，孙毓敏格外放心。在安排丁是娥老师正常授课的同时，孙毓敏又请来已经退休的老教师白元鸣给小穆宇继续奠定余派的老生基础，以此来完善对小穆宇的戏曲专业教育。孩子的培养不能只注重专业，应该全面发展，在培养学生的戏曲知识的同时，还要注意学生们的文化课教育。孙毓敏请来特别有责任心的教师单独给穆宇上文化课，保证他能上好一年级的语文和数学。如此一来，对穆宇这个特殊人才的培养，就拥有了特殊的教育师资力量，能保证他在小小年纪能把戏曲知识领略到一定水平，不至于浪费他天生的灵性。

起初，穆宇个人的生活细节都要在丁是娥老师的陪同下进行，包括上厕所，去食堂，回宿舍，都要手拉手领着，这样无微不至的照顾，堪比托儿所。如果出现特殊情况，穆宇的父母星期五不来接他，丁老师就把穆宇带回家照顾。而白元鸣老师比穆宇整整年长一个花甲，他在教育穆宇的时候更加用心，问一教十。白老师的一生也和孙毓敏一样艰苦，他曾经是富连成的"科里红"，演过很多大戏，赚过几笔大钱，只是这一切都在富连成的掌控之中，在他童年的记忆里，都是教习对他的拳打脚踢，充满黑色的记忆。他从小接触戏曲，所

第六章 重返母校 精诚奉献

以对培养少年很有经验，他不想让他那段记忆重演，对眼前这个小学生的爱护和教育，似乎是在重新给自己的童年制造一场梦境。白元鸣对穆宇的厚爱就像爷爷对孙子的那种亲情一般温暖，这两代人在北京市戏曲学校真实的上演着一幕幕温情。

穆宇很聪敏，也很自觉，也许是因为从小离开父母在外地上学的原因，穆宇比同龄的孩子更懂事一些。穆宇的排戏演出活动特别多，晚上演出回来，老师才能给他补课。如此一来，给穆宇上文化课也不是一件容易的事情，毕竟小小年纪，他抵抗不了身体上的疲劳，经常不知不觉地睡着了。不仅如此，因为对穆宇戏曲专业的培养占用了大部分时间，难免影响他文化课的进度，所以很多老师给他上课都是在加班的状态下完成的。当他们看到穆宇撑不住的时候，经常劝他休息，只是倔强的穆宇，仍然不肯放弃，坚持上课。他的这种永不言弃认真刻苦的精神很像孙毓敏的性格，两代人之间有着某种程度上的关联，或许是从小饱受磨炼，造就了他们相似的性格，无形中在他们之间拴上了一根绳子，把他们今后的辉煌捆绑在一起。

后来，穆宇的家庭发生了变化，他的母亲下岗了，原本可以勉强维持的两地生活，突然变得异常艰辛。孙毓敏从小也是在困难的环境中长大的，见到这个情况，她想起当年郝寿臣校长帮助她渡过难关的往事。现如今她与郝校长在职责上，履行同样的义务；在目标上，朝着共同的方向；在思想上，竟然也有着同样令人敬佩的精神。孙毓敏效仿了当年的郝寿臣校长，与学校商议决定，请穆宇的母亲到学校做临时工作，这让穆宇的家庭有了转机，这份工作不仅解决了穆宇家庭的经济困难，还解决了母子相见困难的问题，可谓两全其美。在孙毓敏心里，每当回忆起当年郝寿臣校长救济她的事情，总觉得感动万分。现在她处在校长的位置，看到在自己怀抱里成长的孩子们遇到生活上的困难，她就更不能袖手旁观了，这也算是她对郝寿臣校长的一种继承和报答。

北京市戏曲学校的孩子们陆续增多了，而且像穆宇这样有着京剧灵性的孩子也越来越多了。北京市戏曲学校的气氛一时间变得活跃起来。在这些孩子里，有一位和穆宇同龄的孩子，他来自云南，是在上海举办的京剧"新苗杯"大赛中脱颖而出的小人才，他叫陆地园。当时陆地园在参加比赛之前，找到北京市戏曲学校，并且提出要考北京市戏曲学校并以该校的名义参加比赛，结果不负众望，取得了优异成绩。另外一些孩子也同样有着对京剧艺术独特的领悟，虽然总体来说年龄都不大，可在京剧这条道路上，都有着不容小觑的才华。这些孩子们的到来，给北京市戏曲学校平添了不少色彩，他们对京剧的领悟和热爱，让许多京剧前辈感到欣慰。有一次，穆宇演出谭派经典剧目《战太平》，谭元寿先生竟然亲自登台给穆宇送上一束鲜花，谭元寿先生是谭门五代嫡传，对京剧艺术研究颇深，能得到谭元寿先生的一束花，对穆宇来说是很大的荣耀，也是对他京剧演唱艺术的充分肯定。

　　随着这些孩子们的到来，随之而来的就是孙毓敏在管理上的问题。学生多了，问题也就多了，要想顾全每一个孩子的全面发展，就必须改变现在的教学模式和人员管理系统，这件事对孙毓敏来说，是一项艰巨的任务，必须要统筹兼顾，综合考虑。他们年纪小，在管理上的困难的确不容乐观。孩子们在这么小的年龄就离开父母，在外求学，难免会时常想家，难免对学校饭菜吃不习惯，也难免有磕磕碰碰的事情发生。类似于这些衣食住行的问题，孙毓敏都必须要想到，而且还必须给他们安排好。为此，孙毓敏绞尽脑汁，思索着如何一项一项解决眼前的种种困难。

　　首先在教学上，她给这些小学生们新配备了一批精明强干的班主任，加强了对学习与生活的管理；其次，在学生的安全问题上，她还加强了学生公寓的管理，将孩子们在住宿方面的安全事故降到最低；最后，在孩子们的业余生活上，她安排星期日带孩子们到既好玩又安全的地方去度假。北京市戏曲学校这样大的变动，自办校以来似乎从未发生过。也有很多人对这样的做法评头论足，议论纷纷。孙毓敏顶着压力，继续坚持自己的做法。没过多久，孩子们的成就把那些存在偏见的人们，堵得哑口无言。而当孙毓敏看到孩子们小小年纪就能在舞台上赢得那么多掌声的时候，心里总是暖暖的。

　　"三年出一个状元，十年出不来一个唱京剧的好角"，这句话是有一定道理的，单从孙毓敏对人才的培养上就能看出来，要想培养一名出色的戏曲演员，那

第六章　重返母校　精诚奉献

就必须下苦心、肯锻炼，否则在成材率很低的情况下，很难有出色的戏曲演员脱颖而出。看到眼前这些活蹦乱跳又天分十足的孩子们能取得好成绩，她自然更加爱惜他们。

角儿是捧出来的，行里出身的北京戏校校长孙毓敏比谁都明白这个道理。至于如何把角儿捧出来，采取什么样的措施，值得深思。很多人建议孙毓敏带领学生去闯上海滩，不要仅仅局限在北京这一所城市，应该打开视野，走向更多的地方，这样才能提高成材成名的可能性。而她自己就经历了京剧的学习、传唱、教育，对此领悟得更加透彻。不久之后，她开始从经济上和舆论上筹备着让学生走出北京，到全国各地巡回演出。北京虽然是中国的首都，在文化的对外交流上也很丰富，但在国内交流方面，学生仅仅局限在北京，对其他大城市的文化气息毫无感知，这势必会严重局限其发展。孙毓敏认为这些孩子们应该走出北京，多看看其他地方，感受一下别处的文化气息，开开眼界，让他们了解这个社会，也让这个社会更了解他们。

1997年这一年，北京戏校计划展开一次江南巡演，孙毓敏思考着，为了凸显孩子们的才气，他们首先计划在这次巡演中，一次性推出十个"京剧小明星"。"推得太多，等于一个没推。"戏校的和宝堂老师提出了反对意见。他们经过反复考虑，最后决定打出"四小须生"这张牌。一方面，梨园行在"四大名旦""四小名旦""四大须生"之后，独缺"四小须生"；另一方面，在当时的北京戏校，老生行的人才确实最为齐整。经过多次选拔，最终在十几名候选人中，94班的穆宇、由奇、马超博和95班的陆地园四人过五关斩六将，冲破了重重关卡，雀屏中选。

说到"四小须生"，我们不得不把焦点转移，对他们每个人做出详细介绍。前面的介绍也有提及，和穆宇同龄的陆地园是云南人，他在"四小须生"中是年龄最小的一位，也是唯一的梨园子弟。他八岁那年就登台唱了父亲教的《定军山》。这出戏非常难演，先不说唱功要求很高，就那一身硬靠扎在身上，一般人怕是站都站不稳。而陆地园这个八岁的小学生，当时还没有经过戏校的系统学习，也没得名家指导，只是经过父亲的略加指点，就上道了。当他挑帘上台的那

151

一瞬间，台下的观众见他如此幼小，先是一阵笑声。让人出乎意料的是，他小小的年纪，却是一脸老成的样子，面对台下观众的笑声，他既没退缩，也没害怕，反而淡定自如。随后，他开口唱出"这一封书信来得巧"，他在台上的表演连唱带做，边走边舞，神气十足，这样的场面让台下观众愣了足足几秒钟，才想起疯狂地鼓掌、叫好。在第二届"新苗杯"比赛中，陆地园和穆宇第一次同台比赛。当时这两个孩子都是八岁，而且都唱的《骂曹》。穆宇这时已经进戏校一年，早已是全国戏迷心中的小神童了，谁料结果一出，却是陆地园胜了一筹，一炮而红。这个八岁的"老黄忠"一路唱进了北京戏校，得到了戏校老师们的器重，竟然成了重点培养的对象。

"四小须生"中的马超博是河北人，他在"四小须生"中，是公认的嗓子和扮相最好的一位。而他在戏曲学校的出现也是非同寻常的，这个农家子弟是在一次业余京剧比赛上被发现的，而他的"伯乐"则是大名鼎鼎的袁世海先生。拿着袁先生的推荐信，十岁的马超博进京赶考，他几乎没有京剧基础，但当时他一亮嗓子，四座皆惊，孙毓敏对这个孩子很是诧异，甚至怀疑他在家开过嗓子。马超博最拿手的戏是《辕门斩子》，这出戏如果不是嗓子极好的演员是绝对不敢碰的，

"四小须生"，左起：由奇、陆地园、穆宇、马超博

第六章　重返母校　精诚奉献

他一句"忽听得"准能要下满堂彩。就凭借他天生的好嗓子和上台的气势，孙毓敏最终心服口服地录取了马超博。孙毓敏还要感谢袁世海先生的推荐，给戏曲学校又增添了一股神奇的力量。1997年，马超博又凭这出戏拿下了少儿京昆大赛专业组的第一名。这样的京剧小苗子，很容易引起老师们对他的关注。

"四小须生"的最后一位是由奇，她是辽宁人，也是"四小须生"中唯一的女孩子。而她能进戏曲学校学习，也是凭借着自己出色的演出。她十五岁那年在一次业余比赛中，凭一出《文昭关》让于魁智的恩师叶蓬老师发现了这个东北姑娘的潜力。作为北京戏校几十年来第一个女老生，由奇从进校那天起，就注定与别人不同。1995年的一次双休日日场演出中，京剧班的学员正在舞台上进行"公开擂台赛"，观众席中忽然站出来一个女孩子："孙校长，我可以上去打擂吗？"就这样，她以这样独特的方法得到了上台打擂的机会，她的一段《搜孤救孤》的【二黄】唱得中规中矩，在全场观众的掌声中，这个女孩子当场报名、当场被录取，成了表演94班的一名插班生，戏迷们也一下子记住了这个当时还叫由玲的女老生。这样戏剧性的一件事情自然是孙毓敏精心策划的，她是想借此机会，让戏迷们对这个由玲产生独特印象，尽早把这个学生推向舞台，得到戏迷们的喜欢。早在一星期前，这棵好苗子就已经被招进戏校了。孙毓敏还亲自给她改了名字，她觉得"由玲"听着跟"幽灵"似的，就给她改名叫"由奇"，这样又好记又好听。来自天南海北的这四个孩子，就被"四小须生"的名号紧紧联系在了一起。

"四小须生"组建初期名声并不响亮，而当时孙毓敏却把培养"四小须生"当作她工作的重中之重。孙毓敏是倔强的，这时她萌发了一个不同寻常的大胆创意，她要争取在最短的时间里让"四小须生"唱红全国。

1997年暑假，孙毓敏带着"四小须生"以及一批北京戏校的其他优秀演员开始了全国范围内的巡演。作为京剧的老家，武汉自然是一个举足轻重的京剧城市，至今也是演出京剧的重要码头。孙毓敏在武汉有过多场表演，她在这里的人缘也比较好，又跟当时《武汉晚报》的资深记者吴大棠先生是老朋友，搞宣传比较方便，自然而然地将武汉作为戏校学生走向全国的第一站。

得知孙毓敏的到来，吴大棠先生非常高兴，并给予鼎力支持。当时他们打出的旗号是"四小须生下江南"，报刊一爆出这个消息立刻震撼了整个武汉，当时那几年京剧舞台阴盛阳衰，老生的戏份特别少，"四小须生"，那可了不得。

在武汉的日子，正如孙毓敏一开始想得那样艰难。身居异乡、居住条件差、酷暑难耐，这些问题无一不让孙毓敏感到头痛，但是这时候最令孙毓敏担心的就是孩子们的安全问题。为了让孩子们的安全得到保障，一方面她准备了充足的西瓜和冷饮，还有预防中暑的药物，防止孩子们发生危险。另一方面，她要求师生们"连保制"，就是让一个老师负责一个或两个学生，要求在外出的时间里，老师们必须行使对孩子们的绝对监护权，不仅管好孩子们的人身安全，还要管钱管物，管好孩子们的衣食住行。孙毓敏强制执行了这些措施，也为以后的外出表演积累了经验，后来经过几次外出的经验，孙毓敏完善了这些管理办法，不仅使孩子们的安全得到了保障，也使每次外出变得井然有序。

前期的宣传起到了很好的效果，在演出前，四小须生来武汉表演的消息已经变成了武汉市民茶余饭后热议的话题了，演出当天的场面可想而知。首场演出安排在武汉人民剧场，这个剧场有些年份了，剧场里只安装了四个柜式的空调，而这些空调在演出的当天也只能算是摆设了。无奈的剧场工作人员甚至拿冰块来降温，不过此时也显得无济于事了。演出前三小时，剧场里已经是座无虚席，到了演出前一小时，剧场前又排起了几百人的长队。现场等退票的观众和电视台的录像车将剧场前的一条街围得水泄不通，现场来了十几个警察维持交通秩序。整个剧场内包括附近的街道像是要燃烧起来一样，呐喊声、欢呼声充斥在每个角落。如此火爆的情景，就像第二天《武汉晚报》上写的那样——昨晚京剧"高烧"40度。

酷热的天气成了演员们最大的挑战，孙毓敏担心的事情还是发生了。剧场里实在酷暑难当，小武生詹磊就出现了中暑的症状，在开场戏中热得恶心呕吐。孙毓敏实在心疼，命令立刻停止演出，可是詹磊还是拒绝了她的要求，坚持演了下来。孩子们的这种敬业精神着实让孙毓敏感到欣慰，北京戏校教给学生的不仅只有知识，还有一个专业演员的敬业精神。

第六章 重返母校 精诚奉献

表演结束后，观众却意犹未尽，呐喊不断。为了感谢支持，孙毓敏亲自上台唱了一段《红娘》。过了许久，观众们才四散离去。这次演出取得了非常大的成功，"四小须生"也得到了武汉观众们的认可。如此一来，孙毓敏心里更加放心了，她坚信"四小须生"红遍全国指日可待。

孩子们虽然是第一次在武汉演出，但是演出效果和反响，远比想象中要好得多。这场演出不仅震惊了广大京剧爱好者，也让武汉市一位专管文化的女副市长为之震撼。这位女副市长那天和全场观众一样，坐在剧场内看戏，她同样也沉浸在沸腾的人海中，热得受不了，但又被孩子们的精彩演出所吸引，舍不得中途离开，所以一直坚持到最后。整个过程她亲身感受到了剧场里的环境带给观众的不便，于是马上批准了市文化局关于重新修建人民剧场的请求报告。可想而知，"四小须生"的演出有多么精彩。孩子们在武汉剧场的演出，不仅给大家带来了新鲜的京剧文化气息，还加快了重新修建人民剧场的进度，这也给"四小须生"在武汉的演出赋予了特殊的意义。

在接下来的几天里，他们又相继演出了全本大戏《赵氏孤儿》《伍子胥》和《四郎探母》等，依然人山人海，场场爆满，获得了很好的票房价值。北京的

孙毓敏在武汉演出后谢幕的情景

155

"四小须生"在武汉的这几场演出,给武汉的观众留下了深刻印象。"四小须生"红遍了整个武汉,他们就像冬天里傲然绽放的娇艳奇葩,一时间受尽了宠爱与追捧。而这一切,孙毓敏都看在眼里,美在心里,看到孩子们受欢迎的那种喜悦,远比自己当年受到追捧时更加强烈。"四小须生"的身上不仅闪耀着个人荣耀,更闪耀着京剧独特的艺术魅力。观众们的热情不仅仅是对他们这一行人的肯定,更是对京剧的认可。

武汉的演出让孙毓敏从心理上更加认可了外出巡演。事实证明,在京剧文化上推陈出新、标新立异更能扩展京剧的影响力和学校孩子们的自信心,只有与时俱进,才能保证京剧不被快速发展的时代车轮所碾压。

孙毓敏将上海作为巡演的第二站。无论在经济上,还是文化上,上海都显得气象不凡。单单只在宣传形式上,就先进了不少。在他们到达上海之前,为了扩大宣传和影响力,孙毓敏合理应用了这个城市的先进性。那时她经常在上海演出,由于工作的性质,她结识的朋友大多数是艺术圈和新闻界人士。老朋友们听说孙毓敏要带领学生们到上海演出,在不同程度上给予了积极宣传。《新民晚报》《文汇报》《解放日报》《上海文化报》等几家报纸和东方电视台的朋友们早就开始为他们的演出大做广告了。其中有一位导演叫柴俊为,他是上海有线电视台戏曲频道的导演,此人年轻有为,他们电视台拿出了一笔钱买断了"四小须生"在上海演出五场戏的全部录像权。能得到上海有线电视台戏曲频道的支持和厚爱,是对"四小须生"的演出给予的最大支持。孙毓敏到达上海之后,东方电视台又邀请她和上海戏校的王梦云校长一起谈戏曲教育的问题。从表面看,这仅仅是一档采访节目,可实质上也是为他们的演出做宣传的另外一种形式,只是角度有所不同,效果却不容小觑。当孩子们正式演出的时候,柴俊为又做了一期专题节目在电视荧屏上滚动播出。先进的宣传策略,使孙毓敏更加坚定了心中的信念,她深信外出演出对孩子们的学习成长大有裨益。

上海这个城市,带给了孙毓敏和孩子们更多新鲜感。首先,上海的剧场无论是在设备还是在演出形式上,都远远超过了武汉的剧场,甚至比北京都略胜一筹。上海的这次演出在有名的天蟾逸夫舞台拉开帷幕。首场演出同样人满为患。演出前的两个小时票就已全部售完。为了防止众多观众在不知情的情况下闯入剧场，上海剧场门口亮起了客满的红色大字。但放眼望去，售票处的窗口前还是站满了人。他们要求剧场卖加座票，虽然剧场经理一再强调剧场的规章制度，劝说大家下次光临，却毫无效果。竟然在共同愿望的驱使下，自觉地排起了一条买加座票的队伍，而且越排越长，一直延伸至了人民广场。在这种情况下，上海天蟾逸夫舞台几十年来第一次卖了加座票和站票，却依然供不应求，等到加座票和站票都卖完了，依然有很多观众挤在门口，不肯离去。经理再次破例，他要求没票的观众"贴墙而立"，戏迷们一声欢呼，把钱往票箱里一扔，一窝蜂地直闯进去了。这样的阵势就连负责剧场日常事务的经理都从没见过，他告诉孙毓敏，如果当时没让观众入场，产生的后果是很难想象的。

一个演员的成功标志，就是得到一群戏迷们的支持与厚爱，而一个校长的成功标志，就是看到自己的学生得到认可与肯定。孙毓敏看到孩子们受到上海观众如此"疯狂"地热爱，激动的心情是无法用言语能形容的。

第一天的折子戏集体亮相，"四小须生"的称呼使上海观众特别感兴趣，他们一直期待着"四小须生"的精彩演出。穆宇和侯宇演了《沙家浜》的"军民鱼水情"一折。上海的观众对戏曲是比较了解的，他们比较懂戏，虽然演出只有一折，却看出了演员的才华。穆宇的这一次表演深入人心，以至于带动了由他主演的《赵氏孤儿》的票房。

如此宏大的演出反响，惊动了各大新闻界，一时间各种新闻头条层出不穷。演出的第二天，有人就送来了《解放日报》等报刊。有的报道说"北京戏校创造了30年没有的站票现象"；有的说"为看北京四小须生，上海观众贴大墙"，旁边还附上了一张观众挤在天蟾逸夫舞台的剧场后面贴墙看戏的照片。

这么多观众里面，有一些是孙毓敏当年在上海演出的戏迷，为了答谢观众的支持，为了呼吁他们再次捧场，在谢幕时，孙毓敏就如同在武汉那样又一次走上舞台，为上海观众清唱了两段《红娘》。当演出结束时，许多观众都聚集在剧场门口开始评论，有的支持穆宇，有的支持陆地园。"四小须生"显然已经成了上

157

海观众的重要话题。

　　如此宏大的影响力，当然也引起了上海有关部门的关注，孙毓敏在上海的那段期间，上海有关部门联系孙毓敏，邀请穆宇和侯宇参加上海庆祝八一建军节大型文艺晚会的演出，而演出的节目就是由他们两人主演《沙家浜》的"军民鱼水情"。穆宇和侯宇在这次文艺晚会的表演，通过电视播出后，再次扩大了他们的影响力。自此之后，许多上海的老戏迷就陆续打电话给孙毓敏称赞她的学生。在戏迷们的心里，学生的成就和老师们是分不开的，更和学校的领导有密切联系。

　　在外地演出并不是每件事都能如人所愿。孙毓敏在到达上海之前就通过各种渠道盛情邀请上海市领导光临演出，并且希望他们能指导工作。当孙毓敏第一天到达上海的时候，她就去执行首要的任务，联系上海文化局的领导们，让他们帮忙邀请市领导出席。可等到首场演出的那一天，竟没有一个市领导出席观看他们的演出。孙毓敏是好面子的人，未能得到领导们亲临现场，感到很没面子。当时她认为，领导未出席，就是不支持，或者说支持的力度不大。在孙毓敏看来，这次来上海演出，与领导们见面只能是一件可望而不可即的事了，好在学生们的演出和宣传并没有因此受到影响。

　　这件事情竟然在一次偶遇中有了转机。一天，孙毓敏带孩子们去参观上海的东方明珠电视塔。他们竟然得到通知，说当时上海市市长黄菊陪同全国政协副主席叶选平也来参观东方明珠，希望和他们见面。孙毓敏根据上级要求，带着几个最小的学生来到东方明珠最高层的太空厅，受到上海市市长和政协副主席的接见。黄市长一见面就称赞他们的演出很成功，只是他非常遗憾事先不知道这场精彩的演出，没有亲身感受到现场的气氛。孙毓敏是个聪明人，她觉得能受到黄市长的接见已经是莫大的恩惠了，所以她只能责备自己办事不周到。但在上海庆祝八一建军节文艺晚会上时，孙毓敏见到了当时负责上海文化工作的副市长陈至立，他也和黄市长有着同样遗憾，也说不知道他们来演出，孙毓敏这次不想被冤枉，所以她当即告诉了陈市长实情："我们多次写信并托人请您，只是都没有人转达给您。"如此说来，领导们虽然都没有亲临演出现场，可都听说了演出的精彩，而对未能亲临现场观看演出感到遗憾和埋怨，但就是这种埋怨与遗憾，才能

第六章　重返母校　精诚奉献

更直接地反映领导们对他们演出的认可,更是对孙毓敏带领这群孩子们所取得成就的最高赞誉。

虽然有很多领导没能观看演出,不过也有一位老领导的到来让孙毓敏很感动,他就是王元化老先生。王元化老先生平日里就特别关心京剧事业,这次戏曲演出,他肯定不会错过,还特意赶到剧场观看了他们演出的《伍子胥》,并且对女老生由奇等小演员给予很高的评价。阔别一年后,孙毓敏在长安戏院再次见到了上海天蟾逸夫舞台的经理高美芬,她再次邀请孙毓敏一定要到上海再去演出春节的节目。无论从王元化老先生的重视上来讲,还是从高经理的盛情邀请上来说,都是对"四小须生"能力和才华的一种认可。为了学校长远的打算,还考虑到频繁的演出会影响孩子们的正常学习和休息,所以孙毓敏婉言谢绝了高经理的盛情邀请。

第二年春天,孙毓敏又带领孩子们来到京剧重镇山东潍坊参加国际风筝节。在那里"四小须生"得到了和许多京剧名家同台演出的机会,也得到了艺术家和观众们的一致好评。同年,孙毓敏还带领着学生两次赴香港演出,一次在九龙,一次在港岛,都得到了当地观众的热烈欢迎,同时奠定了以后去香港演出的基础。后来,孙毓敏带学生们去台北演出,这次台北之行一共准备了五场演出,每一次演出都能让剧场爆满。剧场内早已是座无虚席,还有许多观众竟然还在剧场外的大厅里直接看起了现场录像也不愿意离开。这其中就有当时参加"汪辜会谈"的辜振甫先生,一共五场演出,他足足看了四场,还在最后一场时上台给予了祝贺。他以幽默风趣的语言夸奖孙毓敏培养的这些孩子们,说他们小小年纪本领大,竟然把他的戏给唱了。这虽然是一句玩笑,但也说明了辜振甫先生对孙毓敏一行人演出的肯定。

不得不承认的是,由孙毓敏带领的"四小须生"的表演在国内是非常受欢迎的。从北京历经武汉、上海、潍坊、香港一直到了台湾,整个中华大地都沉浸在一片"京剧热"的氛围之中。那次巡演也让更多人能了解京剧,为中国戏曲艺术的传承起到了不可估量的作用。

孙毓敏通过带领孩子们到各地巡回演出,她深深地体会到这种形式不仅给孩

孙毓敏带领学生谢幕

子们带来好处,让他们获取了更多的演出经验,同时也让人们对戏曲艺术有了一个更全面的理解。所以在条件允许的情况下,她仍然继续带领着这些孩子们走向更多的城市,甚至走向了国外。

1998年的春节前,孙毓敏终于有了带孩子们去国外演出的机会。为了促进我国和新加坡人民的友好关系,也为了促进两国人民的文化交流,时任北京市委宣传部部长龙新民同志率领北京文化代表团前往新加坡参加"春到河畔"迎新年大型文化活动。在2月12日至21日这段时间里,孩子们在新加坡滨海公园共演出十场,受到观众们的热烈欢迎,其中新加坡总理和夫人对孩子们的表现也大加赞赏。随后,北京戏校还和新加坡当地的京剧票房"平社"举行了联欢活动,并受到了电视台的专访。后来,"四小须生"又去马来西亚演出了十五场戏,还参加了赞助华人学校的募捐义演活动,受到当地华人和国际友人的热烈欢迎,取得了较大成功。

孙毓敏一行人,有四名教师、六名乐师和十一名学生。这样一个小小的演出团竟然一个月内在东南亚演出了二十七场戏,一百零四个剧目。这次巡演活动给整个东南亚带来了震撼,让东南亚华人和各国友人们更好地了解了京剧,认识了京剧里面的新元素,为京剧的发展和振兴起到了不同凡响的作用。也更好地展示了中国古老的戏曲文化,更直接的向外国人阐释了中国博大精深的文化底蕴。

第六章 重返母校 精诚奉献

日本歌舞伎著名艺术家坂东玉三郎对小演员们的表演更是赞叹不已，并指出孙毓敏的学生是他看到的"最棒的表演艺术家"。学生们在日本的演出震撼了许多人，观众对小演员们的表演赞不绝口，甚至有人在离别之时留下了几行热泪。表面上这些孩子们扮演着文化使者的角色，实际上他们带去的不仅仅只有文化，更多的是扮演着"农夫"的角色，将戏曲的种子撒播到每个人的心田，享受这独特的艺术带来的乐趣。

"四小须生"唱到哪里，"京剧旋风"就刮到哪里。全国各地的戏校也不免"闻风而动"，这一时期，各种少儿京剧比赛层出不穷。20世纪的最后十年，以"四小须生"为代表的"京剧神童"们撑起了古老国粹艺术的一片天空。最后，"四小须生"终于来到了距离北京最近的城市天津，而演出就安排在天津的"京剧圣地"中国大戏院。

而在天津的这几天最令孙毓敏揪心的是因为天津的观众懂戏的比较多，也许是天津人维护传统的特殊心态，也许是天津人无法容忍演员们在台上的纰漏，他们就像是传统文化的卫道士，在维护传统戏曲的道路上，仿佛默认自己有着义不容辞的责任和义务。让孙毓敏无法忘记的一件事是，曾经有一次她的一个学生准备唱一句评剧，刚开口就被人打断，甚至还有人在台下喝倒彩。对这些孩子们来说，这么小的年纪万一碰上这种状况，后果是不堪设想的。孙毓敏深深记住这个教训，最怕的就是学生们遭到天津观众的下马威，造成怯场的毛病就得不偿失了。

不过孙毓敏的担心似乎多余了，在连续三天的演出后，天津的观众们都被小演员们的专业表演所折服，迎接他们的是无数的鲜花和掌声。任凭天津的观众再挑剔，对孩子们无懈可击的表演也无话可说。观众的热情是演员们的演出动力，在观众们的掌声中、喝彩声中，演员们一个个显得更加精神饱满。这群孩子里最受欢迎的就属在天津出生的穆宇了。穆宇演出的时候，台下的呐喊声和掌声永远是最多的，有的观众竟然强烈要求穆宇加戏。孙毓敏总是害怕累坏了孩子，就只好亲自登台表达对台下观众的谢意。

看完表演后的观众们，都对孩子们的表现赞不绝口，可是在他们进入剧场之前怀揣着更多的是对孩子们的怀疑。有谁能相信一群乳臭未干的孩子能掌握这么专业的表演技巧,将一个高难度的全本大戏表现得如此无懈可击呢?孩子们用他们的身形、步法、唱功折服了所有人。小小的年纪,如此火候,也不得不使观众对孩子们刮目相看了。

演员们的表演是非常专业的,他们的年龄虽小,但却不亚于任何成年演员。仔细品味,穆宇所唱的每一句,几乎都超越了他的年龄驾驭范围,无论是深沉老道的嗓音还是敞亮明快的唱腔,都能使全场的观众大吃一惊,对其赞不绝口,台下的掌声和喝彩声接二连三地响起来了。就连老剧评家王永运先生看到穆宇的表演也只能大吃一惊地说"出乎意料"。而"白虎堂"的【二黄】,能力也不亚于穆宇,他小小年龄却从黑髯口演到白胡子,年龄跨度如此之大,对他来说也是一种挑战,但是他小小的年纪竟然也能从容面对,把角色表演得惟妙惟肖。陆地园演了赵盾和赵武,把这一老一小演得有血有肉,极其生动,赢得了场下的阵阵掌声。

第一次演出后,大街小巷里的所有人都在议论着这场演出,一场演出让整个天津活跃了起来。到第二场演出的时候,剧场内外早已是人山人海了,剧院里坐不下他们就站着,甚至还有好多人等在剧院外面。人们都争先恐后地来看这些孩子们的表演,来感受一下被人们传得神乎其神的独特魅力。

然而并非所有的表演都是完美的,第二场演出就出现了一点点小瑕疵。"四小须生"中的由奇和马超博以及杨艳在第二场主演了《大·探·二》,伴随着他精彩的表演,观众们足足陷在痴迷状态中两个小时,观众席上只有接连不断的掌声响起。多次演出,难免出现差错,就在《二进宫》的三人对唱中,那个小老生,似乎略显紧张一下子找不到板了。前面也提到过,天津的观众是很会听戏的,更是很维护传统戏曲的。但这一次大家虽然早已听出了其中的纰漏,竟然还是安安静静的,没有一人喝倒彩,反而个个都投以鼓励和期待的目光。孙毓敏当时心里就像压了一块沉重的石头,怕观众席中突然有人起来喝倒彩,影响孩子以后上台表演的自信心。但没想到在这些天津戏迷们竟然容忍了孩子们的错误和纰漏,这无疑是对孩子们喜爱程度的外现,这的确让孙毓敏感到甚是欣

第六章 重返母校 精诚奉献

慰。在孙毓敏的眼里,观众们的宽容是对孩子们的鼓励和期待,他们怕自己表现出些许的嘲笑和不满,就会触及孩子们的自尊心和自信心,而这也说明了他们在天津的表演是非常成功的。

最后一场戏可谓是压轴大戏,演员们使出了浑身解数,将整场演出一次又一次推向高潮,带动了全场的气氛,演出结束后,许多观众涌向台口,为演员们献上一束束鲜花,以表达他们对小演员们的喜爱之情。看着这些手捧鲜花的孩子们,孙毓敏笑了,因为她两年前的那个大胆的创意终于实现了——"四小须生"唱红全国。

此后,由孙毓敏带领的"四小须生"表演的现代戏《智取威虎山》震撼了全国,让整个京剧界骚乱了。对孙毓敏的这种现代戏,老艺术家们却有不同的看法。为了全方面地了解"四小须生"在天津的演出情况,同时也为了确定戏曲教育工作的发展方向,北京戏校和《梨园周刊》编辑部召集天津的艺术家和理论家开了一个座谈会。有一位老先生提出在孩子们打基础的时候应该学习一些经典曲目,而过多学习现代戏不利于孩子们以后的发展。甚至有人无法接受孙毓敏排的现代戏,认为这种教学方法是误人子弟。但是大多数老艺术家和理论家支持孙毓敏的教学理念,支持孩子们四处巡演。这场讨论让孙毓敏受益匪浅,在座的各位业内人士的意见确实比较有针对性,可以让孙毓敏对以后孩子们的发展有更全方位、多角度的设想。而这场讨论受益更多的是在座的戏曲工作者们,他们详细地了解了孙毓敏的教学方法与技巧,带给他们更多的是大胆推陈出新的思想,这能够使得京剧紧跟时代的步伐,推动着京剧的发展。

孙毓敏的种种做法确实颠覆了很多人对京剧的片面看法,在人们的眼里京剧不再古板,多了许多乐趣。让更多人认识了京剧,也让他们感到京剧并非一成不变,这些娃娃们就是京剧振兴的后备力量。也有一部分观众根本不懂京剧,他们踏入剧院也许仅仅是为了瞧热闹,而当他们看完表演才真正认识到,他们原先的观点是错误的。

欣喜之后,也有些许担忧。特别是一些艺术家们提到了孩子们今后的变声问

163

《智取威虎山》演出后

题。孙毓敏对此早就思考过并且已经采取了措施。为了让孩子们更好地度过变声期，孙毓敏请了一些声乐专家和喉科大夫对孩子们进行定期检查，并采取科学方式对孩子们进行及时引导。另外，孙毓敏早就为那些变声不理想的孩子们找好了出路。她让孩子们在学习唱戏的同时也学习了其他的戏曲知识，比如给穆宇开设了司鼓课，让陆地园练习了更多的毯子功和武戏等。这些行之有效的举措不仅让孩子们可以学到更多的知识，也减轻了孩子们变声期的心理压力。孙毓敏对孩子们的发展极为用心，早就给他们留了后路，以备不时之需。

第七章 传承技艺 广收门徒

第一节 贵朋良友 雪中送炭

曾任上海艺术研究所主任研究员的王家熙，对荀派艺术的研究在京剧界久负盛名。1961年6月，荀慧生京剧团到上海演出，孙毓敏演出的《荀灌娘》，给王家熙留下了比较深刻的印象。"文化大革命"期间，江青、张春桥去搜集整理京剧老艺术家的资料，在征集荀派资料时，找到了当时对荀派艺术深有研究的王家熙。在荀派艺术的发展上，他是比较推崇孙毓敏的，便将孙毓敏《荀灌娘》的唱片一并送到了中央。孙毓敏当时正在河南遭受迫害，这件事无形中帮了孙毓敏的大忙。

后来得知消息的孙毓敏，辗转得到王家熙的地址，郑重地向他表示了谢意，俩人在继承荀派艺术上一拍即合，多次借助信件交流经验，王家熙在信件中对荀派艺术的诠释，令孙毓敏大开眼界。孙毓敏从河南到上海治病期间，王家熙便直接到医院与孙毓敏一起讨论，研究过荀慧生的《晴雯》《还珠吟》等剧目的唱腔。王家熙还拿出荀慧生1959年在中国唱片社的录音和1962年在南京教学的资料。这些资料都是未发表过的珍藏品，这让孙毓敏受宠若惊，如获珍宝。不仅如此，他还帮助孙毓敏搜集到荀慧生在众多唱片公司以及中国唱片社灌制的多张唱片，甚至将实况录音都全部提供给了孙毓敏。这对孙毓敏继承荀派技艺，重登舞台提供了莫大帮助，由此可见王家熙对孙毓敏寄予的厚望。

孙毓敏是荀慧生身边学戏时间最长的弟子，长达五年，言传身教，亲如家

王家熙与孙毓敏（2012年）

人。新中国成立十周年庆典上，荀慧生甚至将自己的献礼剧目《荀灌娘》让给孙毓敏，并且出动自己的班底陪她演出，如此倾囊相传坚定了孙毓敏将继承荀派艺术作为终生的追求。然而继承的道路并非一帆风顺，后期孙毓敏被辗转调派到梅兰芳京剧团改学梅派，这巨大变故，一直是孙毓敏解不开的疑惑。直至1976年，孙毓敏到上海看病，正值中秋节，从王家熙口中得知荀慧生的妻子张伟君正居住在孙毓敏的师姐沈松丽家中，并且邀请她去聚餐。历经十年浩劫，能够再次见面自是不幸中的万幸，当晚孙毓敏、张伟君、王家熙、沈松丽相聚一堂，感慨万千。意想不到的是，张伟君向孙毓敏坦诚，当年孙毓敏向荀慧生学戏期间，她曾为了女儿从中阻拦，以至孙毓敏被转到梅派。张伟君现在认可孙毓敏对荀派的造诣与一片赤诚，将继承荀派的重任再次交到了孙毓敏手上，并且将荀慧生的重要资料移交给她。此次张孙二人能够冰释前嫌，也多亏了王家熙从中撮合，王家熙曾多次写信给张伟君，极力推崇孙毓敏作为荀派继承人，传承技艺，这对后期孙毓敏回到北京唱荀派戏至关重要。

此后，孙毓敏在继承荀派技艺的道路上更是得到了众多伯乐的帮助。虽是被蹉跎岁月掩埋的明珠，也难掩那份璀璨的光华。1977年，孙毓敏到北京出差，应她的师娘张伟君邀请，与王家熙、马永安同游颐和园，研讨各自对荀派艺术的认识，大家都万分期待荀派艺术能够尽快得到恢复与发展。孙毓敏也一直没有放弃对荀派艺术的研习，"文化大革命"后，她边在团里辅导演员，边编写唱法教材，开拓出一条新的传承技艺的路子。

孙毓敏是个集百家所长的人，在艺校期间，跟多位名师学习，早年还得到张君秋的亲传，"文化大革命"前又被调派到梅剧团学习梅派，正是因为孙毓敏学习过多个流派，有人公开质疑她作为荀派继承人的身份，一时间诋毁诽谤，谣言四起。此时，孙毓敏正跟随荀慧生的长子荀令香学习，听闻此事，荀令香、荀令文等人公开为孙毓敏辟谣，并且声明孙毓敏是荀派最优秀的传人，得到了如此权威性的支持，为孙毓敏继承荀派支撑起强大的后盾。

为了适应剧院排戏、演戏的节奏，孙毓敏不断地磨炼自己的身体。孙毓敏的脚一长一短，相差近两厘米，但是经过她的刻苦锻炼后，跑圆场时，如果不去刻意观察竟一点都看不出跛来，甚至在过马路的时候，都会跑着小圆场步，有时也会对着镜子，弯着手指做出各种舞台动作，力求做到更加规范。荀派艺术的特点不仅包括富有特色的那些手势、婉转动听的唱腔和柔媚优雅的舞姿，对艺术的探索如同在暗夜里遥望浩瀚宇宙，不是你看到几颗小小星辰，就代表探索到了它的轨迹。孙毓敏得荀派艺术之精髓，德高艺高，从未停止过追逐的脚步。

1982年，孙毓敏赴上海治病期间，利用治病期间的闲暇时间，在王家熙的帮助下，学习整理了荀慧生的老唱片。先后恢复了《晴雯》《红娘》《霍小玉》《勘玉钏》《还珠吟》《美人一丈青》《十三妹》《贩马记》和《埋香幻》等剧目，并且灌制成唱片传播，大力推动了荀派的恢复与发展。80年代中期，全国著名中青年京剧演员第一次大会演在京举办，即享誉盛名的"东方雅韵"，王家熙力荐孙毓敏，成功的演出再次打响了孙毓敏的名号。不久，孙毓敏随北京京剧三团小组到上海天蟾逸夫舞台演出。当时，正好赶上天津京剧院大武生厉慧良在天蟾舞台的最后一场告别演出，当年，厉慧良在天蟾舞台声名鹊起，妇孺皆知。孙毓敏同王家熙去看戏，王家熙与厉慧良交情甚深，便直接带孙毓敏到后台，厉慧良很是疼惜后辈，自然担当起"捧角儿"的责任。那天的演出刚结束，观众席上便传来热烈的掌声，谢幕后厉慧良直接带着在旁看戏的孙毓敏上台，将她介绍给了观众，大方地请大家"捧捧"这位北京最好的荀派花旦。果然第二天孙毓敏的打炮戏就卖了个满堂，当时正值香港电视剧《万水千山总是情》热播，同时还有十七位昆曲艺术家的大会演，这些因素都没有影响到孙毓敏专场的上座率，场场爆满。京昆名家俞振飞甚至不顾八十高龄，亲自前往观看演出，亲自为孙毓敏登台祝贺。这次演出为孙毓敏赢得了更多支持，有的观众还特地为她送冰糖人参、白木耳等补品。曾经那个青涩的演员也是这般活跃在群众的视线，只一眼便沉溺其中，再也挪不开眼。台下的挥汗如雨，台上的绚烂绽放，机遇与努力并蒂双生，一切都值了。

孙毓敏演出《棒打无情郎》后，俞振飞上台辅导

孙毓敏在传承荀派技艺的道路上发挥了举足轻重的作用。然而时光催人老，在孙毓敏等人发起荀、尚、筱诞辰九十五周年的时候，只有得到荀令文的支持，此次纪念活动进展得很顺利。孙毓敏在传承技艺的道路上并非一帆风顺，在荀派

剧目得到充分发扬的大好时机,在孙毓敏传承荀派的道路上,王家熙给予的帮助是最大的,他作为幕后的英雄,从最初的欣赏到后期的大力举荐,他为孙毓敏开拓了一条广阔的道路。孙毓敏那次在天蟾逸夫舞台的演出,场面热烈,场场爆满,而且收到了不少锦旗,为了满足观众的要求,照相延长了二十多分钟。

王家熙是个极为细腻的人,无论是对艺术还是对生活,都极其仔细,极力避免任何的纰漏。学风严谨,编写的资料都是经过多方调查论证,有时甚至会为了一点小资料,跑遍上海。王家熙特别注重自身的修饰与形象,虽是北方人却不像北方人那般粗犷,更如南方人一般细腻内敛。每次他都是充当雪中送炭的角色,帮助孙毓敏渡过了无数个难关。

在孙毓敏长期的舞台生活中,除了王家熙,另一位不得不提的重要人物即是北京京剧团大丑白其麟。荀派戏大都离不开小生和小丑,所以排戏时有个持久靠谱的搭档至关重要,像白其麟这般可靠的搭档也是孙毓敏成功的保障。白其麟自小接触戏曲,他的外祖母是京剧舞台第一位女丑梁花侬,母亲是台湾著名京剧旦角总教习梁秀娟,在这样的家庭里成长起来的白其麟,拥有高超的表演水平且善于活跃剧场气氛。而且他性格恬静寡淡,不争风夺势,与孙毓敏合作,特别注意突

《勘玉钏》,孙毓敏饰俞素秋,白其麟饰韩臣

出孙毓敏的表演,可谓最忠诚的绿叶。平时排戏期间,白其麟就经常给孙毓敏提一些建议,帮助她快速成长。

孙毓敏这只涅槃重生的火凤凰,带着辉煌与责任降临,尽管前方坎坷重重,她依然坚定不移地行走着。动荡的年代,湮灭了许多戏曲界珍贵的资源,保留下

来的"活艺术"承担起传承技艺的重任,这是对艺术的尊重,更是孙毓敏对党和人民的负责。复兴荀派艺术,传承荀派技艺,是孙毓敏的重任,也是她义无反顾之责任。

第二节　鞠躬尽瘁　感念师恩

1995年孙毓敏曾经发起过纪念荀慧生、尚小云、筱翠花(即于连泉)九十五诞辰的活动,2000年又发起纪念荀、尚百年诞辰的纪念活动。

孙毓敏举办这些活动的初衷是为了纪念恩师——荀慧生。为此,孙毓敏东奔西走,为师傅铸铜像,出画册,出传记,搞演出,进行艺术交流。孙毓敏在做这一切的时候,她心里只有一个想法,那就是要缅怀这位曾经对她在京剧艺术方面,在做人方面有过启迪指导意义的恩师。

但直到现在打开那本专门记述荀慧生追悼会的《纪念荀慧生先生》的书,所有的荀门弟子都有纪念文章,唯独没有孙毓敏的,只在最后一页有悼念师傅的一副挽联,仅有十二个字,而且排在最后面。但即便如此,孙毓敏尊师重道的心态和做法从没有改变过一分一毫。

孙毓敏对荀家有着难舍难分的情怀,并非表面上简单存在。当初,几经波折最终如愿考入北京戏校学戏的孙毓敏,并没想过会与荀家产生如此浓重的情缘。她最初接触荀家,是作为一名戏校学生,与时任北京戏校班主任、校长秘书的荀令文是师生关系。就如所有老师的期望一般,荀令文同样希望能够将自己的学生培育成材,从生活到学业,他见证了孙毓敏的学习与成长。对于那个懵懂天真的孙毓敏来说,初来乍到所得到的关注与照顾,令她倍感温馨,将这份恩情一直牢记于心。

自孙毓敏进入荀门,又得到了荀慧生的培养,五年时间,孙毓敏不仅学得了荀派的独特技艺,对荀派艺术也有了一个系统的认识。这为后期孙毓敏重登舞台,担当起荀派传人的身份奠定了基础。对于当时"教会徒弟,饿死师傅"的

第七章 传承技艺 广收门徒

说法，荀慧生在对待孙毓敏时完全不曾考虑过。正是这种慷慨，让孙毓敏在之后弘扬荀派技艺的道路上，毕恭毕敬，终生都在为荀派艺术的发展与升华鞠躬尽瘁。

自孙毓敏承担起传承荀派技艺的重任之后，便得到了荀令香、荀令莱以及沈松丽的帮助，不断丰富、传播荀派剧目。她开始大胆尝试荀派悲剧，跟随荀令香学习《鱼藻宫》等剧目，并且在荀令莱的辅导帮助下，一同整理恢复了《金玉奴》等剧目，令荀派剧目不断得到充实。在所有人都否认她的时候，有人能够顶住非议，倔强地支持她，是极其不易的一件事。荀家人的力挺让孙毓敏在焦躁之中倍感欣慰，这也成就了她与荀家更进一步的关系。

在孙毓敏向荀慧生学艺的征程上，看似顺风顺水，然而平静的表象之下却暗藏着一段波澜。荀慧生对孙毓敏的倾囊相传并非贯穿始终，后期孙毓敏面对的是他的冷落与躲避，导致孙毓敏转到梅派学习的经历。这种不得不做出的改变对孙毓敏来说，内心是多么的无奈和可惜。

答案的揭晓是在1976年的上海，孙毓敏与师娘张伟君共度中秋。在酒过三巡以后，师娘严肃的一席话着实让孙毓敏记忆犹新并深为震惊。当年，师娘张伟君面对一路扶摇直上，红透半边天的孙毓敏，认为她对子女是一个威胁，害怕她掏空荀派精髓，便去干扰孙毓敏与荀慧生的师生情谊，致使孙毓敏陷入无奈境地。在师娘向她鞠躬道歉的时候，孙毓敏感觉到一切都释然了，一切都不计较了。仿佛又回到了师傅的家中，又回到了宣武门外的宏业里一号那熟悉亲切的院子里，又沐浴在师傅关怀的雨露阳光下了。

在那些曾经以为万分不解的事情水落石出之后，在所有人都谅解了她的苦衷，知晓了她的品行之后，那种豁然开朗的心一下子悸动起来。孙毓敏跟师娘之间，跟师傅荀慧生之间，跟荀派之间的恩恩怨怨仿佛在一瞬间被雷雨洗得通透发亮，那么迅疾那么畅快。

孙毓敏为了替荀派正名，将她的师母张伟君介绍给文化部黄镇部长，并且在当时老戏复兴的新时期，多次与王家熙等人交流研讨，不断提升自身对荀派艺术的认知水平。为实现荀派艺术发展的美好愿景，孙毓敏与众荀派支持者齐心协力，鞠躬尽瘁。孙毓敏带头发起纪念荀、尚、筱诞辰九十五周年的活动。

荀慧生排演《荀灌娘》（1959年）

　　孙毓敏对荀派的忠诚与热爱，不仅体现在弘扬和发展荀派艺术上，更体现在她对荀家人的关注与付出。时任北京戏校党委书记的孙毓敏，得知卧病在床的荀令文渴望加入中国共产党，却迟迟不能如愿。孙毓敏深知荀令文的品格，北京戏校建校之初，荀令文勤恳工作，业绩突出，却从未拿过一分酬劳，荀令文对艺术事业鞠躬尽瘁、坚贞不渝的精神，一直深深影响着孙毓敏，于是她承担起荀令文入党的全部事宜，也是对荀令文恩情的回报。她克服各种困难，终于实现了荀令文老师称之为最后一个愿望的想法。一个人的恢廓大度，足以让每个认识她的人敬仰。豁达是种境界，宽容和关怀却是一种操守。

　　孙毓敏的这种心态一直贯彻始终，尤其是在对待荀派的问题上。当荀令文将纪念荀慧生百年诞辰与编写传记的重任交付于她时,孙毓敏甚是为难。荀慧生一生高风亮节,为人低调,逝后也一直未得到应有的尊重与传颂,而且市面流传的资料有许多严重违背了史实,更是令其影响力大大受损,其中的困难与阻拦,可想而知。上次举办的荀慧生九十五周年诞辰,已经让孙毓敏心力交瘁,此次任务更是严肃而艰难。毫无信心的孙毓敏没有拒绝老人的要求,但承诺的背后是一次次的争取、奔波和辛劳。

在作家邓友梅的帮助下,孙毓敏与众师弟等人合作,开始收集资料,整理传记,一切步入正轨,而百年诞辰的活动却依然没有半点眉目。半年之后,荀令文病情加重,撒手人寰,给孙毓敏造成了沉重的心理负担,她开始逼迫着自己为实现荀令文遗愿与嘱托拼尽全力。终于在荀慧生百年诞辰之际,孙毓敏等人主持编写的荀慧生自传以及影记出版,结合由她发起的全国二十五个艺术团举办的纪念活动,在社会上引起了轰动,响应无数。这次活动的举办过程是艰难的,幸有王家熙、袁韵宜、邓友梅等人的帮助,为孙毓敏分担了不少压力,最终得以圆满结束。孙毓敏为荀家不求回报的付出,更是一种反哺的真情流露。

孙毓敏能理解当初师娘对女儿的袒护,能理解当时的各派纷争。她知恩图报,重在追求尊师重道的精神。孙毓敏为了宣扬荀慧生与尚小云两位艺术大师的丰功伟绩,在纪念活动之后,她还特意主持为荀慧生、尚小云铸造铜像,彰显二人在戏曲艺术上的造诣,供后人景仰。同时成立了荀、尚两派艺术研究小组,供众学者对荀、尚两派进行深一步的研讨与学习。召集全国戏曲理论工作者举行学术研讨会和艺术讲座,加大宣传力度,广收门徒,促进戏曲艺术的复兴。

孙毓敏等人发起的纪念荀慧生、尚小云百年诞辰的活动接近尾声时,为了能够在社会上产生深远的影响,大家都希望能得到国家领导的重视。于是孙毓敏大胆地给国家总理朱镕基写了一封邀请信,邀请朱总理与中宣部丁关根部长莅临指导。2000年1月7日,朱总理在丁关根部长的陪同下,出席观看了纪念活动的最后一场演唱会。看到国家领导人的支持与鼓励,来自全国各地的再传弟子们,更是激动不已,大大鼓舞了荀派与尚派传人的志气。演出后,朱总理到后台慰问演员，整个剧场一片沸腾。朱总理评价举办此次纪念活动意义非凡，他在年轻的时候，看过梅兰芳演出的《生死恨》以及程砚秋演出的《荒山泪》等剧，仍清晰记得剧中的情景，对于荀、尚两派的表演，多是通过唱片、录音等资料学习的，并且主张大家要多学多看，为复兴传统文化，振兴戏曲做出贡献。

提到荀派的唱片，朱镕基曾向孙毓敏要了《红楼二尤》的录音。1998年，孙毓敏到民族宫观看话剧《股票的颜色》，正巧国家主席朱镕基也在场，而且就坐在她的左后方，朱总理对孙毓敏友好地打了个招呼，并且与她做了简短的交谈，孙毓敏由此得知朱镕基非常喜欢戏曲。临走的时候，朱镕基向孙毓敏要了《红楼二尤》的录音。孙毓敏回家后，急忙将录音邮寄过去了。

1998年11月9日，孙毓敏在办公室办公的时候，收到了朱镕基寄来的一封信。

孙毓敏同志：

感谢你送来的录音带和你写的书。我最喜欢听你唱的《红娘》，这次送来的《红楼二尤》，我解放前就喜欢听荀慧生先生唱的这段，这次听你唱的甚有韵味，引起不少回忆。那晚看话剧时跟你打招呼后，很怕认错了人，使人莫名其妙，收到来信后，如释重负，幸好我还是认准了。谢谢，祝艺安！

朱镕基

11.1

接到信的孙毓敏激动不已，万万没有想到朱总理还听过她演的《红娘》，孙毓敏知道朱镕基的艺术鉴赏力很高，看到朱镕基对她的称赞与认可，孙毓敏似乎寻得了艺术上的知音，将这封信反反复复看了很多遍。

在朱镕基参加的荀、尚百年诞辰演唱会上，宋长荣只演了《红楼二尤》的一段四平调，后面的散板没有唱。由于朱镕基对荀派尚有研究，且之前听过孙毓敏《红楼二尤》的录音，于是在丁关根的鼓动下，与众演员一起唱起了这段散板：

后悔当初一念差，不该失足做墙花。

今朝一死归泉下，死无面目去见张华。
浑身疼痛难挣扎，分明你是恶冤家。
王熙凤的殷勤她都是假，平姑娘的仁义就胜于她。
倒不如你把我火焚化，痛断了肝肠就染黄沙。

唱词清晰、准确，把场面推向了高潮。最后朱镕基严肃认真地发表了重要讲话，指出现在的京剧观众较之以前，大大减少，他鼓励演员们要保持坚定的信念，像荀慧生、尚小云这样的老一辈艺术大师学习，刻苦用功，锲而不舍，不断提高自身艺术造诣，用自己新颖独特而又精湛的表演艺术重新赢得观众的喜爱，振兴京剧。并且在最后向大家保证，在学习与继承荀派与尚派艺术道路上遇到的任何困难，都可以为大家提供帮助，并且将此重任交给了负责宣传阵线的中宣部部长丁关根。得到朱镕基如此的关照，剧院里的荀派、尚派弟子们，感动得热泪盈眶。

孙毓敏在弘扬荀派艺术的道路上走得异常艰辛，尤其是各种纪念活动的举办，如果没有领导以及各位友人的帮助，步履维艰。孙毓敏任北京戏校校长的时候，学校要举办排演场的落成典礼，孙毓敏想借此机会，邀请热爱京剧的朱镕基总理来看戏，便给朱总理写了一封邀请函，并附有节目单。匆匆决定，让孙毓敏也没来得及考虑邀请国家总理到处级的小学校是否适合，深思熟虑之后才意识到自己太过冲动，一直为此感到懊恼，但意想不到的是，朱镕基竟然答应了此次邀请，只是作为国家总理不能参加庆典活动，所以便以私人身份参与。活动举办期间，孙毓敏与朱镕基进行了深入的交谈，从艺术爱好到对各大流派的赏析，交流非常融洽，最后孙毓敏为朱总理演唱了荀派名剧《霍小玉》。活动结束后，应孙毓敏的恳求，朱镕基与戏校的学生合影留念，此事一直作为北京戏校最光荣的事迹为人传颂。

荀派有《杜十娘》《钗头凤》《鱼藻宫》《红楼二尤》《晴雯》和《霍小玉》六大悲剧，相较于喜剧，要对荀派有深刻的了解，就必须掌握荀派的悲剧。悲剧比喜剧要难得多，且大多都是"叫好不叫座"。青年时期的孙毓敏自认功底不够深厚，一直不敢涉足悲剧。孙毓敏自调回北京后，开始承担起传承荀派技艺，弘扬发展的重任，并且早已步入中年，于是她将悲剧作为主要攻关项目。在荀令香的指导下，开始学习《鱼藻宫》等剧，并且在荀慧生九十五周年诞辰纪念活动中，首次表演了《杜十娘》。荀令香教授的《鱼藻宫》，后因某些角色间的矛盾，没能得到正式的露演。但这出戏与另一部悲剧《霍小玉》的唱腔，电视台同时进行过对比讲解与播放。

孙毓敏对《杜十娘》有着难以割舍的情怀，主要是受看荀慧生演唱《杜十娘》的影响。孙毓敏第一次看荀慧生演出《杜十娘》的时候，荀慧生已年过花甲，身体有点发福。每次出场都会引来观众的一阵嗤笑，然而，只需片刻，观众就会被他的表演吸引，完全忘记这是个六十多岁的老人，被这个"妙龄少女"所吸引。孙毓敏一直惊讶于荀慧生能够借助精湛的技艺掩饰他的年龄和体形，所以一直渴望着能够学会这出戏。

纪念演出在北京人民剧场举行，荀慧生当年也是在这个剧场演出，师徒二人时隔三十五年，在同一个地点，演唱同一出《杜十娘》。孙毓敏在继承的基础上，融入了创新元素，保留荀慧生表演的精髓，将自身情感与杜十娘交融结合。孙毓敏联想到自己在"文化大革命"时忍受的摧残与折磨，再联想到杜十娘悲惨的命运，感同身受地传达着杜十娘的苦难与无奈。情到深处，两行清泪滑落脸庞。观众看到的早已不是舞台上的那个孙毓敏，而是徘徊在绝望边缘，悲伤欲绝的杜十娘。演出完毕后整个剧院响起了雷鸣般的掌声。

第三节　广收才俊　倾囊相传

受中国传统文化影响，京剧界历来比较传统。京剧作为一门博大精深的文化，特别讲求"论资排辈"，尤其是作为师傅，必须要有一定的资历和五十以上的年龄，这样才更具权威。在京剧界，只要举行拜师礼之后，便可公开求学，标榜自己所归属的流派。戏曲艺术是一门精湛的技艺，在手、眼、身、法、步以及唱

第七章　传承技艺　广收门徒

念做打方面都需要口传心授才能逐步掌握规律诀窍，没有具体文字性的方法可以辅助自修。所以，为人师表与拜师学艺在京剧界是一件严肃的事。

重回舞台的孙毓敏，由最初的崭露头角到红遍大江南北，妇孺皆知，每次出演都有一大批慕名而来的追随者。20世纪80年代便陆续有戏曲演员向孙毓敏请求拜师学艺。当时的孙毓敏有所顾虑，才四十几岁的年纪，为人师傅不免会落人闲话。本想待年长之后再收徒弟，但看到那些一直追随着她的青年演员们恳切真诚的目光，心就软了。孙毓敏为了自己所热爱的戏曲文化，也曾历经千辛万苦，她深知学艺的艰辛与孤苦。看到这些青年演员，她常联想到当初的自己，为了学得精髓，掌握真谛，同样花费了大量的体力、精力，所经受的失败也曾让她痛哭绝望。如今迎来曙光之后，她很理解这些求知者的需求与不易，所以她一直都在尽量满足他们的请求。更重要的是，这也是为恢复戏曲文化，传承荀派技艺贡献力量，发展和壮大了荀派的队伍。

孙毓敏对表演要求很严格，平时看到一些青年演员的表演不够生动，便帮他们改正并且亲自示范。早期孙毓敏向张君秋、裘盛戎等人学戏时，就很懂得创新，经常给他们提意见，可谓"初生牛犊不怕虎"。后来见到青年演员在演荀派戏时，与当年荀慧生的演法有出入，孙毓敏就很积极地为其提出建议，帮其改正，力求将自己从老一辈戏曲家那学到的演戏技巧，真实完整地传授给后辈。

京剧界有句俗话叫作"百练不如一看"，孙毓敏在荀慧生身边学戏五年，荀慧生亲自传授技艺于她；早期在戏校学习期间，孙毓敏也跟随张君秋学得了一些张派的表演技艺；"文化大革命"前期，还在梅兰芳京剧团，对梅派有了一个大概的学习与认知。在孙毓敏的从艺生涯中，孙毓敏学习观看了很多老一辈戏曲家的演出，

孙毓敏为弟子传艺

多方学习，集百家之长，熟悉各种流派，孙毓敏是现实中的"活艺术"。见过艺术珍品的孙毓敏，与未曾见过荀派艺术的人相比，在功底储备和艺术造诣上更胜一筹。所以她毫不保留地贡献自己的技艺，目的只有一个：全面、真实、完整地弘扬荀派艺术，推动京剧文化的复兴。

自20世纪90年代，孙毓敏退出舞台，接手北京市戏曲学校。她的好友王家熙与记者翁思再以及吴大棠等人合作，在天津中国大戏院为孙毓敏举办了一场盛大的"孙毓敏率徒示范演出"，孙毓敏携龚苏萍、常秋月、张兰芳、何青贤、王苹、刘淑芬等八名弟子参与了此次隆重的欢迎大会，获得了厉慧良的大力支持。在天津国民大饭店举办高规格的"孙毓敏艺术研讨会"，来自上海、北京、天津等地的京剧学者参与了此次研讨，对孙毓敏的艺术生涯及学术造诣进行了透彻的分析，高度总结了孙毓敏的艺术贡献，弥补了孙毓敏退隐舞台的遗憾。

为了弘扬荀派艺术，促进京剧文化的传播，孙毓敏向来是有求必应的。1994年秋天，河北石家庄京剧团武健蓉要拜孙毓敏为师，那时孙毓敏负责戏校的工作，时间特别紧张，于是只能利用双休日举行拜师仪式。孙毓敏在京剧界影响深远，而且造诣深厚，名震内外，所以拜师仪式举办得相当隆重。孙毓敏行程紧张，匆匆赶到石家庄时早已过了晌午，没有多做歇息，便直接投入到紧张的准备工作中去了。布置场地、准备发言稿、接待来宾，忙忙碌碌一直没有停下。隆重的拜师仪式一直持续到晚上，前来参加拜师仪式的来宾中有许多领导以及京剧界名人。拜师仪式结束后，师徒二人为答谢来宾就一直忙碌到深夜，武建蓉见孙毓敏一直没有停歇，本打算离开好让她休息。孙毓敏打趣地说："如果我跑到石家庄就是为了参加这么一个拜师仪式，就是为了吃你们一顿饭，我不是就白跑来了吗？"孙毓敏是个很务实的人，因为时间少，学子多，她最担心的就是成为一个"挂名师傅"，没有真正为学生们传授知识。所以她坚持当晚就要开始教武建蓉学戏。学校事务繁重，孙毓敏只给自己放了两天假，她马上就进入了教戏的状态。

武建蓉面对孙毓敏还有些胆怯，毕竟之前接触的不多，彼此都还不熟悉。在孙毓敏征求她意见的时候，武建蓉没有做任何要求，唯唯诺诺有些拘束。孙毓敏待她很亲切，宽慰她说："我是老师，你是学生，我是为你服务的。"听到德高望

第七章　传承技艺　广收门徒

重的孙毓敏如此热情，武建蓉很快就放松了下来，开始跟孙毓敏学习荀派名剧《金玉奴》。

《金玉奴》是荀派的重要代表作，独具特色。孙毓敏将《金玉奴》一句一句地剖析给武建蓉听，每一个动作、眼神、手势都亲自示范给武建蓉看，令她茅塞顿开。讲解的内容太多，孙毓敏怕武建蓉记不住，便让她拿录音机记录下来，等到武建蓉的丈夫将录音机送到的时候，已是深夜。几乎一个通宵，孙毓敏掏心窝子一般，将《金玉奴》所有的演唱技巧和盘托出，毫无遮拦，令武建蓉十分感动。天快亮的时候，孙、武二人才匆匆睡了一觉，第二天一早，孙毓敏又坐上了回北京的火车去处理学校的事务了。

孙毓敏对待学生犹如对待亲人一般，在学生面前从不摆架子，她总是尽全力将自己所知所会全数传授给学生。孙毓敏的学生年龄跨度很大，有的三十几岁，有的二十几岁，都是些有理想、有追求、热爱戏曲事业的有志者。他们各自的基础参差不齐，有的是文工团演员改行，有的是其他剧种的演员改京剧，有的是戏校毕业需要进修的人员。孙毓敏一直将帮助他们视为自己最重大的责任，不仅在学习上给予帮助，在生活上也给予支持，待他们像自己的家人一般。孙毓敏的学生有个特点，家庭情况大都比较差。有时学生到北京出差，没地方住，孙毓敏就邀请他们住到自己家。那时孙毓敏在北京的房子也仅是二十三平方米的小居所，有时候为了给学生腾地方，沙发、地板等凡是能躺的地方都当作床，条件甚是艰苦。有时候他们生病了，便在孙毓敏家休养、治疗。孙毓敏的婆婆也是个热心肠的人，看到学生那么辛苦，就给他们按摩解痛。在这个温馨的小房子里，大家如亲人一般相互照顾，其乐融融。

孙毓敏在香港演出时，得到了许多追随者的力捧。有一位台湾的京剧演员李光玉，对孙毓敏很是敬仰，并追随她到香港。历经曲折联系到了孙毓敏，想要拜师学艺。他真诚恳求，孙毓敏不忍拒绝，便答应了。不久，李光玉就到了孙毓敏的住处，一见面甚是激动，充满感激。在台湾学戏非常艰难，大都靠录音学习，只能了解一些最简单的部分，接触不到精华。而且缺少造诣深厚的戏曲家指导，许多细节很难弄明白。谈话期间，孙毓敏就找来了自己的琴师，从剧目到曲谱，全部为她量身定做，小到细枝末节，准备得很全面。李光玉跪着为孙毓敏献上了一杯茶，并郑重地向孙毓敏行了叩拜礼，作为拜师的仪式，孙毓敏见状赶紧将她扶起。李光玉早已激动得热泪盈眶，孙毓敏百感交集，俩人不由得抱头痛哭。如此迫切的学子，难能可贵。

　　孙毓敏工作繁忙，分秒必争，她的全部空闲时间都用在传授技艺上了。在最短的时间内就将《痴梦》全部教授给了李光玉。后来李光玉还多次专程跑到北京跟孙毓敏学戏。回到台湾后，李光玉在表演上有了明显的进步，并且得到了同行的一致认可。在台北的京剧比赛中，她凭借孙毓敏教授的《痴梦》一剧获得了优异的成绩，受到了台湾京剧界人士的广泛好评。

　　还有一个河北省的学生为了看孙毓敏演戏，跟着她四处跑，学戏态度非常认真。但她家境贫寒，年纪又比较大，经常受到剧团同行的挤兑。孙毓敏深知在传统戏曲界，作为一个青涩懵懂的新人，想赢得崭露头角的机会非常困难。看到她的处境，孙毓敏就常想起当初赵绮霞对他们那些穷学生的帮助。孙毓敏意识到自己有帮助他们的责任，一有空就给这位学生说戏。后期这个青年演员得到多次出演荀派戏的机会，由中级职称评为高级职称，成为国家一级演员。

孙毓敏给弟子陈媛说戏

第七章 传承技艺 广收门徒

当然教学是辛苦的，每天都有学生前来拜访学戏。孙毓敏闲不下来，忙忙碌碌，闲暇时间都用来教徒弟学戏了。教戏比演戏困难得多，因为要亲自示范，反复地教反复地讲，所以对身体素质是一个很大的考验。

自从孙毓敏当了北京戏校的校长，体力和精神上都付出了很多。当时戏校需要很多建设，涉及学生的吃、住、外出演出，经费却严重不足。孙毓敏精打细算，支出去的每一分钱都考虑到切实的利用价值。为保障教学质量，她花钱聘用最好的教师。为了培养好演员，在无人赞助的情况下，每年依然坚持每周两场演出。对于优秀的学生，每年都会发奖学金进行奖励。而孙毓敏却只能在一个十二平方米的办公室里办公，有时候学生来学戏，这里就是教室，吃、住都在这一方小天地里解决。该用钱的地方，孙毓敏毫不吝啬。不该投入的地方，孙毓敏也会仔细斟酌。在孙毓敏的领导下，师生们都得到了从未有过的充实与知足。

自从当了校长，孙毓敏每天都要参加各种各样的会议。孙毓敏身兼数职，既是戏校校长，又是北京市戏剧协会理事、北京市作家协会成员、全国政协委员等，市里、区里、政协、剧协、文化局的会议她都必须得参加。学校的教学、学生的管理、学校的建设更不能离身，孙毓敏还时刻关注教工的生活。除此之外，孙毓敏还要外出讲学、演出、教戏。作为海峡两岸文化交流的重要人物，五十多岁的孙毓敏先后多次到台湾表演、讲解京剧。孙毓敏形成了强烈的时间观念，每次要长期出差，她一定会提前开一个校长会议，将事情交代清楚才离开。从外地回北京，她都是急匆匆地先奔赴学校，来不及回趟家。忙碌的工作，让她疏忽了对家人的关怀，孙毓敏也深感愧疚。但是，学校以及剧团里的大事更离不开孙毓敏，她本着"舍小家顾大家"的精神，无私地奉献着。

有一次，连轴转了许多天，"精力旺盛"的孙毓敏支撑不住了。那天孙毓敏正要往郊区参加北京市人大常委会时，刚走到会场就晕倒了。经过医院的抢救，诊断出孙毓敏患有中风。孙毓敏一病倒，引起了广泛关注。从戏校的学生到学校的工作人员，剧团的人，剧协的人，甚至一些外地人都专程赶到北京，前来探望，络绎不绝。有些距离较远的，就打去慰问电话，发慰问函，深切的关注孙毓敏的病情。这一番情景令孙毓敏回想起"文化大革命"期间，孤零零地躺在医院的病床上，那份凄凉与今时今日形成了鲜明对比。人间自有真情在，这是孙毓敏辛勤耕耘的结果。

　　新千年来临之际，孙毓敏正忙着筹办荀慧生的百年诞辰纪念活动，顾不得自己的六十大寿，孙毓敏是曾在鬼门关上徘徊过的人，每天都要安排活动和演出，衣食住行全部由她操办。不仅要排戏，孙毓敏还要安排学术研讨会，对于一位老人来说，任务实在繁重。孙毓敏的付出，她的学生以及纪念活动的工作者们都看在了眼里，为了表示谢意，孙毓敏的学生们便悄悄为孙毓敏筹办了六十大寿的寿宴。

　　在北京全聚德烤鸭店，来自全国各地的孙毓敏的学生、老友以及同窗、师姐妹欢聚一堂，为孙毓敏祝寿，场面很隆重，大家围坐一圈，霓虹灯光，鲜花美酒。还特意为孙毓敏做了一个精美的大蛋糕，上面写着"庆祝恩师孙毓敏六十大寿"，孙毓敏的学生们一个个举起酒杯，向孙毓敏表达内心的祝福。六十年来，孙毓敏失去过母亲，失去了最亲的人，为了家人，为了学戏，她被迫走上绝路，十七次卖血，她经历了非人的虐待，受尽人情冷暖。今时今日的这番场景，孙毓敏的微笑中依然饱含酸涩的眼泪，是快乐的，是幸福的，更是难以忘怀的。

　　无论是荀派还是其他流派，之所以被人推崇，离不开这些学生的传承。正

孙毓敏（中）率弟子五演《红娘》

是桃李满门，才促进了戏曲界各大流派的繁荣。对于技艺精湛，造诣深厚的老一辈戏曲家来说，学生更能体现出他们的人生价值。孙毓敏主张师生互重，相辅相成，她慷慨无私，多年来大约收有一百多名徒弟，大部分都举行了拜师仪式，并且教给他们至少两出戏。孙毓敏与学生感情深厚，互通往来，情谊深厚。

第四节 教学相长 育人有道

孙毓敏作为戏曲表演大师，除了在表演方面技艺精湛，在理论教学方面也颇有心得。尤其是对于戏曲艺术人才培养方面的总结，尤为精到。她提出，文艺人才（特指戏曲演员）要想成材，必须具备两个条件：社会条件和个人条件，二者缺一不可。

孙毓敏把社会条件分为四个方面，首要的就是和平安宁的环境。只有在没有战争、没有动乱的社会状态下，才有充足的精力来研究和发展文艺。事实确实如此。在抗战时期，虽然诞生了一系列的文艺作品，但是当时的大方向是战争第一，一切为了前线服务，所以生产出来的绝大部分都是一些应时的战争文艺，或者是为政治服务的文化艺术。很多文艺作品在鼓舞全民抗战、激励大家团结抗战方面确实起到了巨大的作用，但是平心而论，这类的文艺作品往往是应急而生，相比较而言创作自然粗糙了许多，很多文艺作品甚至经不起仔细推敲与时代考验。在"五四"期间，曾任中国作协主席的郭沫若在此期间发表了《凤凰涅槃》《天狗》等诗篇，此类作品激情有余，诗情不足。脱离了"五四"时期文坛渴望打破一切陈规的时代背景，艺术鉴赏价值便大打折扣。

盛世确实容易造就文艺作品的蓬勃发展。作为中国历史上最强盛的政权之一，盛唐时期的中国国力威震边疆，四方朝拜。除了西北边境，内陆的经济非常繁荣，在百年内也没有出现战乱，百姓安居乐业。国家的安定与经济的欣欣向荣造就了唐代诗歌的繁荣。孙毓敏从小学习戏曲，戏曲中的很多历史典故都来源于唐朝。孙毓敏的文化课功底在戏曲演员里也是极高的，对唐诗中很多优秀的诗篇烂熟于心。这些唐诗有的气吞山河，有的缠绵婉转，有的禅意隐蕴，有的明快豁达，风格多样，气象万千，对孙毓敏的影响十分巨大。在"文化大革命"的十年动乱期间，国家经济倒退，文艺发展低迷，很多优秀剧目都面临失传或是消亡的危险。孙毓敏对于政治动乱给文艺发展带来的阻碍与破坏自然是有着较为深刻的体会。所以她认为，如果想发展好文艺事业，更好地培养文艺人才，国家大局的安定与相对安宁的环境是首要条件。

孙毓敏认为培养文艺人才的第二个社会条件，是政策上要允许个人奋斗。常言道：个人是历史的人质。在历史大潮中，任何人都很难做到超然世外，不被历史的大潮所带动和影响。孙毓敏是经历过"文化大革命"十年动乱的人，在"文化大革命"期间还因为遭遇迫害而致残，所以她对政治因素的考虑更是有一些切身体会。生活中往往这样，有的时候人们没有一些切肤之痛，只是单纯依靠想象，对于别人的苦难很难同时在精神和肉体上达到感同身受。孙毓敏很大程度上结合自己的经历，对第二点的思考也更加结合时代。她很清楚，在有一个阶段，凡是专心钻研业务的人都被叫作"白专道路"。而任何一门技术，要想学得精到，能够灵活运用，必须下得了苦功夫，凡是不深入的进行学习，肯定成不了行业内的专家，也更谈不上成为人才了。正所谓："不经一番彻骨寒，怎得梅花扑鼻香。"艺术这条道路更是如此，没有经过打磨，绝不可能成为行业领域内的尖端人才。孙毓敏是戏曲方面的专家，对戏曲教学之道谙熟于心，她深知唱戏是一门综合艺术，其综合程度远非舞剧、歌剧可比拟。它融合了演唱、舞蹈、戏剧、舞美等多种艺术的表现方式与表现手法，能够做到"无声不动、无动不舞"。这就要求戏曲的登台演出不仅需要众人的协同配合，戏曲演员个人在戏中的表现更是直接关乎戏曲演出质量的优劣，并不能因为戏曲演出是集体活动而忽略个人在整部戏中的作用。

孙毓敏这些关于戏曲表演理论深入浅出的思考不是信手拈来的，而是经过个人丰富的阅历与专业的思考而逐渐形成的。有一次，她在青岛看了一场《火烧裴元庆》。在这出戏中，裴元庆这个角色有着绝对核心的地位，因此没有一个特别出众的演员来饰演裴元庆，就无法唱这出戏。这部戏中饰演裴元庆是一位年轻武生，基本功十分扎实，演得非常到位。他的锤子耍的几乎万无一失，从三张桌子上翻下来脸不红气不喘，十分镇定从容。孙毓敏十分惜才，看到表演如此出色，演出结束后便跑到后台去详细询问这位年轻武生。一番聊天之后，得知他每天坚持三小时练功，曾在北京待了半年，希望能被录用，但是北京户口难进，最后被"青岛市京剧院"破格录取。孙毓敏看他当前的水平以及条件，觉得此人如果不走大弯路的情况下，最后必将成为戏曲行业的"角儿"。在京剧行业近几年的发展情况来看，能被官方的京剧院录用，亦实属不易。在政策允许的情况下，这个年轻武生能够拼搏到如此模样，凭借的就是对京剧的挚爱，还有夏练三暑、冬练三九的刻苦劲儿。京剧就是一门苦艺术，没有刻苦努力的付出，单凭天赋是远远不够的。

除了以上两点，孙毓敏还认为，领导的眼光也十分重要。这个观点道出了中国自古至今的一个不算真理的"真理"：伯乐对千里马的重要性。唐宋八大家之一的韩愈在《马说》的开篇中曾经写道："世有伯乐，然后有千里马。千里马常有，而伯乐不常有。"世界上有了伯乐发现千里马以后，千里马才慢慢被人熟知；天下间的千里马有很多，但是像伯乐这样，能够独具慧眼、识别千里马的人，却并不多见。隐含的意思是，在我们日常的生活中，人才是很多的，关键缺少的是发现人才的领导。尤其是像中国这样的体制之下，能否有一个能够慧眼识别部下才能的领导，在很大程度上也决定了艺术人才的个人发展前景。即使是在当下的中国，体制内的曲艺人员还是占大多数，体制外的民间曲艺家毕竟是少数，影响力也相对较小，相对比之下，大量的创作和演绎主要还是靠体制内的戏曲演员。

作为体制内的演员，演戏本来是天职。但是近年来随着生活节奏的加快，越来越多的年轻人更多被一些曲风浮躁、节奏感强的流行乐曲所吸引，并且伴随着电影、电视等更直观、更加注重视觉效果的新兴艺术形式兴起等新原因，像西方的话剧、歌剧，东方的曲艺等越来越小众，整体的发展也不尽如人意。戏曲类艺人要想进入体制内，有个较为稳定的生活，专心从事戏曲创作，也不是件轻松能够办到的事情。上文中提到的在青岛京剧院的青年武生虽然技艺超群，也终究因为没有北京户口而无法在北京生存下去。所以，作为戏曲演员首先得在专业方面有足够的本领,以获得领导的支持与接纳,才能进入体制之内,这与当年程派、荀派等京剧名派纳徒是差别不大的。除此之外,我们国家的戏曲剧院也属于事业单位,编制以内人员大部分是党员,大家的工作还是要靠组织根据实际情况来具体安排的。在这种情况下,势必有很多幸运儿获得领导的赏识,在激烈的竞争之中脱颖而出,但也不乏很多优秀之士的潜力没有得到最大的发挥。这一切大部分还要取决于相关任职领导的眼光,能否做到最大程度的选贤举能,把最合适的人才安排在最合适的岗位上。

孙毓敏对此有切身的体会。她原来所在的剧院里有一名唱小生的京剧演员,虽然唱功不错,对戏曲精髓的理解也算到位,但是剧院中同领域人才济济,高手如云,与之瑜亮之间的艺术家大有人在。后来他自己就向组织申请转换行业,经过几次与领导洽谈,领导最终同意他的请求,按照他的意愿,把他调到了当时较为冷门的部门,成为一名电工。这在当时也是震惊四座的,好好的小生不唱,抛去原先体面的行当,去做一个电工,未免太可惜了。然而出乎大家意料的事情最终发生了。当了电工之后,这位当年的小生却没有放弃本专业的研究,依然在本行当钻研不辍。因为演员出身,所以对戏曲舞台上的演员调度、情节把控、节奏处理十分精通,与同行业的工作人员相比占据很大优势,后来他不断研究音响怎样配合舞台演出的效果,最终成了一位在业内声名赫赫的文艺电工音响专家。

随着时代的不断进步,科技的不断发展,艺术与技术的结合永无止境,不管是新兴艺术还是传统艺术,都无法漠视技术的发展对艺术形式的巨大冲击。戏曲作为一门相对古老的艺术,在当今时代的生存发展也面临着挑战。京剧要想发展,也必须结合技术的进步,在视觉方面,如灯光、布景等,以及听觉方面,如音响处理等,结合具体的剧情与戏曲艺术的精髓理念做一下适当的改革。这位唱小生的演员能够认清时代发展的潮流,本属不易,但是能够顺利实现这一过渡,领导的慧眼识人也是功不可没。有一个正确的职业观念,加上一个擅于运用演员的领导,也是当下从事文艺行当演员成功的必要条件。

孙毓敏的经历刻满了那个年代艺人特有的时代符号。拜师学艺、"上山下乡"、遭遇批斗……她对行业内的人情世故见得多了,也有些颇为精到的总结。

第七章 传承技艺 广收门徒

孙毓敏给武丑王浩说表情

她希望行业内的"东方式嫉妒"少一些。孙毓敏在戏曲行当摸爬滚打了几十余年，对于行业中的一些弊端心知肚明。对于有些艺人之间的摩擦与排挤，耳闻的不说，眼见的就不少。众所周知，中国有句"教会徒弟，饿死师傅"的古话，在戏曲行当中，这种现象更为严重，徒弟对师傅的依附关系也更为明显。透过戏曲这些年来的发展来看，当师傅的这种"自保意识"对于戏曲的传承伤害极大，孙毓敏本人对此也有切肤体验。

"东方式嫉妒"的另一种方式也变相的体现在培养新人方面。很多时候剧院的角色分工也有一些"潜规则"。孙毓敏身边就发生过这样一种情况：剧院里有一位主攻武生，文戏也不错的年轻人，要想唱一出文武大戏。而有另一位老演员是这出戏的主演，饰演的角色与这位年轻人的角色冲突，老演员没有让贤的意思，这位年轻人只能慢慢等，一等就是将近二十多年，从二十多岁开始熬，一直到了四十多岁才有机会。然而，经过时光残酷打磨侵蚀的他，却由于年纪较大，身体耐力不足等原因，已经唱不动了。每个人的生命都是短暂的，年龄对于艺人来讲，尤其残酷。与文戏演员相较不同的是，对于戏曲武生来说，年龄就意味着身脚的利索程度远不及年轻人，尤其是在武戏过后的文戏换气上，特别要求身体素质好，

187

体力强劲才可。戏曲打斗场面在感官上,虽不及经过剪辑处理后的武侠电影中打斗场面的激烈冲突,但是戏曲演员尤其是武生,在舞台上的一招一式,皆为真功夫,半点假也掺不得。

对于那位武生偏爱饰演文武大戏的心愿,孙毓敏所在剧院的领导并非不知,孙毓敏也因为惋惜他,曾暗地里向剧院领导婉转提过此事。只是领导为了尊重行业前辈,避免是非,一直下不了决心去培养这个新人,导致他埋没了青春。对于剧院领导的两难处境,可以体谅,但戏曲的很多新生力量就因为老演员的霸占舞台,而逐渐荒废了青春,十分残酷。这不仅浪费了很多戏曲行业的新起力量,牺牲了观众看好戏的权利,同时也在客观上极大地阻碍了中国戏曲行业的发展与创新,使当代戏曲的继承更加青黄不接。孙毓敏对于戏曲继承方面的思考显然是一针见血的。这种畸形的"东方式嫉妒"问题,如果不加以解决,定会在很大程度上阻碍戏曲在新时代的继承与发展。

在培养文艺人才的"个人条件"方面,孙毓敏更为看重。马克思主义哲学讲究内因和外因,即主观条件与客观条件,对于一件事情好坏的判断标准,个人主观原因是主要的,客观条件是次要的,起辅助作用。孙毓敏是老党员,对马克思主义哲学笃信不疑。她研究戏曲艺术多年,个人条件对于戏曲学习的重要,必然十分清楚,精辟总结了四个方面。

在个人条件方面,最为重要的是文艺人才要具有学习戏曲行当的天赋。天赋就是学习戏曲的自身外在条件与悟性。外在条件指的是长相、身体协调性与嗓子的好坏。如果一个戏曲演员喜欢唱旦角,但是身材高大威猛,脸上棱角分明,便是唱功如何好,却也无法登台扮演。戏曲毕竟是一门讲究内在美与外在美相统一的艺术。旦角演员的长相必须好,这当然不完全是一般意义上的漂亮,要求化妆之后要符合戏曲的审美标准。戏曲中的扮相要求较为严格,一定不能比例失衡。眼睛的形状与大小是否合适,笑起来是否稳重大方等都有严格的标准,至于皮肤色泽之类则不加要求。对身高也有一定要求,所选的行当,所饰演的角色都尽力和演员的身高尽量符合。比如饰演关羽的演员,身高要求高一些,而饰演时迁的丑角,一般要求矮一些。身高过高,在视觉上和心理上一般距离我们想象中的古人形象会远一些,而身高过矮,则在舞台上很难突出演员的重要性,在视觉上没有主演的醒目,做不到在"人物中凸显主要人物"的目的。除此之外,还有演员的胖瘦是否合适,身体的四肢是否协调一致,灵活程度等,不一而足。

　　在长相上假如能过关,接下来就得看嗓子的好坏,这比长相更为重要。有道是唱戏"唱"戏,毕竟"唱"才是最重要的。很多票友在私下的票友会上,一般都通过唱来相互交流经验和心得。唱的好坏不仅和自身的条件有关,比如唱腔的不同,发声方法的不同,音色、音质的各异等。在嗓子有一定资质的前提下,关键看个人的灵活程度够不够,懂不懂得将自己的音色音质的优势与戏曲唱腔结合起来,有大成就的演员甚至可以结合对戏曲的深入理解,完全创造出自己的风格。例如京剧的旦角就有四大名旦,须生也有四大须生。梅兰芳、程砚秋、尚小云、荀慧生等人扮演的都是旦角,但是由于每个人的自身条件不同,加之对戏曲的理解不同,在唱腔与戏曲的肢体表演上都有自己的新意,从而开创了表演风格完全不同的流派。同样是饰演同一个角色,程砚秋饰演得委婉低回,尚小云则会柔中带刚。可见,在嗓子好的基础之上,开发个人潜力,加入自己对戏曲的理解,将自身的特点与优势发挥出来,也是很关键的。

　　在天赋中,悟性是决定演员在戏曲行当能走多高、走多远最关键的元素。借用戏曲行当中的一句行话,叫"祖师爷赏饭,就是干这行的"。但凡是能进入到专业的戏曲剧团,成为专业的戏曲演员,大家的基础相差无几,即使有个别演员身体条件,尤其是嗓子的条件确实十分出众,也是凤毛麟角。作为戏曲这样一个非常复杂的艺术行当,不可能仅仅因为嗓子好就可以四六通吃的,毕竟是门高雅的艺术,更讲究的是自身硬件和悟性要结合得好。身体条件的高低好坏往往决定着能不能进入这一行,但是否能够发展到更高层级,如果不考虑自身心性、道德好坏等其他问题,在天赋上主要是靠悟性的高低。梅兰芳在演唱昆曲名剧《一缕麻》时,只是稍微改动了几个动作,便使得该戏曲剧目的故事更加贴近现实,人物的塑造也更加丰富细腻,同时也让该剧大获成功,名声大噪。这次成功离不开梅兰芳在戏曲演绎上的灵性。他在角色的扮演上,并不单单的局限在每一句的演唱技巧上,也能跳出逐字逐句的束缚,从整部剧的宏观上来把握。结合剧中人物的性格与经历，从细节上来分析剧中人物在表情与动作上的表现，从而使得该剧获得极大成功，个人的知名度也得到大大提升。梅兰芳的成功创新并不单单依赖优秀的唱腔，取巧的唱法，更依赖于他对戏的无尽痴迷。这让他能够进入戏剧所设定的环境中，深入浅出，设身处地为剧中人物设计动作与表情。这种痴迷程度是因人而异的，有人可能费尽心机也未能进入"化境"，而有人则几乎不费吹灰之力，便能在剧中人物与现实之间往来穿梭，这是戏曲演员的不同悟性所造成的差别。

除此之外，演戏的悟性更体现在台风上。台风很难捕捉和把握，更多的时候还是靠演员天生的外形与悟性的高低。好的台风，不是简单的端庄严肃即可，还要能够镇得住台，把握好整场戏的节奏，能够很好地带动剧场观众的情绪，从而从根本上把握好整部戏。舞台上搬演的是虚幻的故事，而舞台下却是现实中活生生的现实。既要通过程式化的舞台语言营造出"间离效果"，又要将观众带进戏曲所讲述的故事里，同时还要把握好戏曲剧本预先设置好的起承转合，使得整剧的节奏张弛有度，层次丰富，这绝不是单纯的舞台经验就可以弥补的，离不开演员过人的悟性。

完美的天赋决定着戏曲演员的起步，但只是最基础的部分，是当好一个戏曲演员的前提。除此之外，必须有很强的敬业精神与刻苦钻研的韧劲儿。戏曲演员的训练向来艰苦难耐。夏练三伏，冬练三九。除了时间上的连续性外，在单纯的技法上，也必须要求扎扎实实，掺不得半点儿假。短暂时间的刻苦是相对比较容易的，三分钟的热度几乎每个人都能做得到，但是假如将戏曲的系统训练坚持下来，则大不容易，必须要有很强的毅力才能完成。比如"耗腿"，就是靠时间的不断积累，将腿部的筋骨肌肉伸直，今日一点点儿，过几天再增加一点点儿，慢慢拉长，简直算得上慢性"老虎凳"。这一切也正是学习戏曲的难处之一，需要"硬功夫"。像武生在舞台上跌打翻跟头，一招一式皆是平日里一招一式慢慢训练出来的。再如像孙毓敏一样在戏中担任主唱的戏曲演员们，必须要有很强的耐力才行。一出大戏演下来，最起码也得两个半小时，主演演唱的时间一般得两个小时左右，而一些歌曲演唱演员连续唱到二十分钟就已算得上好嗓子了。戏曲演

第七章 传承技艺 广收门徒

员为了能够坚持整场演出，为了避免在舞台上出岔子，必须在台下能够做到连续唱够四个小时，才敢接下任务，登台演出。

在戏曲的学习过程中，仅靠蛮力是不可取的。要想成为一名优秀的戏曲演员，必须做到灵活学习，擅于动脑，才能在学习中事半功倍，少走弯路。现在很多戏曲的教学方法有很大的问题，文戏演员只学文戏，武戏演员只学武戏，这样培养出来的都是偏才。文戏的演员在动作上很难准确把握角色的神韵，武戏演员往往很难把握角色的表情。表情是戏曲表演很重要的一项，仅拿"文化大革命"时期的样板戏来讲，在剧中人物杨子荣的亮相动作中，角色的每个表情都是炯炯有神。样板戏奉行"在所有人物中突出正面人物，在正面人物中突出英雄人物，在英雄人物中突出主要英雄人物"的原则。这要求主要演员在扮演时必须将角色的正气凛然表现得淋漓尽致，因此剧中的英雄人物皆能虎虎生风。

很多时候，人只有将自己逼到绝路，自身强大的潜能才会被激发出来。很多成名已久的名角儿并不是从小就流露出了过人的天赋。就如孙毓敏而言，她的成功更多来自于自己的刻苦钻研，演出技巧渐渐在同学中崭露头角，逐渐引起了老师的重视，才开始不断传授一些得意之作。孙毓敏在成才之路上，经历了将近十余位诸如张君秋、荀慧生等名师的悉心指点，方才成功。在戏曲这个师徒依附性很强的行当里，能像孙毓敏这样学贯数家，博采众长，和她本人不懈的努力有很大的关系。正是靠着她那股钻劲儿，很多戏曲表演上的难题才能攻克，也才能博得众位名师的青睐。

刻苦钻研能将知识与技巧融会贯通，很多创新的灵感才能慢慢地被激发出来，孙毓敏对此深有体会。在孙毓敏学习唱腔的开始阶段，有一次教授唱腔的老师不知是有意还是无意少拍了一板，孙毓敏的师兄在当时的形势下，将错就错，瞬间将唱腔改成了和老师一样的短板。孙毓敏当时对此触动特别大，既有的曲子和节奏本来就是老师们或者其他的前辈们编就的，灵活使用自然无错。当时的孙毓敏只是有了简单的意识，却未能真正领会到其中的奥妙，只是平日里习惯于"胡乱改编"，随意清唱。随着戏曲学习的不断积累，思考的问题也在不断深入。有一次在观看张派上演的《望江亭》时，才真正有所感悟。张派的《望江亭》中，在梅派演唱的基础上，对旋律做了很大改动，并且这些变化都与张派本身的特点兼容得恰到好处。随着孙毓敏从小变化到大变化，不断深入观察与思考，渐渐从中悟出了很多关于改编的技巧与套路。她开始尝试编造新唱腔，为了能够做好此点，开始重学板式和乐理等与编腔有莫大关系的音乐知识。这些知识在后来的演唱和教学中都起到了极大的作用，在《忠烈千秋》《姐妹易嫁》等剧目的唱腔中增添了不少孙毓敏个人的改编，这一切成果都是通过刻苦训练与思考所激发出来的。

科学合理地安排时间，是孙毓敏结合文艺界名家的经历总结出来的经验。她曾经听老师说过，作家老舍的创作时间安排得十分合理。早晨四点钟起床，写到七点左右，从八点继续工作到十一点半，其他的时间安排吃饭，打太极，接待来访等活动。老年人的头脑在一天之中上午是最清醒的，如此安排便能扬长避短，利用精力最充沛的时间来进行创作，以此保证创作的数量与质量。可见多产的名家总有其安排时间的诀窍。孙毓敏也有过类似的感触，当年在张君秋先生家里学习戏曲的时候，每天步行去张先生家里，有公交车也不坐。为的就是能够用步行赶路的时间练晨功，复习前一天张先生所传授的知识。

这不仅局限于安排的任务，更重要的是有一个科学的长远计划。子曰："人无远虑，必有近忧。"作为一个戏曲演员，一定要做好自己的长远规划，知道自己在表演上的弱点。唱功、扮相、发声、武功，克服其中的问题，并非一朝一夕之力，必须做好长远规划。每天制定好具体的任务指标，持之以恒，量变引起质变，最终解决问题。在孙毓敏漫长的演艺生涯中，接触过各式各样的戏曲演员，他们的习惯有好的，也有不好的。有的老演员虽然资历很老，但一些基本理念尚且不懂，没有完全学透，只是一味"自我感觉良好"，倚老卖老。有的人会把大把的时间和精力放在处理人际关系上，把用来研究艺术的时间和精力都用在了研究权术上，平时倒还看不出来，一到台上就露馅了。研究艺术就得踏实下来，合理做好时间规划，一步一个脚印，才能在戏曲演艺上取得应有的成就。

对于时间的安排，除了细节计算与长远规划以外，还得注意与自己年龄的结合。在年龄问题上，人与人的差距有大有小，不一而足。孔融四岁让梨，甘罗十二岁拜相，而黄忠老当益壮，姜子牙八十出山。年龄对于人的限制还是因人而

第七章 传承技艺 广收门徒

异的,有的少年老成,有的厚积薄发,但是对于绝大多数人而言,一般二十五岁以后,记忆的巅峰期便过去了,开始逐渐走下坡路。到四十岁以后,记忆力会愈加下降,学东西越来越困难。所以孙毓敏认为,需要在三十五岁之前要尽量实现自己的目标,完成自己绝大部分可行的计划。在此之后,要逐渐开始爱惜自己的精力和体力,用越来越少的精力来巩固以往的知识,就像上文中提到的老舍先生一样。智力在不断减退的同时,在精神上不能放松,反而要更加用心地思考一些专业上的问题,变得更加进取,这才是文艺人才应有的治学态度。

对比文艺人才培养的条件,孙毓敏一共总结了八条,四条是关于社会条件的,四条是关于个人条件的。这八条深入浅出地论述了戏曲演员甚至是所有艺术类的人才的培养方式,每一条都和她个人经历息息相关。优秀的艺术家就是如此,总会结合波澜起伏的一生,得出珍贵的智慧,供人参考。就像是海蚌一样,用一生的痛苦与挣扎来孕育出一个晶莹透亮的珍珠。孙毓敏总结出关于戏曲人才培养的理论与方法,在新世纪的戏曲演员的教学过程中发挥了重要的作用。

孙毓敏的一生跌宕起伏,她的经历有深刻的时代印记。从旧社会走过来又经历了新中国成立初期的改革,以及之后的十几年的动乱,人生经历十分丰富。90年代以后,她开始进入学校担任校长,两年后,逐渐实现了从舞台到讲台的过渡。

唱戏和教学是两码事,唱戏有唱戏的诀窍,教学也有教学的门道。技艺高超并不能意味着在教学过程中就能做到很好的传承,中间传达的环节需要高超的技巧。孙毓敏早期收的三十多名徒弟,大都是成人演员或已小有名气。而今面对一些缺乏上台经验的未成年的孩子,她心里也在打鼓。毕竟早期的学生已有较为深厚的专业基

孙毓敏课堂教学

础了,她只需要在关键的地方,犹如画龙点睛一般的指导即可。而面对基础不牢甚至为零的孩子,孙毓敏要想成为优秀的师傅,谈何容易。她整整花了两年的时间用于钻研教学,终于适用了角色的转换,也总结出了极为丰厚的教学经验。

如果一个优秀的演员一直都在舞台上演戏,缺乏教学活动,一开始站上讲台,因为经验不足,容易犯两个毛病:第一,容易在教学过程中变得不耐烦。因为这些优秀演员在戏曲表演方面造诣颇深,但由于学生的基础较低,总能让他们感觉高超的技艺得不到施展,看似浅显的技巧,却总让学生感到十分深奥。第二,戏曲演员变成教师后,在教学过程中容易发现自己不会教。在讲台上教课虽不及在登台表演一般紧张,但如果缺乏得当的教学方法,就会寸步难行。首先要提高自身的理论研究水平。此外还要具有很好的剖析能力,找到自我演唱的奥妙,并通过一系列浅显易懂的方式表达出来,使得学生接受起来更为容易。教学和演戏相比,没有孰重孰轻,没有难易之分,两者需要的是不同的才能。"舞台上不灵了,只好去教学"的说法,是极其片面的。

孙毓敏以四十六年的舞台经验和十几年的教学体会,总结出了一句心得:用艺术哺育他人是一个高尚的工作,是一个有神圣的心灵才配承担的伟大工作。孙毓敏认为,一切本领虽与刻苦有关,但也离不开一路上的名师指点,这对孙毓敏的成长提供了莫大帮助。所有成果不应该只属于她,作为一个懂得感恩的人,她要回报社会。孙毓敏接受荀慧生等名家的传授时,在那个大环境里戏曲行当的封建意识非常浓烈。荀先生也是经历了"公与私""门户之见"的思想冲突之后,才决定敞开师门,无私奉献。而孙毓敏习得荀先生的"看家本领"之后,不能据为己有,应该继续传承,发扬光大。如果研究了一辈子的艺术,最终却落了个后继无人,该是多么悲哀的一件事。孙毓敏认为振兴京剧最基础的环节,关键在于打造一批乐于奉献的优秀教师队伍,如此一来,才能长久。

在戏曲行业做一位优秀教师或者引路人,除了要有扎实的戏曲功底与舞台经验外,还需要学会总结戏曲艺术规律。在演唱的过程中,之所以能够成功,是因为其中融合的众多独特理解,再将其运用到教学过程中,能够帮助学生攻破一个个难关。戏曲是一门极度程式化的艺术,需细化肢解每一个动作,才能明白其中的由来和微妙。在戏曲的表演过程中，每一个细小的动作都是有讲究的。例如"远眺"的表情，不是简单意义上的远望，必须要由眼望右手中指绕右腕、抚鬓、提身、拔腰、远望、眨眼、晃头两次等一系列动作一气呵成，才能将"远眺"做到标准。作为一位戏曲表演教师，如果不能很好地肢解剖析就根本教不好学生。

教学就像治病，教师就好比中医，学生在表演的过程中出现错误，教师都要像号脉一样当机立断，指点迷津。如果医生发现不了病因，判断不准病情，那就很难做到治病救人了。一位满腹经纶的老师，如果像茶壶倒饺子一样，说不出道不明，那也很难做到教书育人。孙毓敏耗费大量精力用于戏曲唱腔身段的研究，并且努力研究出众多通俗易懂的教学方法，她通过"分段解剖式教学法""对比模仿式美学灌输法"等自创诀窍，将戏曲教学的经验上升到了理论高度，大大增强了戏曲教学的质量。

在讲学的过程中，孙毓敏研发了"亮点发声法"，能够帮助后学者迅速找到亮音宽音，和早年盲目地喊嗓有较大区别。运用这种教学方式，孙毓敏在台湾面对十八个学生，用了十二堂课，就使十六个学生找到了亮音和宽音，在向台湾复兴剧校学校的领导汇报教学成果时，收获好评。目前此方法经环球出版社制成了光盘，已被广大的业余爱好者普遍使用，对京剧艺术起到了很好的推广作用，同时把京剧古老而无章法的喊嗓推到了科学发声的轨道上，算是一项了不起的科研成果。

"亮点发声法"的要领大致如下：

（1）"咿"改"咪"或"替"，主要体现为口型为"齐"（京剧口型有四种：开、齐、撮、合），嘴唇打平，舌头前半段用力，向前平推，用气推音，打到三个点上，脑门，鼻中，牙前，推舌头，气从舌头两侧出来，此音又立又亮。到达位置的审核标准是：头微晕，两耳微震，也可用"上楼梯"的办法，母音中的"咪"找到之后，可用唱念验证是否找到，是否比以前进步。如：都天大人，气推音极其重要，一旦气虚就办不到了。

（2）"啊"改"额哎"，将原来的声带张嘴发音移至软腭，类似于小猫的

"喵"音，好似感冒之齉鼻，充分利用鼻腔，要领为"抬软腭，立咽壁，硬舌根"，后面充分打开，向后刷气（嘴不张太大，若前面张得太大，就会向下压下巴）。具体说，就是把嘴分为上下两半，只用楼上，不用楼下。但若音域已达到低音部分，可顺便刷下来，勾出大嗓，补充真音，而且要做到真假声（也就是大小嗓）充分结合，没有过渡之界限，扩展了音域，减少女声"吆喝"的尖声，形成噪音，不耐听。可练习"苦哇"，"芍药开牡丹放花红一片"，念白"珠帘高卷"两个母音解决之后，要把其余的十一个辙也分别联系，尤其是姑苏辙的"乌"，乌音很闷（"乌"里要有"吁"）。

（附十三辙：中东，衣齐，言前，灰堆，梭波，摇条，发花，人辰，由求，姑苏，江洋，怀来，乜斜。）

近十几年来，孙毓敏将绝大部分精力都放在了教学上，培养出了一批德艺兼优的学生，其中大部分都活跃在中国各大重要戏曲剧院的舞台上，成了中国戏曲未来发展的中坚力量。孙毓敏作为老一代的戏曲精英，以其孜孜不倦的治学精神，对艺术真谛的不懈追求，对学生的无限热爱，对祖国的拳拳之情，使得中国戏曲艺术在教学上摆脱了传统的落后模式，对中国戏曲人才的教育事业功不可没。

第八章　继承传统　频创新剧

近几十年，京剧在戏曲人士的不断探究中呈现出日渐丰盈和开拓创新的态势，在舞台美学和服饰艺术以及其他方方面面都有不同程度的体现。在一代代敏锐艺术家的创造中，简单的舞台呈现出了不同风格的艺术样式。在京剧表演的过程中，演员秉持自我审美意韵的同时，还要拥有让观众反复欣赏却不觉疲劳的素养。孙毓敏在其演绎创作生涯中，对于荀派艺术的秉承是持续不间断的，但她对演绎技巧的不断创作与创新更让人佩服。

在表演的过程中，孙毓敏深谙革新不能一蹴而就，须遵循荀派艺术的规范化程式。她逐渐领会了师傅荀慧生的教育指导，对于其中一直被荀派引以为傲的"六功五法"——"唱、念、做、打、翻、舞"及"手、眼、身、法、步"加以熟练掌握，对于韵白和京白同样严谨对待。孙毓敏对师傅荀慧生的教育一直铭记于心，对舞台上的每一个要求都铁板钉钉地印在了脑海里。

就拿舞台上师傅对于表演者舞姿的要求来讲，他追求演员在表演上的灵动感，追求演员对所饰角色性格的熟练掌握。与此同时，孙毓敏还遵照师傅的要求做到在舞台上力图将神情出神入化、表现到位。有时同一部剧观众看得次数多了就会呈现出一种疲劳感，失去了第一次观看的热情。针对这一固有矛盾，孙毓敏时刻谨记师傅教她的要把时代感和生活化融入其中，这种与生活接轨的艺术，会在原有的骨骼之下，变得血肉丰满，而这种表演艺术会让更多观众发现艺术的再创性。源于生活又高于生活的艺术，最终还是要回到大众中去，寻找大家的共鸣，找寻艺术生存的根基，也唯有如此，艺术才有立足之本，才能随着时代的进步不断推陈出新，永葆活力。

荀派有自己的手势特征、腰肢摆动方式以及台步姿势，在举手投足之间都有自己的规范化要求，这也让荀派艺术拥有了独特的表演风格和表现方式，以及更有效的传承特征和教学模式。孙毓敏在舞台上还遵守荀派艺术中刚柔并济的原则，强劲的舞蹈与柔情的手势，在两者结合的过程中，寻找二者最为大众接受的表演风格。这也让我们看到一个真理，那便是唯有灵动并具有起承转合之感的艺术才能更大程度的被大众认可，单板、固定、程式化极强的艺术不会有其更宽广的扩展范畴。

一位优秀的艺术家，不为固有的表演范式所局限，不为千篇一律的尝试而苦恼、止步。在遵循师傅教诲的同时，孙毓敏孜孜不倦地追求更加适合现代人审美，更加优化的舞台表演和艺术形式。荀派艺术在最开始就意识到艺术不能总是高高在上，脱离大众的角度来传达艺术精神。而为了强化生活化和语气感的风格表现，孙毓敏也在坚持运用荀派艺术中的"哭音"，来表现艺术的真实感、现实感。同时在形体上孙毓敏也坚持荀派艺术中的"侧身""垂肩"等一系列生活化的表现方式，而不是一味地遵循传统京剧表演艺术的风格。与此同时，需要强调的是荀派艺术的舞姿，更具有民族舞的特色，或舒缓优柔，或力运千钧。在流变和舞动中，呈现出不一样的美的力量。

推陈出新，不断进取，一直都是孙毓敏对待艺术的态度，但她深知荀派艺术是由师傅一次次宝贵的舞台表演之后一点点积累而来的，因为当时条件的限制，荀慧生先生的教学更多依靠口传身教。孙毓敏对先生留下来的表演技艺更多的是敬畏，简单更正或者肆意篡改都是极不理智极其不负责任的，反复斟酌，多次尝试，才能频繁出新。

荀派艺术有其广博的包容性，孙毓敏在其回忆录中也屡次阐述，之前是荀慧生老师对于其他流派的赞许和鼓励，后来是自己一直呼吁的弘扬国粹，鼓舞新一代青年传承经典艺术的呼号。但这并不代表他们对于本派艺术的否定或者怀疑，而是一种更为宽容的艺术观。这种艺术观超越派别、国别，在将国粹推向世界的过程中凸显出一股强大的推动力。在保有自身派别艺术特色的同时，不遗余力地推广新的有益于艺术发展的新形式，是荀派一直呈现的派别作风，荀慧生先生的这一做法也在领导着新的一代代荀派弟子。

孙毓敏对于创新始终把握一个原则，那就是只有在明确知晓现有艺术的不足之处之后，加上由自己尝试得来的优于之前表演艺术的经验，才能明确地对原有的表演技巧说不。她也一直叮嘱自己时刻保持警惕，不能拘泥于现有的荀派程式风格就放弃尝试的勇气，时刻具有怀疑的态度和果断地纠正，保证了孙毓敏在表演艺术上不断地进步和革新。

孙毓敏为荀派剧目的恢复与创新做出了卓越的贡献，在"纪念荀慧生诞辰一百一十周年演出和理论研讨会"中，孙毓敏抢救挖掘了六出濒临失传的荀派剧目，《绣襦记》《香罗带》《鱼藻宫》《棋盘山》《晴雯》《卓文君》，将演出录像制成视频光盘为日后留下了宝贵资料。在"孙毓敏舞台生活六十年移植改编剧目展示演出和学术研讨"活动中，孙毓敏在继承荀慧生大师的荀派艺术特点基础上借鉴地方剧种编制新腔，移植改编了九出地方戏：根据河北梆子改编的《陈三两》，根据越剧改编的《一代贤后》，根据昆曲改编的《痴梦》，根据昆剧《跪池》移植改编剧目《狮吼记》，根据荀派《金玉奴》"洞房"一折改编的《棒打》，根据吉剧《桃李梅》改编的《双玉缘》，根据河北梆子改编的《翠屏山》，根据吕剧移植改编的《姐妹易嫁》，根据评剧《哑女告状》改编的《掌上珠》等剧目。

第一节　毓秀钟灵　承前启后

提及《红娘》，它在戏曲界的影响力不容小觑，吸引了大批观众。京剧花旦曾呈现这样一幅景象"无旦不荀，无荀不红"，自20世纪30年代创演到新中国成立后的几十年里，许多演员都将此戏作为看家戏，走遍大江南北。作为荀派继承者的孙毓敏更加重视《红娘》，无论从表演艺术上还是对《红娘》的继承革新上，都引起了戏曲界的一致认可与赞赏，演出近千场，陈祖芬等作家甚至给孙毓敏起了个"活红娘"的称号。

毓秀钟灵　荀韵新声——孙毓敏评传

　　《红娘》取材于《西厢记》，由青岛才子陈水钟遵循荀派艺术特色改编，独特新颖。早期张君秋主演的以崔莺莺为主角的京剧《西厢记》，以及尹桂芳主演的以张君瑞为主角的越剧《西厢记》，每场演出都非常成功，吸引了大批观众。而陈水钟大胆改编，另辟蹊径，以第三号人物为主角，编演出以红娘为主角，以其成人之美为主要线索的京剧《红娘》，自1934年首演之后，一直被视为荀慧生的代表作。新中国成立后，荀慧生与袁韵宜合作，在故事情节以及词句上又进行了删减和修饰。孙毓敏跟随荀慧生学艺期间，也非常推崇《红娘》，将其奉为经典。

　　在孙毓敏的回忆中曾经对师傅荀先生有关红娘的扮相做了很认真的肯定。而大云肩，纱裙和闪闪发光的光片，以及头上灵动欲飞的大蝴蝶，也似乎成了"红娘"的典型形象。孙毓敏一直强调是荀先生奠定了红娘的形象，也使得红娘在戏剧艺术史上成为了一个鲜活的不可更改的艺术造型。这种艺术的变与不变，对于孙毓敏来讲，她的内心有强烈的分割线。她始终认为，一场戏之中没有小角色，一个真正的好演员可以尽其所能地将自己饰演的角色，无论是外形还是神态都能实现一种极致的再现。

　　孙毓敏在漫长的演艺生涯中，曾无数次饰演红娘这一在戏剧界亘古长新的艺术角色。相信每一个艺术家在无数次的饰演同一角色之后都会有绝对丰厚的收获和备受瞩目的经验之谈。孙毓敏也不例外，她无论是在艺术造型上还是在舞台表现技巧上都积累了丰富的经验。

　　"文似看山不喜平"，戏剧的表演形式也一样，观众期待耳目一新的舞台冲击力，演员就要不断地揣摩角色的可塑性，尽可能在上场的片刻让

《红娘》，孙毓敏饰红娘

观众侧目，让舞台呈现出跳跃感。对于红娘的饰演，孙毓敏在不断演出的过程中总结出来，第一声的幕后答话就要绝对响亮，先声夺人，让观众有极强地期待演员出场的焦急感。所以每一次演出，孙毓敏都能在最短的时间内集中所有注意力，铆足了劲儿，喊出回答夫人的那句话"小姐，随我来"。未见其人先闻其声，有着跟《红楼梦》中王熙凤一样的出场方式。在形象塑造方面也在昭示这不是一个温婉柔情的女子，所以接下来的表演更要把握住角色的活力、俏皮，尽最大力量让红娘的角色鲜活起来。

孙毓敏在所有的表演中，对于一招一式，一悲一嗔，都怀着无比谨慎的态度。但一场戏的成功不仅仅在于此，在发音上也要极其注意，要表现出特有艺术流派风格。在《红娘》中，有一种【四平调】的声腔形式，强调俏皮、流畅的唱腔让观众更多地体会到红娘这一人物角色的性格特征。所以在对演员的要求上就有了一定程度的限制，圆润的嗓音，活泼的肢体配合以及奕奕神采都要予以最大程度的配合。

拿《红娘》唱段中红娘一角短短的八句唱词来讲，就需要饱含红娘对张生和莺莺这段纠葛感情的"点破""理解""同情""决心"。这对于演员的要求提到了一个新的高度，所以在饰演的过程中需要足够精湛的技巧运用和情感拿捏。孙毓敏在历次饰演的过程中都严格遵守荀派严谨的发声技巧，不论运用"平行颤音"还是个人研发的"亮点发声法"，都随时准备对所饰演角色情绪波动而做出声色变化。气息自如地收放与流转，是孙毓敏对唱腔的基本要求，也是在秉持荀派艺术的表演技巧。

孙毓敏在长期演绎红娘的过程中，归纳了很多表演经验。认为红娘的念白中应该具有情调感，既不等同于传统意义上的"京白"，也不能与纯"韵白"相提并论。在注意到"红娘"这一角色的特质性人物性格之后，孙毓敏将唱腔调整为生活化念法，这是一种新的尝试，突破了程式感极强的传统规范严重束缚演员表演的尴尬局面。而这种念白方式也将剧中角色的内心世界展现得更为明确，也将扮演者的专业素养、表现欲望以及创新意识激发到了极致。

红娘这一艺术角色之所以会在不同演员的饰演中呈现出不同的风格，一个重要原因就是演员对于所饰角色的情感把握和舞台表现力存在重大差异。一个人物形象的塑造不仅仅局限于扮相和说词，而要在眉目眼神之间传递深情。红娘是一个性格饱满的人物，想要把握好并不容易，这需要演员充分理解她的情绪波动，仗义执言，勇敢利落。孙毓敏在每一次饰演中都带有一颗赤子之心，把自己当作初尝试的新人，在戏中演绎别人的人生，在自我人生中领悟不同人物的百感千愁。

孙毓敏在脂粉之下能够做到百感交集、瞬间变换，她在舞台上演绎角色的喜怒哀乐，将自己的内心潜藏在最深处，或是忧愁或是辛酸，观众并不为所知。为了那阵阵掌声，为了尊师重道，为了心中的艺术理想，还是会有一代代的青年人踏上这样一条坎坷艰难的路。他们在路上走得辛苦，却不忘初衷，尽心尽力去追寻每一个手势和眼神的完美表达，这种艺术修养实属不易，这种严谨到近乎苛责的态度也值得我们为之鼓掌，一代代京剧艺术家做出了最有力的尝试和一丝不苟的演绎。

孙毓敏对《红娘》有着浓重的情怀，无论是从《红娘》的表演技巧上，还是从角色的服装设计上，都独具匠心，完美地将荀派艺术的精髓保留了下来。《红娘》红遍大江南北，单说其服装设计就用心良苦。孙毓敏遵循着荀慧生"因人设戏"的教诲，她所扮演的红娘，服装相当华丽，甚有气势。在一般的古装之外，添加了短纱裙以及其他零碎的丝绦装饰，并且保留了荀慧生在表演中为红娘设计的大云肩装饰，上面点缀着片片闪光，再罩一层玻璃棍披肩，新鲜醒目。如此亮眼的打扮彻底将主角烘托出来，当然太过华丽也惹来一些非议，丫鬟压过小姐的气势，主仆颠倒，面对这些评论孙毓敏也曾强调，主角正是红娘，因人设戏必然要烘托出主角的风采，全新的演法就要用全新的视角去审视。

作为荀慧生的杰出弟子，孙毓敏完美承袭了师傅对每出戏的认真与严苛，不管历经多少次演绎，依然时刻谨记荀慧生的教诲，"永像第一次，做到三分生"，并将其作为毕生艺术实践的启明灯，常伴左右。对于孙毓敏来说，这场演过近千场的《红娘》并不是熟能生巧的一出戏，演出越多，反倒对她是个更大挑战。观众已经熟知了《红娘》的表演，演员还未开口，观众早已明了。所以这出人保戏，长久的演出反倒引不起观众的兴趣了。对《红娘》早已熟悉的观众不是来看戏的，而是来看孙毓敏的，仿佛要检阅她的水平，就如阅兵一般，严肃而庄重，孙毓敏总是慎重对待。

为了达到常演常新的效果，孙毓敏重排重演每一场戏，她都根据自己独到的理解，另辟蹊径，不断进行精彩的发挥，亮点频现。孙毓敏从宏观上把握住荀慧生的艺术风格，并在荀派主张的写意基础上巧妙地融入写实的因素，落实到现实生活中，在表演上活学活用传统程式，两相结合，自然天成。

孙毓敏所演出的《红娘》是在继承基础上的创新，几十年的演出，舞台上的孙毓敏变成了乐于成人之美的红娘，是一种文化的象征。她在《红娘》的演出中，独具特色，在出场动作方面，都与以往的演法有所不同。伴随着小锣渲染的轻快气氛，在大声对话中，孙毓敏翩然上场，从通常的九龙口变为大步流星似的冲到场上台角灯光最亮处，眼睛充电放光，一下子就把观众的眼神给拢住了。孙毓敏披着俏皮的小纵肩，跑着圆场，似是翩然起舞的蝴蝶，再加上顽皮的窃笑，呈现给观众的完全是一个调皮少女形象。孙毓敏每次出场观众必然会给予响亮的"碰头好"，都能引得满堂喝彩。

在《红娘》的第一场"惊艳"中尤其值得一提的是，孙毓敏演出红娘扑蝶时的娇媚与看到张生莺莺对视时的偷笑。扑蝶是个生活化与舞蹈化相结合的动作，既要让观众看起来有真实之感，又要具备舞台艺术的美感。孙毓敏在此处是以快速扭腰的动作呈现出来的，小扭腰在荀派的演出中很少见，荀慧生在演出中通常以"长腰、立腰、闪腰、拔腰"，且常用背对观众的方式突出女性的妖娆，此处实际上是借鉴了其他流派的演法。"偷笑"时，孙毓敏先是一惊，然后会意，随之偷笑起来。在表演时，孙毓敏是眼看观众的，虽然像这种偷笑是偏向于内心的感受，是不用与他人交流的，但是此处孙毓敏看着观众，以一个会意的神情，掩面偷笑，不仅抓住了观众的心，还与观众进行了心理上的交流，也是非常动情的。荀派在演出时，非常讲究与观众的交流，孙毓敏称之为"表演的自由王国"，在理论上叫作"视像具体"，这是一种另辟蹊径的表演艺术，能产生非常好的效果，能够引起观众的共鸣。

孙毓敏对《红娘》中对【流水】板唱腔的处理也是别有特色的，第一场中红娘对张生的言辞不满时，所唱的那八句唱词并不简单，需要包含批评、提醒、训斥、恐吓和调侃等几层意思。为了表达出这复杂的情绪，孙毓敏运用戏曲节奏特有的"猴皮筋"式的伸、缩、催、撤，以突出人物情绪变化，在很多字的唱法上采取不同的技巧。而在唱最后"难保全"三字时，孙毓敏一纵肩，又引得观众会意一笑，接着飘然而下，再次彰显出红娘的俏皮可爱。

对于《红娘》中观众耳熟能详的桥段是，普救寺里张生解围，老妇人应婚却又悔婚，红娘却不知情。此处，因为红娘一直不知情，孙毓敏的表演自始至终都是欢快的。她拿着请柬去请张生赴宴时，以一段轻快的【南梆子】，配合轻盈的舞姿，以荀派特有的手法，左手托右手抚，将请柬立于右肩偏上，面向观众，用眼神与观众做了一个细微交流，表现出红娘内心的得意之情，尽显俏皮本色。当红娘得知老妇人悔婚时，依然坚持撮合二人，为崔莺莺与张生互传信件期间的念白是一个关键，孙毓敏强调此处念白与"听琴"一场交相辉映。

新中国成立后，荀慧生改进创新，与袁韵宜合作添加了"听琴"一场戏，在表演艺术上丰富了花旦唱腔，为汉调的创新做出了贡献。孙毓敏在"听琴"中的表演，既保留了荀慧生的经典演出技巧，又进行了革新，不仅烘托出红娘的作风，还使人物更加俏皮可爱，琴声的加入更加提高了全剧的品位。

《红娘》，孙毓敏（右）、李冬梅合演

在"佳期"一场中有个重点唱段,叫作"佳期颂",此处是抒情的【四平调】,对演员的表演技术要求非常高,需要"颂"出韵味。孙毓敏在此沿用了荀慧生所添加的许多虚字,比如"咿、呀、哪",断连相接,紧凑有致。孙毓敏所表现的红娘本就是活泼俏皮的性格,这段【四平调】同样符合人物的性格特点,十分轻俏、流畅,令观众听起来十分形象,仿佛面前站着的正是一位十七八岁的调皮姑娘,正在自然流露心声。此处共有八句唱词,分为"点破""理解""同情""决心"四层意思。八句唱词,各有千秋,自成特色,孙毓敏灵活运用颤音、后缀音、虚字等各种技巧,这些改变是相当困难的,同时也是创新的亮点所在。孙毓敏时而抛袖落袖,时而摇手托手,转身托腮,将红娘的姿态展露无遗,煞是可爱。最后面对突然出现的书童时,孙毓敏那个语塞惊傻、尴尬离场的神情动作,更是引得观众喝彩满堂。

最后一场是"拷红"。随着崔夫人的一声"好恼",孙毓敏登场,开始了一段丝丝入扣的念白,字字铿锵有力,明辨是非。在请小姐时,孙毓敏在语气以及动作上,更是表现出当时红娘理直气壮的心理状态,对崔莺莺说:"小姐你看你又来了,既然怕就不要做,既然做了就不用怕,跟我进来!"孙毓敏在语气上,前轻后重,表演时尤其注重"做"和"怕"二字的顺序,一旦念错,这故事的顺序就彻底乱了。在最后孙毓敏沿用了荀慧生的一段唱词,完美收尾。

作为荀派六大喜剧之一,《红娘》是最红的剧目,同时也是最难演的剧目。集唱念做舞为一体,是一出欣赏价值极高的作品,其影响力非常深厚,孙毓敏扮演的红娘一角已经深入到生活中,使得"红娘"的形象变成了"精神文明"的代表。

孙毓敏回到北京后,承担起继续荀派的重任。得到荀令香的指导,开始学习荀派悲剧。而说到悲剧,孙毓敏演出较多的当属《霍小玉》。在这出戏中,孙毓敏的表演一改活泼可爱的娇媚姿态,唱念做舞与《红娘》完全不同。

《霍小玉》属于爱情悲剧,被赶出宫门的霍王庶女霍小玉,才华横溢,相貌不凡,钟情于才子李益,经撮合成婚后,却遭遇李益的背叛,最终思念成疾,临死前依然看不到李益的悔改,霍小玉哀绝死去。这个内向且满腹才华的绝代女子，非常符合荀派的风格，唱词凄婉缠绵，内涵丰富，唱腔更是集荀派艺术之精华，动人肺腑，精美绝伦，不仅提升了此剧的文化品位，而且具有很高的欣赏价值，奉为荀派的经典悲剧剧目，当之无愧。

1933年，该剧在西单剧场进行首演，共十一场。后来孙毓敏在90年代演出时，已是经徐凌云修改过的版本了，压缩至十场。孙毓敏为迎合时代发展，以及自身演出的特点，添加了一场"画竹盟诗"，体现霍小玉与李益感情之深。在舞台上当场作画，与兰草相比，画竹能够让观众看得更清楚。

在《霍小玉》的演出中，孙毓敏并不是第一个出场，在鲍十一娘以及李益等人一同前往霍家时，孙毓敏才亮相。亮点格外独特，孙毓敏卧睡在床上唱倒板，帐帘拉开后，一个睡美人跃然出现。此处对演员是一个考验，威信大、影响深的演员自然引得一个"碰头好"。孙毓敏为了体现出霍小玉被扰了清梦的慵懒神态，双眼凝视观众，伴着挑逗性的唱腔，食指向前，唱出了一个闺门少女的甜美内敛。

《霍小玉》虽然是悲剧，但一直到"画竹盟诗"都充斥着欢快的气氛，孙毓敏的表演最得意的一处当数鲍十一娘说亲。由之前未见李益之时慌乱的打扮，到入座之后，面对李益的羞涩，孙毓敏运用"小顿音""懒指"等各种技巧，形象的表达出了霍小玉的内心世界，可谓精彩绝伦。并且在鲍母听从小玉的意见打发走堂上的所有男人，准备说亲的时候，孙毓敏一个羞涩的转身，扔下一句"但凭母亲做主"，就捂着粉嫩的小脸跑了下去。如此便将那个娇羞可爱的霍小玉十分生动地呈现在了观众面前。孙毓敏每每演到此处，都能引来满堂大笑，不绝于耳。

孙毓敏添加的"画竹盟诗"一场，对她本人或者其他演员都是一个不小挑战，现场作画，边唱边画，两分半钟内全部完成，演员必须要提前做好准备，加强自身的绘画水平。孙毓敏自身文化修养极高，绘画对她来说并不是难事，表演时两分钟即可完成，孙毓敏挥毫泼墨的气势，往往能够力压全场，着实让观众一番震惊。画完之后，孙毓敏又运用自己独创的一段【二六】唱词，结合【疙瘩腔】即【花腔】，用顿音唱出，清晰明朗，深受观众喜爱。她非常喜欢在舞台上进行试验，经常在表演中加入一些新的元素，因此孙毓敏的表演通常是老戏新演，常演常新，一直满怀革新的因子。

第八章 继承传统 频创新剧

孙毓敏对此处的增改，更体现了她对观众的尊重与热爱。作为一名艺术工作者，孙毓敏一直将追求观众的满意当作表演准则，在不少老剧、新剧的表演创作中，加入观众所喜爱的唱腔，创造出许多颗粒饱满、节奏清晰、线条明朗的优秀唱腔，通过整体的旋律改造，营造出一种别致的情调与美感，俊逸明朗，令人赏心悦目。这也是孙毓敏为京剧事业的传承，迎合时代发展所做出的伟大贡献。

《霍小玉》一剧真正进入悲剧境地，是从李益的背叛开始的。为刻画出病榻上的霍小玉自怜的心情，孙毓敏对核心唱段【二黄慢板】非常

《霍小玉》，孙毓敏饰霍小玉

重视。此处不仅词好，腔也好，孙毓敏在行腔技巧上非常严苛，在用气、用音方面都很讲究，这更是对一个荀派演员技艺的考验，孙毓敏的"哭音""破音""气音"都运用得恰到好处，浑然天成。荀派唱腔很难把握，对于孙毓敏来说也很有难度。这段【二黄慢板】，孙毓敏运用了各种技巧，将霍小玉伤心、自怜的心情，以及凄惨的日常场景表现得淋漓尽致。她所表现出的那个红颜薄命的霍小玉，总能令观众潸然泪下。

真正将此剧推向高潮的是鲍十一娘三骂李益，孙毓敏非常赞赏此处，无论是从舞台效果还是观众的反应上都非常强烈。瞬间点燃了整部剧作的热情，将人物内心的愤恨、凄惨，李益的刻薄无情以及观众内心的不平，通通表现出来，为正义赢得了一场胜利的战役。

面对卧床不起的霍小玉，李益依然不知悔改，反而变本加厉对其进行伤害，孙毓敏将舞台上霍小玉的艺术形象表现得十分落魄。满面病容，发丝蓬乱，站立

不稳，令观众看了不由得心生怜悯。孙毓敏与霍母的对话，更是独具匠心，她运用"气音""病音""懒音"和"赖音"活灵活现得呈现出一个痴情未泯的霍小玉，韵味十足。最终面对李益的绝情，孙毓敏悲情的唱出最后一段唱词，杜鹃啼血，遍体鳞伤。

霍小玉的爱情理想一直到最后都没有得到挽回。孙毓敏在演出时，结合人物、情境的变化，不拘泥于传统程式禁锢，灵活运用各种技巧，在实践中探索出新的表现形式，完美地演绎了这场文学价值较高唱腔凄美动听，唱词绝美的荀派剧目。

孙毓敏的表演，将荀派艺术讲究的三化三感，即生活化、个性化、趣味化与时代感、真实感、幽默感表现得淋漓尽致。对于这个因思念成疾的霍小玉来说，在现实生活中，自然是走动极少，在舞台上，动作更是不能过分添加。面对这些挑战，孙毓敏能够从人物的内心世界出发，打破程式，吸收借鉴一些舞台话剧的表现手法，烘托出人物的内心，充分展露出了细腻的感情。优美的唱词，多彩诗意的舞台效果，孙毓敏精湛的表演艺术，将这部真挚感人的悲剧演得感人至深，潸然泪下。

第二节　华美灵动　荀韵新声

京剧的发展离不开改革，日渐边缘化的传统京剧艺术面临着巨大挑战。为了迎合求新求变的社会心态，改革势在必行。自从传统戏恢复以来，《玉堂春》一直是演员较为推崇的剧目之一。孙毓敏的同学吴纪敏是全国第一个表演《玉堂春》的人，曾经轰动一时。排到孙毓敏表演该剧目时，已是第九个了，《玉堂春》早已失去了新鲜感，观众大都看腻了。倘若依然按照原先的剧本，原封不动地搬演，会严重影响上座率。孙毓敏当时就明确地意识到，要想站得住脚就必须老戏新演，加入自己的特色，这也是促动孙毓敏改革《玉堂春》的主要原因。

提及孙毓敏的改革，可谓大胆新颖。她遵循着荀慧生的"来源于生活，走向生活"的原则，一遍遍推敲研究，力求达到情通理顺的目标。从唱腔、念白到表情、动作，多次改动。孙毓敏不仅按照荀派的风格进行修改，凡是依据人物的生活状态、性格特点等分析出的修改细节，只要符合观众审美需求，不管隶属任何流派，孙毓敏一并加入到了改革中。

《玉堂春》是女主角苏三的花名，京剧原先多演《庙会》《起解》《会审》等折，后来经荀慧生修改，将其扩展为《嫖院》《定情》《庙会》《起解》《会审》《探监》《团圆》等十七场。《玉堂春》被孙毓敏先后改动过三十多处。从《起解》一场，苏三第一次登场，因为自己是犯人，突然被叫出来，内心十分胆怯紧张。所以她双手端着锁链，右高左低，慢步缓缓上场，将内心淋漓尽致地表现出来。【二黄散板】第四句处，苏三与崇公道是初次见面，更不知他姓崇，而旧剧本上苏三直接喊崇公为"崇老伯"，孙毓敏便将其改为"问老伯呼唤我所为哪般"。此处改动更符合实际，可见孙毓敏对《玉堂春》的改动具体到细枝末节，虽是一字之差，却使得剧情更加贴近生活了。

在当时，张派唱法相当盛行，孙毓敏善于集百家所长，对【反二黄慢板】唱腔的修改便是遵循了张派的唱法，顺应了观众的喜好，将"崇"字改为"5"，阳平高唱。另外，为了避免与《宇宙锋》出现相同的唱腔，她还听从了琴师索天靖的建议，按照荀派的风格对"冤枉能辨""负义儿男"两句尾腔进行了修改。青衣强调韵味与派头，苏三虽也是青衣，但她的身份是青楼女子，在《起解》《会审》这种韵白多的场次里，如果对念白的语气以及人物内心的表演处理不当，即使演得韵味十足，不符合人物身份，观众也是不会满意的。孙毓敏充分运用了荀派特色，在念法上不过分强调韵味，而是更注重人物的身份、语气、语意等，擅用口语，清晰明了，通俗易懂，恰到好处。

在传统技法中，将苏三戴枷锁唱【流水】的部分处理成边唱边走圆场，苏三在整个过程背对观众，声音不易传出，严重影响了舞台效果。孙毓敏将此处直接改为横走八字，一个来回，回归中线就地跪下，自始至终身子一直向前，丝毫不影响声音的高度。孙毓敏对锣经起【导板】头子也做了修改，加了"父女让棍"的动作。老演法是背对着观众唱，老规矩里这种朝里唱导板的方法主要是为了休息和饮场，后期经过规范，取消了台上饮场，所以继续背对着观众唱是没有必要的，加上"父女让棍"的动作，过门中孙毓敏遥望着远处发出感慨，面向观众唱完【导板】，产生了双向效果，既与锣经相配合，又突出了父女之间的深厚感情。在《会审》一场中也有一大段申诉性的对白是背对着观众面朝里演的。孙毓敏见过赵燕侠此处的演出，她是面朝外的，与后面大段面朝外的唱腔同步，孙毓敏便借鉴了此处修改。

　　孙毓敏善于汲取百家所长，从善如流，在对念白的修改上，还借鉴了梅派的技法。为了便于观众欣赏，她对那些过于晦涩难懂的词汇做了修改。比如"你我父女趱行者"，让大部分观众很是费解，于是便将其改为"你我父女慢慢地走啊"。同时，孙毓敏将【慢板】中第三句"想当初在院中艰苦受尽"改为"想当初在院中凌辱受尽"。此处改得极为巧妙，苏三是个妓女，从未出过苦力。她的苦更多的来自心灵的摧残，被迫接客，受尽凌辱。此处将"艰苦受尽"改为"凌辱受尽"更符合苏三的生活经历。唱完此处，孙毓敏将木棍横拿，崇爹爹扶着木棍过了个"独木桥"，体现了长途跋涉的艰辛，既避免了重复走"八字"的路线，又自然流露出父女之情。孙毓敏还吸收借鉴了沈福存对这出戏的修改，将原词"使毒计用药面害死夫君"改为"用药面害死了她的夫君"。苏三是被老鸨卖给沈燕林做妾的，本就不愿承认沈燕林为夫君，因此，特意点出"她的夫君"，意在表明自己的立场与本意。唱完这句，孙毓敏为渲染路途的艰难，增强舞台效果，在后面与崇公道走了个斜向的"二龙出水"。加了动作后，为了让表演有足够的时间，孙毓敏请琴师重新编写

《玉堂春》"团圆"一场，孙毓敏饰苏三

第八章 继承传统 频创新剧

了一个长过门。孙毓敏在唱词的修改上，更注重美化和修饰，"悲欢离合难述尽，与三郎山盟海誓叙一叙衷情"，更加烘托出了苏三与王金龙二人忠贞不渝的爱情。孙毓敏对唱词的修改也许会有不当之处，但她从谏如流，善于听取观众的意见。比如修改后的"王公子一去无音信，谁是我传书递柬的人"，观众反应不如原词更有韵味，她便又改回了原来的唱词。

孙毓敏唱到"她不该私通那赵监生"时，对崇公道做了一个似是悄悄话的动作，右手拿棍，左手挡住嘴巴，压低了声音唱。孙毓敏认为此处他们在路上行走，不会只有两个人，说皮氏与赵监生私通的事总该要隐蔽些。最后的两句"适才父女把话论，又恐路旁有人听"也与之前的动作相呼应，此处孙毓敏再次观望，压低声音与崇公道会心一点头。观众一看就像父女俩在说悄悄话，极为形象，十分生动。

孙毓敏对唱腔也进行了大量修改。苏三每次提审都要挨打，唱【二六】之前，苏三没有挨打，站起身来，在过门中做了个揉膝盖的动作。苏三的情绪是由害怕到释怀，落差很大。孙毓敏受尚派唱腔的启发，用了几个高低快慢对比明显的大断音来刻画苏三的情绪变化。《团圆》一场中，官司胜利，苏三与王金龙夫妻团圆，孙毓敏为了烘托欢快的气氛对整段唱腔都做了处理，用明快的节奏衬托出二人相聚的激动心情。

修改后的《玉堂春》成了孙毓敏的打炮戏，在北京京剧院担任主演的那段时间，孙毓敏每次演出都能得到新老观众的支持与称赞。在保守势力占据主导的京剧界，孙毓敏的此次改

《狮吼记》，孙毓敏饰柳氏

211

革获得了巨大成功。荀慧生曾说："对与不对的标准在于是否真正结合了剧情和人物感情，不论哪种唱法，哪种腔调都对，都会被观众批准，流传后世。否则就不会被观众承认，遭到淘汰，这是必然的。"孙毓敏谨遵荀慧生的艺术教诲，不断为京剧注入了新的因子。

《金玉奴》原剧以团圆结尾，名作《鸿鸾禧》。新中国成立后为了响应中央戏改的号召，荀慧生将结尾改成了悲剧，在原《豆汁记》的基础上，加身加尾丰富了内容，创作出了全出的《鸿鸾禧》。因为悲剧的结尾，便将该剧更名为《金玉奴》，为了避免在剧名上的误解，孙毓敏又将其改为《棒打薄情郎》。《金玉奴》在改后的剧情是落魄书生莫稽，在寒冬饥寒交迫之际，晕倒在了乞丐头领金松家门口，金松之女玉奴，倚在门前盼父归来，正巧看到倒在地上的莫稽，便将他带到屋内，送豆汁给他充饥。相处之间，金玉奴见莫稽仪表不凡，得到父亲的允许与莫稽结为夫妻。婚后莫稽高中状元，却又嫌弃金家父女出身卑贱，将玉奴推入水中，赶走金松。后玉奴被巡按大人林润救助，认作干女儿。林润招莫稽为女婿，直至洞房才得知新娘是玉奴，玉奴棒打莫稽并将其丑行告知林润，林润罢免了莫稽的官职，自此金家父女相依为命。孙毓敏从河南正式调任到北京京剧三团后，作为荀派的重要继承人，她与荀令莱一起整理恢复了许多荀派重要剧目，其中就包括《金玉奴》。荀令莱向荀慧生学戏的时间长，记忆好，在她的帮助下，孙毓敏迅速回忆起了跟荀慧生学戏的细枝末节。她们伴着录音，结合各自对荀慧生所授技艺的回忆，对《金玉奴》做了重要修改。

孙毓敏在一遍遍地尝试过程中逐渐发现了众多不足，发现了传统演绎方式的漏洞，并进行了一系列的修缮和补充，这是她一直以来坚持的方式，也是她对自身严格、对艺术专注、对荀派负责的方式。这种恪尽职守和反复推敲成为她提高自身艺术修养，提高演绎技能的高贵品质。在艺术的道路上，她因此可以长期处于稳定并不断提高的状态。到目前为止，孙毓敏已经具有四十多年的舞台表演经验，但却不敢有任何敷衍和懈怠，每一次细节上的突破，都能带给孙毓敏万般欣喜，每一点一滴的增删修改，都是一次考验和勇气的对决。

一个科班出身自幼在荀派门第学戏的孙毓敏，对于荀先生教诲的遵守是可想而知的，她严格按照先生教导的方向前行。对先生的极度尊重，能够保持荀派独特的程式风格，但在一定程度上也增加了突破程式的难度。但一位优秀的艺术家，不会因为固有模式的限定而停止迸发的脚步，况且荀先生也一直鼓励她不要被现有的技巧所局限。孙毓敏追求的艺术境界也远不止于单一程式的模仿艺术。荀慧生先生屡次教导孙毓敏，要突破现有的学习，要把眼光放得更宽更远，努力寻求一切可以提升个人技艺的机会，进而带给观众更为深刻的感官体验。真切体会所饰演角色的感情变化，融入饰演角色的内心中去，需要寻找一个充满艺术灵感的舞台，这是孙毓敏在演艺生涯中最为珍贵的艺术体会。

演员对饰演角色的投入程度，将直接影响到是否能够将角色演绎到位。反复理解人物内心，体会人物性格变化和情绪波动，在戏中真切地体味另一段人生，耐心与细心并驾齐驱，会逐渐让观众感受到演员的表演并非单一的模仿，而是剧中人物真实生活的再现。在孙毓敏的演艺生涯中，《金玉奴》被反复带上舞台，而在表演的过程中，想要饰演好由少女到少妇最终变为"复仇女神"的角色变化，极为不易。把握演员的内心，掌握好心态和情绪变动的步调，是极其重要的。从最开始的出场，孙毓敏就做了尝试，一个"啊哈"开场，先声夺人，再一个眼神横扫观众，一个致敬调侃并调皮嬉笑的表情，每一个戏剧动作都呈现着创新的光辉。沿袭了荀先生并融入个人革新的"眼向观众，手指已脸"的舞台表情，在日后孙毓敏和弟子的舞台表演过程中，得到了观众的一致好评。这种尝试并非简单意义上的突破，这之中必然包括了荀派以及孙毓敏对所饰演角色性格恰如其分的理解。

孙毓敏在演绎《金玉奴》时，明确了主角救助落魄人苦命人的好心肠，她一改活泼可人的形象，拿出了充分的正气凛然和古道热肠，这瞬间的情绪突转是考验演员情绪把控的紧要环节。接下来金玉奴与莫稽的对视使得情节急转，演员面部表情和神态动作，都要求做到尽善尽美。一个美丽的相遇，一段感情揭晓的刹那，总能引发观众的兴趣，而这则要求演员要充分揣摩剧中人物的心情，加以现实生活的夸张、渲染，既不能让观众觉察做作，又不能太过拘谨。孙毓敏的处理方式是，眼睛先望向观众，右手食指也绕向观众，再将眼神转回莫稽，再将手小指向前方观众，看住一个方向屏住呼吸，亮眼再羞，然后挡脸。这些细节化的处理使得剧中人物内心世界得以准确外化，让观众对金玉奴的可爱与真诚增添了几分喜爱。

对于《金玉奴》的舞台表演，孙毓敏察觉到老戏中回忆性的念白繁多，念唱组合显得啰唆，使观众在已然知晓金玉奴的心情之后，反复聆听，倍感疲乏。她在反复思考之后，觉得该戏不仅要演出个人情怀，更要走入大众的内心。了解观众的需要，满足观众的欲求才是戏剧应有的功用，在这过程中对于戏剧艺术性的追求也十分重要。所以大胆删减其中有损观众兴趣的细节，并在之后的创作中要依照观众的审美趋向做出修改。对于"控诉"桥段，孙毓敏经过观察发现，在结束时显得逊色，没能完好地收束全剧。所以她大胆地进行了尝试，将原来古板的七言十二句变作三十二句，使得该段能够形成完整的一折，方便单独演出。这种颇有力度的结点将观众的情绪提升到一个新的高度，能让观众带着满足离开剧场。

荀派艺术没有故步自封，也没有因为取得一定荣誉就放弃对弟子再创造的尊重。这种源于一代代人尝试与实践，到最终得以将戏剧推向更高处的准则，使得这一艺术流派变得更具威望，生生不息传承发展。博采众长，才能出众演绎，永远饱含热情的创新，使得荀派艺术得以不断丰富。孙毓敏的学戏生涯比较坎坷，但也收获了来自于各戏剧流派的不同特色。这种积累上拓展了她的演绎视野，让她不畏派别的局限，不畏前路的狭窄，可以本着艺术至上的原则，无限地发挥各流派的专长，进而丰富舞台的表现力，凸显独具魅力的表演方式。

孙毓敏坦言，梅派艺术的基础将基本功打得牢不可摧，张派艺术的丰富唱腔将原有的舞台技艺提升到了新的层次。在多年的学习借鉴中，孙毓敏对于梅派的稳重流畅有了充分把握，对张派艺术中可调节演唱弹性和细腻情感把控的技巧也有了全面理解，这将她艺术表现的外延扩展到更高程度。艺术之间的互通性是神奇的，每种派别都在欣赏美、弘扬美，技艺有所不同，但核心却大致相通。和和美美的梨园春秋，让每一个热爱戏，尊重戏，发展戏的虔诚弟子，有了更多的后盾和支持的目光。而这也让京剧舞台更加丰富，更加精彩缤纷。

第八章　继承传统　频创新剧

金玉奴有三重身份，由少女到少妇再到弃妇，从闺门旦到花衫再到青衣。金玉奴的父亲金松，由大丑扮演，面部涂一块白色豆腐块图案，另一角色莫稽由小生扮演。《金玉奴》是一部极具艺术特色的作品，从上场到落幕处处充满了独到之处。按照荀派的演法，在锣经之后的第四下"扎"，孙毓敏念出一声高亢嘹亮的"啊哈"，然后快步上场，亮相时要提亮眼神，垂肩站立，让观众有眼前一亮的感觉，随后走个小圆场步。金玉奴刚开始虽是闺门旦，而此处采用的不是一般的花旦扭步。节奏上闪出最后一板，说到"貌如花"时，孙毓敏眼神充电，直视观众指己脸，这种演法新颖独特，将一个年幼俏皮的少女展现在大家面前，惹得满堂哄笑。荀派在刻画人物性格方面独具一格，充分体现了人物在各年龄段的性格特点，一举一动，一颦一笑，生动形象。

荀派花旦区别于其他流派的主要特点是不走扭步，多以圆场式的快步或者慢步为主。孙毓敏向内归坐后，开始交代主要背景，引出后面相遇莫稽。开头必须要表现得细致，刻画出金玉奴的性格。金玉奴做出一副自豪状，手势抚胸，向大家介绍"我金玉奴，爹爹金松乃是本城的一个杆儿上的花子头儿"，体现出一个年幼少女的娇憨姿态。金玉奴自小与父亲相依为命，看到天色已晚，父亲却仍未回家，内心开始焦急，把自我心理点明，以便观众与演员一同入戏。听到方才门外又有一声"扑通"，惊了一跳，此处孙毓敏双手下压，神情犹如纯情少女般惹人怜爱。在过门中，金玉奴意识到出门前应该整理一下自己，右手抚头，左手托腮，边走边整顿衣服。金玉奴在前期是个比较俏皮可爱的小女孩，即使家境贫寒，依然可以幽默地唱出对生活的乐观态度。走至门前，向远处眺望，由屋内转至雪地，要表现出环境的变化。孙毓敏做了一连串的动作：哆嗦、捂耳、掸衣服，以此交代当时是个雪天，风雪飘来，衣服上满是雪花。当金玉奴发现卧倒在雪地里的莫稽时，猛然一惊，先是回到上台角，待听到莫稽发声之后，又急又怯地喊他快快醒来。金玉奴还是个未出阁的小女孩，内心十分纯真善良。当莫稽醒来，金玉奴回应他的时候，孙毓敏为体现出这个小丫头的活泼稚气，每念到"是我呀！你是个做什么的？"时候，双手指胸，以南方人讲话的重音念出，再配以表情动作，甚是可爱。

金玉奴的表演非常符合荀派的风格，小至荀派"左指向下横划"这样的专属动作，大至念白的语法、语气，都来源于现实生活。荀派的京白特色是，以舌尖和嘴唇的力量发声，甜而不腻，非常连贯，慢且清晰。孙毓敏对金玉奴人物的塑造十分准确，不论扮相还是动作，她甚至希望观众即使闭上眼睛听到声音也能辨认出十六七岁的小姑娘。最初金玉奴救莫稽完全是出于一片热心肠，她为莫稽拿豆汁充饥时，若稍有笑容便容易被误解为她爱上了莫稽，所以孙毓敏左手直指趴在地上的莫稽，正色道："你等着！"然后便转身去厨房了。

金玉奴拜堂后的第一次上场，后面有十四句【散板】，老唱法是，两人各唱一句。孙毓敏认为这样既啰唆又无腔调，没有明显的节奏变化，很枯燥，会让观众失去耐心。孙毓敏在保留内容的基础上，将此处概括为几句念白，在时间上缩短了四分钟，显得紧凑了很多。在《棒打薄情郎》这出戏中，孙毓敏将老戏中林润上场念引子、念诗坐场的部分，改为一句【散板】四句【流水】结束。孙毓敏为了避免艺术手法的重复使用，将一处节奏做了巧妙处理。原先的演法为：金、莫二人在金松的逼问下，二人互相推让难以出口，彼此都舍不得，金玉奴在念"他舍不得我"时，撅着嘴唇，双手揉搓着手绢，表达得非常慢，这与后期莫稽说的那句"我也舍不得她呀！"表情所采用手法重复，都是极其缓慢。孙毓敏演到此处，将手绢从左到右撩个半圆，眼神跟着飘回去。比之前的处理方式快了很多，这种表演分寸与节奏处理是很有必要的。

《金玉奴》最后一场是"洞房棒打"，孙毓敏对此处的改动非常大，以大段【反二黄】新腔结束。过去的老戏普遍拥有重复的特点，演员在舞台上喋喋不休地重复唱念，容易使观众感到厌烦。金玉奴的大段回忆性念白，是这场戏中最为精妙的一部分。原词比较简单，都是七言十二句，但是就全剧来看，冗长复杂，孙毓敏便忍痛放弃了此段。为了说明金玉奴的心情，将【回龙】【原板】等六句改成八句，突出强调了人物的内心情感。

经过孙毓敏多年的实践总结，参考了众多名家、学者以及观众的意见后，总结出了两种演法：一种是现场处理，如果演出全剧，就根据观众的情绪，直接进入唱，不加念白；另一种是演《棒打》一折时，必须有念白，给观众加深印象后，再加上大段控诉性的唱腔。孙毓敏已将这一大段唱腔改为三十二句【垛板】唱法，使全剧达到了高潮，并以此结尾。

其中《棒打》一折一直都很受观众的追捧，此段唱腔对演员的功底要求很严格，旋律复杂，如果没有做好准备工作或是无法自如掌握气口，不懂得偷气方法，很容易陷入唱腔，无法自拔。所以只有能够驾驭整个唱腔的旋律并做到游刃有余，能够熟练地把握住节奏，才能抓得住观众。孙毓敏对《金玉奴》的修改在实践中产生了重大影响，得到了京剧界的一致认可，加重了此剧的分量。多年来，孙毓敏一直将它作为自己的保留剧目。

孙毓敏对待《玉堂春》《金玉奴》这类传统剧目，抱有传承与创新的双重认知，对那些继承经典的同时勇于革新的新编剧目，她一直持有褒奖的态度。孙毓敏对刘连群先生根据《铡美案》改编的《香莲案》就曾作文夸奖，具体如下：

介绍一出新戏《香莲案》

刘连群先生是我的好朋友之一，虽然他比我年轻一点，但他是天津艺术研究所的所长，所以我总要高看他一等。听说他曾经是个老生演员，但凡戏校毕业的内行，有高文化的不太多，因为长期练功，好像更重视舞台，不太重视文化似的！所以像他那样又是内行，又有文化，还能领导研究所的人才可真是不多呀！还能编剧本，真是天才！

近来，又听说他独自编了一出新戏，名叫《香莲案》。不用说和"秦香莲"有关了！哎呀！我真替他捏一把汗！我曾写过一篇文章主题叫"勿动经典！"为什么呢？在90年代，我在香港看了一出郭小庄主演的，经过修改的《霸王别姬》。把"自从我随大王东征西战"这四句改成了【二黄慢板】（据说早年也有人唱成【西皮慢板】的）但毕竟是由一位乐队老先生新编的新腔，听着耳生，在"舞剑"时，她又不按已成经典的梅氏套路舞剑，而是更加舞蹈化，增强了难度和技术性，她演得气喘吁吁，舆论却是一片质疑："何必呢！瞎改什么呀！吃力不讨好！"等等。且不论这类舆论的是与非，往往"约定俗成"的偏见是不论是非的！何况是艺术问题，不是一加一等于二，而是可能等于三、等于四的。人嘴两张皮，说什么的都有，由此把我这个一向支持"戏改"或"革新"的思维习惯，也只得向习惯势力投降，我被迫得出了一个所谓的"勿动经典"的经验教训！也写成了那篇文章。

今天，面对刘连群所长新编的这出《香莲案》我该持什么态度呢？我带着怀疑的心情又不断嘱咐自己："一定不准有感情色彩，客观地来看，第一眼是最准确的！要做到假设我不是内行，是一个纯外行观众，认真地看看到底好不好？行不行？"于是我认真而严肃地走进了剧场，观看了这出新编的《香莲案》……印象真不错！

这出新戏《香莲案》由天津京剧院排练演出。编剧：刘连群，导演：白云鸣，主演：秦香莲由程派演员吕洋扮演、陈世美由林柯扮演、张三阳由窦骞扮演、包公由王嘉庆扮演。演员阵容很强，全剧比较紧凑，取消了老本子《秦香莲》里的王燕林丞相和国太母后两个角色的出现。正如说明书上所说的："丰富了一出新剧目，多了一出新的程派戏，从一个新的角度来解说《秦香莲》的故事……"

主演吕洋长得十分古典，扮相好，能唱会演十分出色。第二主演林柯也十分成熟，嗓子好，表演到位，观众由于恨陈世美的叛变，他的唱得再好也不想给他叫好，说明其人物表演是很深刻的！连配角张三阳的扮演者窦骞也十分引人注意，他表演朴实，人物可爱，又是这一案件中"关键的旁证人"，观众感觉解气！包公的扮演者王嘉庆，嗓音及唱腔均很称职但人物的分量似没有原来的重了。

很佩服刘连群所长很会编戏，"勿动经典"在他这里不成问题。他编得合情合理，角度新颖，又很流畅。比如一些典型的唱词："秦香莲不要这卖夫钱"（香莲词），"留得侠义天地间"（韩琪词），"包龙图先正国法再见君颜"（包公词），等等，既不绕口，又很清晰，因为剧本的文采不是纯诗，也不是案头文学，要的就是既流畅，又适合编腔和演唱的才是最好的戏词。目前，此剧本对人物的心理描写更加细化，比如当陈世美知道硬闯宫门闯不进去的妇女就是"秦香莲"时，他独自来到旅店暗访，有一场与秦香莲的对话，他带着钱来，向"秦"说："为了我的前途你就饶了我吧！"二人诉说了赶考别家后，家中所发生的父母双亡等种种情况。总之，有一定的合理性，比老本子"扯下半幅罗裙愣闯进宫去"的做法合理，比一个完全不认识的大丞相王燕林居然真心愿意帮助秦香莲并带其进宫唱"琵琶词"冷嘲热讽陈世美的做法更合理！因为在那个礼教森严、法制等级森严的古代皇宫里一个乡村民女居然能闯进皇宫中去是完全不可能的！比现代的上访者闯进国务院还要难上千百倍，因此取消了王燕林这一角色是很合理的！

导演的手段也很符合京剧的表演规律，比如行路中母子三人的遮雨动作，"不准进宫"用音乐描述不再重复也很好，两次突响的"闪电"有心理和情节的暗示作用，张三阳作旁证时以虚动作处理等手段，都看到了导演手法的巧妙，符合了观众的欣赏心理。其中"一件寒衣"不断再现冲击着"糟糠之妻不下堂"的中国式婚姻的道德底线。

唱腔设计符合流派特色，舞台美术也没搞大制作，据说只花了几十万就排成了这出新戏，准备参加11月份的京剧节！预祝天津京剧院参演顺利！

总之，这是一出新戏，也是一出好戏，爱好者们应争取先睹为快！

第三节　移植《痴梦》　一片痴心

自从党中央提出"百花齐放，百家争鸣"的方针政策之后，国家就在鼓励全国的戏曲工作者积极开拓新剧，丰富剧目，促进传统文化复兴。1985年，孙毓敏移植改编的《痴梦》在戏曲界产生了重大影响。《痴梦》一剧是《朱买臣休妻》中的一折，是一出讽刺喜剧，半疯戏。演的是崔氏改嫁张屠户，经常挨打受骂，前夫朱买臣考中状元，贵为太守。崔氏幻想与前夫恢复夫妻关系，做了一场"痴梦"。京剧界有装疯戏、真疯戏，孙毓敏创造了半疯戏，极大地丰富了剧目类型，在创作

《痴梦》，孙毓敏饰崔氏

手法上也革新了京剧的传统观念。

1982年，孙毓敏从姚玉成那里得知，江苏张继青演出的昆曲《痴梦》非常有魅力。第二年孙毓敏便跑到苏州观看此剧，确实非常有看头，当下决定将其改编过来。南北昆的演法各有千秋，孙毓敏要拿昆曲本作为参考，根据之前观摩的张继青、秦肖玉、洪雪飞等人的演出，斟酌之后设计出了剧本的基本框架。随后交给北京京剧院副院长陆翱，进行修改移植。陆翱是个很有才华的剧作家，一周之后便将剧本交给了孙毓敏。孙毓敏对剧本非常满意，立即投入到唱腔的设计中去了。

当时孙毓敏在上海静安医院进行植皮手术，正巧唱腔设计家高一鸣前来看望，给出了具有重要意义的指导与建议，孙毓敏对剧本和唱腔做了进一步的修改与完善。回到北京后，孙毓敏便立即开始排练，一个月后《痴梦》首演，轰动北京城。随后又先后到上海、武汉、天津等地演出，观众反应强烈，受到了极大的欢迎和认可。仅仅一出四十五分钟的折子戏，竟然被孙毓敏演绝了。

《痴梦》主人公崔氏属于多重性格，选择传统的刻画人物性格的固有行当表演，很难将其表现准确。于是，孙毓敏大胆打破程式，调用众多艺术手段，对人物进行了深刻分析。从崔氏的性格、经历出发，结合她的心理变化以及梦境这一特殊环境，运用青衣的韵白、昆曲泼辣旦的唱腔以及大段歌唱的方法，十分生动地刻画出了人物时而疯癫时而清醒的精神状态，将那个可怜又可气的人物，演得栩栩如生，震撼人心。

在此不得不提的是，随着时代的发展，京剧的程式化表演，很容易让观众产生一种刻板陈旧的感觉。京剧人物的喜、怒、哀、乐都是看一而知众，没有新鲜感。

在动作上，虽然程式化动作来源于生活，但长久以来缺乏变化与更新。演员们大都在啃老本，保守势力十分强大。然而孙毓敏《痴梦》的移植，偏重于性格化表演，是对程式化表演的扬弃，这种全新的革新犹如石子打过湖面，激起了层层波纹。

《痴梦》的表演发扬了继承与创新的精神。崔氏为张屠户开门的动作，完美地继承了京剧的程式化表演，于朦胧中听到敲门声后，崔氏怕张屠户要杀她，胆战心惊地扒开一条门缝，立刻吓得又关上了。这样的动作重复了三次，最后一次，她双手紧按门闩，给自己壮壮胆子之后，迅速打开房门，每个动作都展现出了崔氏的内心世界。

孙毓敏为崔氏设计的上场动作不同于传统戏，她打破了千篇一律的上场规则，采用京剧舞台上从未见过的动作组合，出场前先是吟唱一句"断雁听西风，寒蝉自悲鸣"，崔氏迈着横扭步背对着观众上场，在"九龙口"打了个哈欠，吐着瓜子皮，拿着花生豆，拎起腰襟子反身亮了第一个相。将一副好吃懒做的妇女形象表现得淋漓尽致。从人物性格出发，设计一套专门的动作配合人物上场，这种创新直观大胆。孙毓敏为崔氏设计的念白采用的是韵白，以荀派原有韵白为基础，用更符合崔氏粗俗身份的语言突出人物性格，采用节奏较快的语速，顿挫韵律变幻无常，创造出了一套独属于崔氏的韵白。在不同的情景，即使同一个动作，孙毓敏也为崔氏设计了不同的表现形式。在《痴梦》中崔氏有三笑：第一次是得知朱买臣高中状元后，想入非非要做状元夫人时，发出的一种俗不可耐的笑；第二次是梦中看到婆婆拿着凤冠霞帔迎接她，发出的惊喜的笑；第三次是梦中一切消失，反差巨大，无奈自嘲引发的怪诞的笑。三种不同的情境，三种不同的表演动作，每一种都代表了崔氏在不同阶段的心理状态。

传统京剧擅长借助行当塑造人物。行当是类型的划分，界限分明，而崔氏最大的特点就是跨行当。不管是青衣还是花旦、闺门旦、泼辣旦，凡是符合崔氏性格的类型，孙毓敏都将其融入到了崔氏的表演中，追求从行当中演出个性。孙毓敏此次创新幅度之大，前所未有，引领了跨行当表演的潮流，为京剧的成长注入了新的生机。

《痴梦》一剧主要是崔氏一角儿，其他配演台词很少。自《痴梦》打响后，

《双玉缘》，孙毓敏饰袁玉梅

效仿学习的人数一直居高不下。孙毓敏的学生有一半演过此剧，都获得了成功。孙毓敏两天内将此剧目教授给了台湾学生李玉光，在台湾举办的京剧比赛中，李玉光凭借《痴梦》一举夺得了冠军。

随着传统剧目的恢复与营业演出的需要，孙毓敏经常观看各种流派的剧目，以此期待能够丰富京剧剧目。有一次孙毓敏到剧院观看根据吉剧改编的评剧《桃李梅》，故事情节新颖，且也有女扮男装的戏。孙毓敏以前演过《荀灌娘》，了解女扮男装的戏份，于是决定将其改为京剧。孙毓敏搜集到评剧剧本，与师弟和中国京剧剧院院长吴江合作改编剧本。孙毓敏大胆发挥创新精神，融入了昆曲、豫剧、大鼓等艺术门类的精华，设计出了独特的唱腔。孙毓敏的腿脚不方便，穿厚底靴是个很大的挑战。但是为了排演这出新剧，孙毓敏付出了很大的努力，终于克服了困难，获得了巨大的成功。并且灌制成唱片，拍成了电视戏曲片。搬上荧屏后的《双玉缘》影响力更为深远，大街小巷无人不知无人不晓。

孙毓敏是一位厚积薄发的艺术家，对京剧改革的探索非常深刻。因"文化大革命"期间的遭遇，身有残疾的孙毓敏无法对"舞"进行深刻的研究，只能从"唱、念、做"三方面入手。许多演员吐字不清晰，让观众很是反感，孙毓敏在唱功方面下了狠功夫。为了规范唱腔语气，孙毓敏经常对着镜子查看口型，分析字首、字腹、字尾三者的比例，力求唱得更加清晰。她采用快中有慢的手法避免在【流水】和【快板】中吃字的问题，并且每次练习都会录音，多次修改其中出现的问题。孙毓敏说，对唱腔的研究需要对语法和音律进行详细的分析，这样才能抓住语气，突出重音。孙毓敏对唱腔节奏的反差也进行了详细的分析与学习。孙毓敏是个细心的人，为了达到字正腔圆、节奏鲜明的效果，对于装饰音、颤音、压音、滑音以及呼吸、偷气、换气等技巧，都进行了精心安排，力求在演出时能够突出强、弱、快、慢的对比，统筹全局，相辅相成。

孙毓敏对念白方面的改革，发扬了"取其精华，去其糟粕"的精神，保留了荀派念白生活气息真实浓郁的特点。荀派念白嗲而不腻，对人物性格的塑造深刻，贴近实际。将京白与韵白融为一体，常采用反差对比的念白，刻画人物性格。孙毓敏保留了这一特色，在继承的基础上，集合百家所长，借鉴向隽珠、姚锡娟等人的方法，将发音位置提前，巧妙借助牙齿与舌尖的力量，这样不仅响亮、清晰，而且富有感染力。孙毓敏对语法也深有研究，避免如炒豆般杂乱复杂的现象发生，她着重学习语气的抑扬顿挫，突出重音，快中有慢。并且在念白发嗲的问题上掌握有度，以免让观众反感。

提及做功方面，孙毓敏遵循"古人新演"的准则，将传统程式与现实结合，摆脱保守势力的禁锢，使人物更富于活力。从人物出发，从实际出发，剖析人物内心世界，以达到表情达意的目的。孙毓敏将其总结为："意先形后，以意领情，以情带神，以神促形。意是情神，声是情貌，唱是言情，传情达意，才能声情并茂，神形兼备。"

孙毓敏特别注重"以眼传神"，早年荀慧生便教授孙毓敏将视线放到九至十四排观众的头上，寻找一个具体的点。演员对着这个视点连说带唱，从观众的角度看起来，演员就像在注视着观众，如同叙家常一样谈心，产生了互动效果，这是荀派特有的方法。孙毓敏将此作为荀派重要的技巧，传承下来，并且多次提出"视像具体"的概念，希望能够得到进一步的推广与研究。

一个多年活跃在京剧舞台上的演员，想要保持最初的活力和灵动性是极其困难的一件事情。这需要演员足够谦虚、好学、耐心地钻研。一直被孙毓敏奉为艺术实践座右铭的"永像第一次，做到三分生"这一原则，是师傅荀慧生一生中舞台生涯的写照。每次上台之前，保持自己对戏中人物角色的陌生感、着迷感，会在很大程度上提高演员在舞台上的爆发力。

在饰演过程中，孙毓敏努力的补给文学素养，尽最大可能地理解文学作品中关于主题的阐释。毕竟文学作品中人物形象的表现，心理戏会占相当大的成分，所以想要在戏剧中完美呈现就需要利用其他的技巧来弥补。荀派艺术中的关于内心外化的拓展，借鉴了话剧艺术的表现手段，将剧中人物塑造得更具生活化、个性化、趣味化，也更具时代感、真实感、幽默感。这在一定程度上，将文学作品中的人物形象的京剧演绎变得多面、立体和丰富。在如何饰演好《一代贤后》的困扰中，孙毓敏沿袭一贯在剧本上做标注，请剧作家将剧本修改作京剧本的方式，一点点去突破，一点点去钻研。她也总能在千头万绪的复杂中记起荀慧生先生曾经教导她的道理，认识到艺术的无止境，认识到努力的无极限，只要有一份信念和热爱就不会在奔赴艺术的路途中迷失方向，止步不前，信念会为每个欲求进步的人点起一盏灯，照亮前进的路。而每个小小成功的背后也必然会催生动力，推动着这个赶路的人，风雨兼程。

到了五十岁以后，孙毓敏才敢演出《杜十娘》，毕竟有了一定的舞台经验，杜十娘内心的后悔与绝望，就被她表演得很有深度了。《勘玉钏》与《红楼二尤》两剧均是荀慧生大师的得意之作，妙就妙在，均为一人连饰二角，充分展示了演员的多才多艺及可塑性。无论身段、念白、演唱，均要形成两个人物性格与身份的不同。表演技法、发声、年龄不同的两个行当决不能混同。如《勘玉钏》，演员前饰青衣俞素秋要温柔、无主见、性格软弱，故上当受骗，直至自尽而亡。演员后饰韩玉姐是纯花旦，必须演绎出此女孩单纯、豪爽、活泼、痛快、快人快语、纯情少女性格和形象。快中寓慢，充满着青春感的念白，给予观众及时互动的荀式独有的表情和"视像具体"的表演方法，又是独具魅力的。再如《红楼二尤》一剧，从荀大师创作至今，在舞台上活跃了近八十年，演员前饰尤三姐，虽然寄居尤氏家中，却有守身如玉的刚毅性格。尤其在《闹宴》一折中，面对两个流氓叔兄，贾珍和贾琏的调戏，尤三姐凭借她疾恶如仇的性格，痛快伶俐地演了一出反调戏，大骂二贼十分痛快，借机将他们推出房门，自己却忍不住委屈得呜呜哭了起来。但是由于她深爱的柳湘莲又听信了别人诬告，说尤三姐也不是洁白之人，只有门前的狮子是洁白的，柳湘莲一怒之下索回了定情的鸳鸯宝剑。如此竟把一个烈性的尤三姐给逼死了,她拔出雌剑自刎,以示清白。尤二姐却是无主见的懦弱女子,纯青衣,由于贾琏的无耻追逐,她竟认命当了贾琏的"二奶",后被凶狠阴险的王熙凤诓入家中,将生出的儿子弄死,又逼她喝下了毒药,当场死亡。这两个性格迥然不同的弱女子,均死在了封建社会道德败坏的环境中,成为失败婚姻的牺牲品。由于性格不同,演法不同,演员需要掌握更多的表演方法方可胜任,绝不

《红楼二尤》,孙毓敏饰尤二姐

能雷同,才见水平。另两个角色王熙凤和秋桐也很重要,有时也需一人连饰两角,王熙凤可兼演前半出的尤二姐,秋桐可兼演前半段的薛蟠,也颇见功夫。荀慧生大师的创作能力很强,以上两出一人连饰两角的《勘玉钏》和《红楼二尤》,绝对是吃饭戏,久演不衰,谁演谁红,是戏保人的好戏,孙毓敏已连续教了十几个擅演以上两个戏的学生。

  作为一位京剧演员,孙毓敏看待其他艺术形式往往是包容的态度,对于昆曲、豫剧等其他剧种的优秀剧目非常欣赏,《痴梦》的成功就源于对昆曲《痴梦》的改编。她时常出现在剧院,看戏几乎伴随了她一生,对于好戏的欣赏程度是无人能及的。孙毓敏并没有受到打压同行风气的影响,说话总是那样率真,直截了当,对于差戏的批评总是一针见血,对于优秀剧目的赞扬也总是毫无保留。她就曾十分欣赏昆曲《琵琶记》,并作文赞扬,大力推广,号召观众一并欣赏,豁达的心态十分令人敬佩,全文具体如下:

我喜欢这样的好戏

我是一个比较喜欢激动的人，尤其看到一出好戏，比吃了一顿好饭还要舒服，这是一出高级的艺术享受啊！

2011年5月12日晚，我在长安大戏院看了一场来自温州的永嘉昆曲《琵琶记》。这是最早的"南戏"剧目之一，由中国艺术研究院研究员谭志湘和永嘉昆曲团音乐设计林天文改编移植而成。永嘉昆曲《琵琶记》，是由55折的长度浓缩成了两小时零20分钟的一出好戏。导演是上海昆剧院著名小生周志刚。笛师是本团黄光利，舞美设计是外请的马长山与本团周星耀，他们的合作太成功啦！

坦率地说，我虽是个京剧演员，也会几出昆曲戏，但我总觉得昆曲水平虽高，但节奏太慢，文辞太古，像我这种人欣赏起来多少有点障碍，好像要去查字典才能真正理解全部词意。但这出戏起点很高，虽然台底下没几个外国人，而他们的字幕是双语的，上边中文，下边英文，似有推向世界的雄心壮志啊！唱词雅俗共赏，恰到好处，比如："我不怕身败名裂血溅朝堂"，"断送了他的孝道夫妻恩情"就比较容易理解，不会引起歧义。还有许多好词，美词，当时记不下来……他们的昆曲之路是正确的。

全剧共八场加一个尾声，情节流畅，细腻适度，非常适合当代人看！主题突出一个"孝"字，人们在矛盾重重的挣扎中完成了这一传统美德的实践，给当代人上了一堂很好的品德课！我看剧本整理改编和导演是懂得观众心理学的，所以才有如此高水平……

角色只有七个人，赵五娘的扮演者叫刘文华，一看就是一个很有经验的老演员，身段漂亮，嗓音圆润。在小生奇缺的情况下，马士利扮演的蔡伯喈也给人留下了深刻印象。每个演员都很称职，就连那个怀疑贤德媳妇赵五娘"偷吃什么好东西"的馋婆婆，也使人久久难忘。总之，角色不错，情景集中，非常值得一看。

我最反对大制作，但也不赞成简陋的一桌二椅。永嘉团的天幕有质感，

第八章　继承传统　频创新剧

灯光明亮而真实，配合一点不妨碍表演的小硬景，正是目前最受欢迎的戏曲布景制作状态。便于表演，便于流动。

　　为了方便未看戏的读者了解剧情，请允许我简述一番剧情：这是一个流传千古，家喻户晓的故事。蔡伯喈被父亲逼迫赴京赶考，他辞试，父亲不从。金榜题名后，他被牛丞相相中，招赘为婿，伯喈辞婚，牛相不允，蔡伯喈拼得一死，金殿辞官，万岁不准，最后只能生活在无奈与叹息之中……丈夫赴京赶考，两月新婚的赵五娘，以嫩肩挑起生活的重担。三年荒旱，她糟糠自咽，侍奉年迈的公婆。她剪发卖发，麻裙兜土，埋葬公婆。她描容上路，千里寻夫……

　　经过一番周折，在牛丞相贤女牛小姐的安排下，五娘夫妻终得团圆。但赵五娘、蔡伯喈、牛小姐三个人心中都有难以言表之痛……这是一个大团圆的悲剧，让人心动，让人思考……

　　情节不算不复杂，内容不算不丰富。写完这篇稚嫩的小评论，您有兴趣，就亲赴剧场，一睹为快吧！

第九章 传播戏曲 海峡内外

海外充斥着莫名的神秘与难以抗拒的吸引力,孙毓敏对其怀有强烈的向往。从演员到教师,她从未停止过求索。作为一位京剧工作者,为了京剧的弘扬与发展,孙毓敏也经常思索京剧在海外的状态,也曾极力寻求京剧在海外的发展契机。孙毓敏首先考虑的是,在竞争激烈的海外,京剧能否博得谋生的手段。随着对外开放政策的实施以及国内大刀阔斧的改革,海内外文化的频繁交流为她提供了海外考察的机会。作为京剧大师,孙毓敏先后前往美国、新加坡等国,就她思考的问题展开了深入的调查与了解。

作为北京大学老校长、"国际东方艺术研究会"秘书长的张学书,对孙毓敏颇为赏识,非常认可她的学术造诣,便将其介绍进入了"国际东方艺术研究会"。后来,孙毓敏凭借精湛的表演艺术以及深厚的学术造诣荣升为学术委员,第一次出国的机会与此有密不可分的联系。作为学术委员,孙毓敏应邀参加北京大学举办的高级学术大会。在会上,孙毓敏结识了赫赫有名的美国教授李绍昆。初次相遇,李绍昆对孙毓敏就十分佩服。孙毓敏在会议上用边讲边唱以及新颖的脸谱展示方式,生动讲解了博大精深的京剧艺术,使得李绍昆目瞪口呆,赞不绝口,并因此邀请她到美国讲学。活动过后不久,李绍昆再次登门拜访,与孙毓敏研讨京剧艺术,提到戏曲艺术在美国的发展,李绍昆再次诚挚地邀请,并且主动提出担当翻译。孙毓敏面对这位诚恳友人提供的宝贵机会,却感觉不太真实。机会来得太突然,反倒让她无所适从,孙毓敏口头应允后便不再多加奢望。

李绍昆任职于美国伊瑞爱丁堡大学,教授心理学,对墨子学说深有研究。回到美国后,李绍昆便立即着手准备孙毓敏到美国讲学的事。不到半年,还在北京京剧团工作的孙毓敏便收到了一封邀请信,正是位于伊瑞市的丹吉洛音乐学院发来的。孙毓敏原本对此事没有抱太大希望,更没有预料到事情的进展会如此之快。孙毓敏曾经非常生动地描述了当时的心情:"就像一个乡下人刚一进城就有人请你喝咖啡一样,是洋味儿的!是新鲜的!"孙毓敏如获珍宝,立即向领导王玉珍提交了到美国讲学的申请。

然而事情并非一帆风顺。在当时出国前的审批过程非常严格,颇为复杂。首先经由北京驻美大使馆对邀请单位以及邀请人的信息进行调查,确保极高的可信度,得到的信息反馈给驻外办,之后再由市文化局外办通过北京市外办向美国大使馆申请公派出国的入境证。这一系列烦琐复杂的程序至少需要七八个月的时间。然而孙毓敏的申请,令她足足等了八个月之久,早已过了规划的讲学期限,这令孙毓敏感到万分可惜。千载难逢的好机会就这样付诸东流,而且给双方都造成了严重的后果。丹吉洛音乐学院认为孙毓敏不守信用,对此孙毓敏有口难辩,只能忍气吞声。孙毓敏清楚地认识到"文化大革命"中被当作"特嫌"的她,在政治上是存在一定的信任危机的,对于这种出国讲学的行为,更是谨之慎之。

面对此次出国失败,孙毓敏从未放弃希望,她依然坚持与李绍昆联系,向对

孙毓敏在海外讲解京剧艺术

方解释情况，请求理解。看到孙毓敏如此急切，李绍昆也觉得事有蹊跷，便对此事进行了调查。半年之后，李绍昆应邀到浙江大学开会，并且将行程告知了孙毓敏。孙毓敏立刻赶到杭州，与李绍昆在西湖饭店进行了会面。那时孙毓敏才得知上次出国不成，问题出现在中国驻美大使馆。当时在驻美大使馆处，负责此事的是一位青年主管，他个人觉得孙毓敏出国讲学影响甚微，更无必要，便没有批准。得知真相的孙毓敏很是愤慨，她一直主张学术文化的交流与传播，希望更快推动中国戏曲艺术走向世界，发扬光大，让更多的海外人士了解中国文化。出国讲学对促进文化交流意义非凡，竟被如此蔑视，任谁都愤慨万分。由于李绍昆日程紧凑，时间不多，孙毓敏便大胆提出二次出国讲学的决心，正巧新上任的驻美大使馆主管与李绍昆交情深厚。于是，孙毓敏更不舍得放手了，于是直截了当地向李绍昆表明了自己去国外讲学的决心。李绍昆甚是感动，便同意再次帮助她出国讲学。

首次出国的艰辛历程，再次见证了孙毓敏的执着。她一直饱含激情地行走于传播戏曲的道路上，历经千难万阻，荆棘坎坷，凭借着自己的毅力与不懈，打破了一切禁锢。孙毓敏是幸运与不幸的结合体。1990年，李绍昆到丹吉洛音乐学院，商讨孙毓敏讲学的事情。他将上次孙毓敏未能如期出访的原因，详细地做了解释，丹吉洛音乐学院也对此表示了理解。1990年8月，向孙毓敏再次发出了邀请，基于上次教训，这次给了孙毓敏足够的审核时间，日期安排到了1992年1月到达美国。

这次终于顺利拿到了入境证，但孙毓敏不懂英语，而且又是单独出访，她内心百味杂陈。但孙毓敏也很清楚，来之不易的机会万不能再次错失，出国讲学势在必行。她开始学习英文，学习美国文化，准备讲学的相关资料与道具，既紧张又激动的按计划进行着每一项工作。在前往美国的途中还是出了一点小插曲，孙毓敏乘飞机从西雅图入境时，入境处工作人员一看是中国人，便开始询问所带的资金。孙毓敏当时带了两千港币和两百美元，考虑到可能会被充公，她便说："没带钱，因为对方邀请我，会给我钱的。"万万没想到的是，如此一说竟让工作人员对她更是不信任，将她安排到一侧，等候结果。与孙毓敏一同排队过关的几个日本男女，都没有遭到盘问直接过关，只有孙毓敏和几个中国留学生被调查了。在当时,这种因国民经济的差异而被区别对待的现象屡见不鲜,第一次出国的孙毓敏就遇到如此不公平的对待,令她感到酸涩难忍。她深切地意识到"贫穷就要挨打",在国际社会上是确实如此,内心不由地产生了一股爱国情怀。对于祖国,孙毓敏一片赤诚,满怀爱国热情,尽心尽力地奉献着一切。经历了此事,孙毓敏认识到,一个人行走在国外,必须有一个强大的祖国作为后盾。"人穷志不穷",孙毓敏相信改革开放的力量,能让中国迅速屹立于国际社会。这让孙毓敏更加意识到此行所承担的重任,她带着中国人的尊严走出国门,势必臻至完美。后来李绍昆直接投诉到入境处,才得以过关。好事多磨,不管历经多少曲折坎坷,总归迈出了出国宣讲中国京剧艺术的第一步。

抵达美国的孙毓敏,立刻投入到了演讲的行程中。在李绍昆的帮助下,孙毓敏在丹吉洛音乐学院以及美国宾州滑石大学进行了五次演讲。以宣讲京剧特色为主题,结合京剧脸谱和头饰画像,配合磁带,连说带唱,以一段生动形象的英语"苏三起解"作为结尾,完成讲学。李绍昆提供了立体解说和翻译,使得每次演讲都能引来喝彩。

孙毓敏此次主要在美国的中小城市宣讲,主要面向大学生。他们对京剧知之甚少,有些甚至从来没有接触过京剧。孙毓敏带着中国的传统文化,虽是初来乍到,却引起了不小的轰动。作为一个新鲜事物,加上孙毓敏生动形象的演说,激发了学生的浓重兴趣。孙毓敏渴望将来能够更大范围地宣讲,如果能带领一个精湛的表演分队,其影响力将不可小觑。只可惜孙毓敏孤身一人,尽管在演讲时得心应手,但毕竟形单影只,美中不足。

孙毓敏在美国停留了大约四十多天,先后去了伊瑞市、纽约、华盛顿、天柏市、旧金山、洛杉矶六个地方。讲学期间,孙毓敏结识了不少京剧艺术业余组织的领导人和京剧爱好者。虽是业余组织,但在当地城市具有很高的权威性。他们得知孙毓敏到美演讲,对她非常热情,无歧视无差异,令孙毓敏有种宾至如归的感觉。孙毓敏到达华人地带,无障碍的沟通令她如释重负,更像回到祖国一般,很快便与当地居民熟络起来。在当地居民组织的聚会活动中,他们用既隆重又温馨的方式欢迎孙毓敏。不仅为她做了标语,还为她特别制作了欢迎蛋糕,并且全程拍摄录像留作纪念。孙毓敏非常珍视这次宣讲，在异国他乡，面对那些华人华侨，是京剧让他们聚在了一起，千山万水隔不断浓重的故乡情谊。她前后三次去美国，一次讲学，一次领"终身成就奖"，一次开国际会议，收获颇丰，甚是知足。

1996年12月20日，时任北京市戏曲学校校长的孙毓敏，应佛罗里达州华商总会邀请赴美讲学期间，被授予"亚洲杰出艺人终身成就奖"，震惊中外。在此期间，孙毓敏接受了多家媒体采访，并有专题访谈节目，事迹见诸多家报刊。在颁奖典礼上孙毓敏用中英两种语言清唱了《苏三起解》《红娘》选段，其精湛的表演艺术，以及中英双语演唱的技艺，令在场嘉宾敬佩不已。

京剧对人的影响力是深远而持久的，在异国他乡，美国华人聚会的形式之一就是以戏会友。以京剧为纽带，大家聚到一起聊戏曲，聊艺术，聊乡情。在美国，乐队是最受欢迎的，因为票友只会唱，不会演。因此，在中国演惯了的演员想在美国进行演出，比登天还难。与目前的演唱会形式相似，美国的京剧表演也需要提前预订场地，订票观演。京剧表演一直追求着少而精的准则，演出少而金贵，从而能够让观众一直保持高涨的热情，留住观众，这也是面对新文化的冲击，京剧艺术存活的一种形式。所以，经过一番亲身体验与调查，孙毓敏清楚地意识到，在美国求得京剧艺术的繁荣与发展的确是一句空话。京剧在美国作为一种外来文化，还只是小众艺术，虽然其奇妙精彩的表演艺术吸引了部分京剧爱好者，但是

孙毓敏在美国旧金山与票友在一起

观众极其匮乏，只能供给那些华人华侨京剧票友聚会赏玩而已。

回国后的孙毓敏针对在美国的切身经历，曾非常感慨地说："在美国，我想得最多的还是自己的祖国，是北京。尽管美国确实有不少先进之处，生活条件远比我们优越，但我总感到不如在国内生活得充实，事业与追求让人活得有志气、有尊严、有滋味，还是中国好。"孙毓敏虽经历了美国优越的条件，言语中却依然饱含着她对祖国的热爱，更加坚信京剧艺术未来在国际上的发展。在异国他乡，祖国是孙毓敏唯一的依靠。它是一个拥有五千年文明的古国，其深厚的文化底蕴，优良的传统文化，为京剧艺术的发展提供了坚实的根基。孙毓敏相信，只要努力付出，抓住机遇，终会让京剧艺术走向繁荣昌盛。

传统文化的发展与创新，迫在眉睫，随着时代的发展，在传统文化受到冲击的现实情况下，两岸文化的交流也为京剧艺术的发展提供了机遇。为促进两岸文化发展，20世纪90年代，孙毓敏九赴台湾，为两岸京剧艺术的交流与发展做出了巨大贡献。第一次是1993年，孙毓敏应"中华国剧协会"邀请，在台湾十七所大学及十个文化中心讲学，此次不只是孙毓敏个人独自演讲，同行者还有李光、李欣和李祖铭。四人承担四个行当，包括老生、花脸、琴师、青衣，讲学与表演同步进行，现场气氛非常活跃。

台湾与大陆京剧表演不同，无论专业还是业余都会采取"定档期演出"的做法，有些类似于现代演唱会的安排。对于那些专业剧团，每隔一段时间就会去固定的剧场表演一期。这样不仅为演员提供了很好的演出平台，还有力地吸引了大批观众。1994年，孙毓敏又带小组去台湾演出，剧目有《玉堂春》《霍小玉》《杜十娘》《红娘》《痴梦》《红楼二尤》等戏，演出六场。在台湾，戏曲艺术发展也是非常广泛的，民众对戏曲非常了解，与大陆情况相似，对此孙毓敏感到非常欣慰。在孙毓敏外出传播戏曲艺术的过程中，台湾是与大陆戏曲文化最有共鸣的地方，讲求创新，鼓励戏改，与时俱进，非常注重新戏的发展。而美国主要是因为少而金贵，香港偏好老腔老调。孙毓敏在演出期间，还发现台湾演员非常喜欢临时合作，发挥自如，这非常值得大陆借鉴。在大陆演出，演员需要排练很长时间，才敢搬上台，而且因为演出过程中的紧张心理因素，怯场失常的情况经常出现。孙毓敏时刻都在期盼两岸能够通航，将台湾的优秀剧目和杰出演员引进大陆，促使两岸文化交流更进一步。

同年，北京市戏曲学校与台湾复兴剧校达成文化交流协议，连续四年，定期输送教师赴台教学，共八批，一百零八人，成绩显著。孙毓敏以校长的身份到复兴剧校观察教学，交流经验，在学术研究上推动了两岸戏曲文化的交流，吸收借鉴了台湾戏曲教学过程中的成功教学方法。视察、交流、演出、教学，先后九次赶赴台湾，孙毓敏作为戏曲文化的重要传播者，为振兴京剧，促进两岸文化交流尽心竭力，坚持"取其精华，去其糟粕"的一贯原则，让中国国粹艺术在海内外传播开来，让中国的优良传统文化在炎黄子孙中代代相传，发扬光大。

孙毓敏在担任校长之后，依然寻求多种传播戏曲文化的海外途径。由北京市委政府外宣处、电视台、戏校、业余少儿京剧组织合作，组织的访问德国友好城市柏林、赫杜塞尔多福及科隆几座城市的重任便落在了孙毓敏的肩上。对于孙毓敏来说，这既是个责任，更是传播戏曲文化的重要机遇。经过一番推荐与挑选，孙毓敏带着一组七至十四岁的小演员们欣然前往德国。飞机抵达柏林时，孙毓敏一行人受到了大使馆以及北京驻柏林办事处的领导们的亲切接见，场面甚是

孙毓敏对外交流

第九章 传播戏曲 海峡内外

壮观。第二天，孙毓敏等人便开始着手准备演出，搬箱，搭台，都是团队自己负责，学生老师一同合作，有条不紊。德国人对京剧知之甚少，孙毓敏准备了临时介绍稿，从表演特色、历史渊源到社会地位，她边演边讲，期望能用最简捷的词句介绍京剧，推广京剧。

面对这些小演员们，孙毓敏感到责任重大。人手不够，孙毓敏身兼数职，不仅是团长、副团长，还承担着艺术总监的职务，有时还需要去后台帮忙化妆。演出任务繁重，演员数量少，几个小演员有时需要连赶多个角色，十三人的演员小组需要演出八出折子戏，节奏如此之快，令人倍感压力。节目编排、角色搭配都需要谨慎安排，孙毓敏与小演员们忙到身心疲惫却也乐此不疲，怀揣着弘扬传统戏曲文化的梦想，尽心竭力地做好每一项工作，最终获得了巨大成功。

孙毓敏的法国之旅开始于6月27日，第一站是里昂。孙毓敏未到法国之前，就已经因为飞机晚点的原因，将本来能够下午到达的行程延迟到了晚上。这或许是对孙毓敏一行的考验。在余秋雨的散文集《文化苦旅》中有一篇《风雨天一阁》的文章，介绍了他在初次拜访天一阁的时候风雨交加、众人必须淌过深水才能到达阁内的过程。同余秋雨一样，孙毓敏的旅行也是一番"劳其筋骨，苦其心志"的锻炼。孙毓敏当时虽然已经从卧床不起的状态中康复许久。但对于这种远征的旅行还是有些吃不消，众人体谅她，在各种细节中尽量照顾她。孙毓敏是一个自强的人，非常感谢众人对她的照顾，但却依然坚持独立完成工作。这种性格跟随她走完了人生中的几个重要阶段。由此可见，"性格决定命运"是有一定道理的。

提及法国，人们脑海中立即浮现香水、美酒以及各种浪漫的故事。自15世纪以来，法国就有抒情诗和浪漫游侠故事的传统，并一直延续至今。孙毓敏来到法国并没有空闲欣赏美景，满满的工作安排注定让他们没有丝毫的享受时间。他们来到法国，是为了能让中国戏曲走出国门，走向世界。21世纪是一个开放的新世纪，也是一个信息膨胀和爆发的年代。每时每刻都有大量的信息涌入视野，京剧作为中国传统文化的瑰宝，想要在大潮中占有一席之地，就必然要走出去，向世界展示中国文化的魅力。

其实也有很多外国人对于京剧有一定的了解，脸谱就受到了很多人的欢迎。将五颜六色的颜料涂在脸上，形成一幅幅美妙绝伦的脸谱，看似十分有趣。但要他们说出京剧故事的渊源，叙述清楚唱腔和念白的讲究，就几乎没有人能答出一二了。让外国友人加深了解京剧，是海外推广京剧的第一步，也是最为重要的一步。京剧深深扎根于中国文化，众多典故都出自中国古典历史，要想将其讲述明了，十分不易。而京剧唱腔的变革则依赖于中国五花八门的地方方言，即便国人也有太多不知所以。海外欣赏京剧，始终隔了一层，雾里看花，看不真切。海外推广京剧，困难重重，并非一朝一夕所能，需要一个潜移默化、润物细无声的过程。面对繁重的演出任务和调度计划，孙毓敏他们没有退缩，他们踏在异国土地上，一举一动都代表着国家。这也意味着不能轻易言弃，始终咬牙坚持。他们就连一顿完整的饭都没有吃过，往往总是匆匆扒上几口，就得赶赴下一个演出地点，如此循环往复。

观众大都只能看到京剧表演者的光鲜，容易忽视了他们幕后付出辛劳与汗水。他们面对许多陌生的面孔，每一场演出都是一次考验，根本得不到半点空闲。孙毓敏十分思念家人，尤其听说女儿生病之后，更是夜不能寐。即便如此，孙毓敏也未曾中断文学创作。她的文稿总是厚厚一打，需要牺牲所剩无几的休息时间来补充与修改。虽然如此，一到白天该演出的时候，她却总能表现得生龙活虎。指挥调度，筹备演出，也总能梳理得井井有条。

他们最后的演出被安排在了古罗马剧场。两千多年前，古罗马的贵族们在这里欣赏戏剧，在两千多年后，来自遥远的东方国度的京剧演员们，在这里呈现出京剧艺术的独特魅力。早在两千多年以

孙毓敏与法国大使夫人

前，古罗马就曾派出使者到访中国，建立了贸易关系。而孙毓敏一行也来到这片大地，为其展示了东方艺术与众不同的魅力。

  1992年秋天，香港举办艺术节，孙毓敏应邀率领戏校学生赶赴香港演出，这是戏校学生第一次赴港演出。香港新闻媒体对孙毓敏一行的演出进行了充分报道。演出期间，孙毓敏接到一位香港记者的邀请，见到一位友人。此次见面，令孙毓敏惊讶万分，这位老友竟然是害得她惨遭"文化大革命"摧残的"罪魁祸首"——顾先生。孙毓敏年轻时因为与顾先生的交往，在"文化大革命"期间被诬陷为"资产阶级臭小姐""特嫌"等罪名。那些暗黑的岁月，令孙毓敏回忆起来痛苦万分。顾先生一开口便向孙毓敏道歉："毓敏，我把你害苦了！"这句简短的安慰让孙毓敏等待了太久。岁月的痕迹早已抹消了恩怨，只能感叹岁月的磨砺与命运的无常。

  孙毓敏怀揣着对京剧事业的美好前景，将精力全部贡献给了京剧艺术，尽心竭力地实践着自己的人生信念"人要活得有志气、有尊严、有滋味"，带着中国传统文化走向世界，溢彩流光。

第十章　频获殊荣　享誉四方

革命的春雨为戏曲艺人举行了一场盛大的洗礼，洗去的是身体上的重负，却没有冲刷掉艺人心灵上铅重的污垢。洗礼后的孙毓敏披荆斩棘，冲破沉重的铰链，带着乘风破浪之势，奋飞翱翔。"文化大革命"之后，历经折磨，拖着残败的身躯，开启了二次人生，她在开始便注定了辉煌。刚毅的性格并非是一般人所具有的，孙毓敏的那些荣誉也并非唾手可得。她在用生命讴歌，用汗水在耕耘，用毅力搏击命运。

孙毓敏的成就与付出是有目共睹的，她凭着那份刚毅与坚持，1979年便被选举为中国戏剧家协会理事、北京市戏剧家协会理事，这为孙毓敏攀登艺术高峰提供了很大的动力。1985年4月孙毓敏又当选为中国剧协第四届理事会理事。这年秋天，她又荣获中国戏剧家协会颁发的戏剧工作者的最高奖项——梅花奖。接踵而至的荣誉，是对孙毓敏的肯定，更是对她艰辛付出的最真实的回报。

孙毓敏是一名开拓型的演员，容纳百川。自始至终都致力于研究京剧各名家的流派艺术，不断创新发展，顺应时代潮流，虚心向姐妹剧种汲取精华，贯彻着"取其精华，去其糟粕"的思想，不断丰富剧目，丰富荀派唱腔以及表演技巧，极大地继承和发展了荀派艺术。孙毓敏是在用生命热爱京剧事业，三十年如一日，锲而不舍地辛勤耕耘在梨园古坛。1985年，手捧梅花奖的孙毓敏，站在高台之上，向那些喜欢她的观众致意的时候，犹如人间精灵，坠落在众星之上，眼前梅花绽放，点点粉光。这种付出与收获的对等，让所有钟爱、敬佩孙毓敏的观众为之欣喜。

第十章　频获殊荣　享誉四方

孙毓敏就是那凌寒独放的雪梅,傲骨铮铮,走过那些铅重的岁月,穿过沉重记忆的罅隙,在时间洪荒中缓步走来,即使再铅重的岁月也压不弯她傲挺的身姿。有一次,孙毓敏在中南海为中央领导演出时,意外收到了中共中央顾问委员会副主任宋任穷的来信,信上大加赞赏她在《红楼二尤》里扮演的尤三姐一角,表示看她的戏感到很高兴,鼓励她能够再接再厉,为广大群众创造更多戏剧形象。孙毓敏心潮澎湃,这不仅代表着她创造的戏剧形象得到了认可,更代表着她作为一名戏剧工作者得到了欣赏。之后不久,宋任穷和夫人又到孙毓敏的家中看望,对她十分关心、器重。孙毓敏万分感动,不断地督促自己积极投身到戏曲艺术的发展与传播中。同年,孙毓敏率北京京剧院三团去上海、泰兴、南京等地巡回演出,皆获得了不小的成功。每场爆满,剧场气氛相当火爆,每场演出后,孙毓敏总是率众谢幕至少七八次之后才能退场,观众称赞她是"拔萃荀门,誉满江南"。

孙毓敏不仅是荀派名家、戏曲艺术家,还需增加一个作家的头衔。孙毓敏的工作是紧张而忙碌的,参加排练,准备演出,每一项工作都是不可或缺的。但在闲暇之余,她还书写了大量的文字作品,包括从艺心得、论文、剧评和生活随笔等,先后结集出版了十二本书之多。孙毓敏谦虚好学,由于自身文化水平的缺失,她一直渴望着提升自身的文字能力。孙毓敏的文章与她自身的人格魅力完全相符,字里行间直抒胸臆,率真朴实。孙毓敏争分夺秒,勤奋笔耕,专于笔墨,持之以恒的精神实在难能可贵。

1987年,孙毓敏以满腔真情,耗时三年,利用一千多个墨色浓重的夜晚,写出了自传体《含泪的笑》一书,引起了强烈反响。孙毓敏时间紧迫,演出任务繁重,此书的撰写与出版来之不易,饱含辛酸血泪。此书包含了孙毓敏童年的贫寒、学戏的甘苦、十年动乱中的生死劫难以及重返舞台的欢欣喜悦。字里行间,布满了人生的坎坷与磨难,饱含深情,使读者不禁潸然泪下。孙毓敏正视自己的灵魂,漂浮不定,坎坷不断,几度浮沉,甚至徘徊在鬼门关,但是强者总是具备着常人所无法奢望的抵抗命运的勇气与意志。1987年11月13日,孙毓敏被批准为中国作家协会北京分会会员。在戏曲界,作为一名戏曲演员加入作家协会的可谓凤毛麟角。众所周知，评剧演员新凤霞凭借两部回忆录荣获中国作家协会会员身份，而孙毓敏是第二个加入北京作协的戏曲演员。孙毓敏写出十多万字的长篇作品实属不易，如果不是凭借着自身坚持不懈的精神与顽强的毅力是很难做到的。正是孙毓敏自强好学、不骄不躁、不断进取的可贵精神指引着她走向巅峰。

孙毓敏签名售书现场

孙毓敏在政治和艺术上的成就齐头并进。1989年7月1日，孙毓敏光荣地加入中国共产党，并且在新年之际，得到宋任穷寄来的贺信，由衷地向孙毓敏表示祝贺，并且教导孙毓敏要起到先锋模范作用，从行动上坚守党的方针、路线与政策，做一名合格的党员。孙毓敏正式被批准加入中国共产党不仅让她深感荣幸，更是国家对她的认可与信任最有力的证明。因"文化大革命"影响，孙毓敏一直敏感于自身在"文化大革命"期间所遭受的罪名是否得到彻底澄清，此次入党，是党组织对孙毓敏的肯定，这对于孙毓敏来说意义重大。同年，孙毓敏被国际东方文化学会选为理事，并成为学术委员之一。孙毓敏不仅是全国政协委员、北京市人大代表，还是北京市人大常委会委员，实至名归，硕果累累。

此外，孙毓敏还是北京丰台区的人大代表，她代表着北京丰台区人民的利益。孙毓敏自小经历了贫困的磨难，她深知贫穷对一个人身心的折磨，所以凡是

第十章 频获殊荣 享誉四方

涉及与居民生活密切相关的问题，孙毓敏都非常重视。当孙毓敏听说某小区因工程修建问题导致三千多户居民十多年都没能回迁，这让孙毓敏忧心忡忡。经过亲自调查，孙毓敏了解到接近一万多人的住房没有得到应有保障。孙毓敏曾说过，虽然此事没有"海湾战争"重大，也没有加入WTO（世界贸易组织）重要，但这确实是关系到民生的问题，问题虽小，但对百姓来说却比天大。孙毓敏一向敢作敢为，在市人大小组会上果断向城建领导提出意见。这种切实为人民服务的态度震惊了在场的许多代表，孙毓敏不卑不亢，拿出了为民请命的姿态，将调查结果悉数上报。孙毓敏很是愤慨，言语激昂，承担起了一名共产党员应负的责任。孙毓敏也曾为当时愤慨激昂的行为感到后怕，官场复杂，敢作敢为往往惹祸上身。孙毓敏可以明哲保身，应该为副市长清廉感到庆幸。他委派相关领导连夜赶到现场视察，第二天就拿出了整改方案。

孙毓敏有自己的一套语言风格，讲话从不存稿，更不会说空话，她总能将汇报资料烂熟于心。孙毓敏当了五十年的老百姓，身份突然转变，的确是一个不小的挑战。摆官架容易，当好官难，孙毓敏并没有因为别人评头论足就刻意改变自己，她讲话依然不按"章法"，不陈旧、不老套，用通俗的大白话，戳中要点，从不拖泥带水。孙毓敏一直都是一个踏实务实的人，她认为开会就是为了给大家办实事，说话做事都应该直截了当。她的语言比较幽默，开会的时候往往能够使人精神一振，从不会让人听来昏昏欲睡，不搞形式、不讲空话的发言往往能够解决一定问题，这让她在一些会议上很受欢迎。

孙毓敏不仅是位闻名中外的艺术家，还是一位辛勤劳作的教育工作者。从孙毓敏当校长那一天起，就一直铭记"为官一任，造福一方"的信念，上任即刻就

孙毓敏在全国政协会议上发言

投身到学校的建设中去了。如何提高教学质量，如何提高工作人员生活水平，如何更加贴近群众要求，如何更好地培养优秀人才，这些都是孙毓敏最为关心的问题。"文化大革命"给孙毓敏带来了太沉重的阴影，她时刻提醒自己，绝不能让当年无辜受冤的历史在任何一个人身上重演。

孙毓敏独自颠簸了几十个春秋，辛酸血泪的过往，就如烙印般深深地刻在心上，挥之不去。孙毓敏一直感激在她最困难的时候，能受到文化部部长黄镇无私的帮扶，黄镇的为官品德也为孙毓敏树立了榜样。尽管在浩渺的世界，一个人看似微不足道，沧海一粟，但是他们都有其存在的价值，不论职位高低、名声大小，"每个人的头上都是一片天"。作为一位领导者，对一件事、一个人的决定与处理关乎着一整片天空。事无巨细，以小见大的道理，一直深刻影响着孙毓敏。她坚信自己唯一能做的就是在自己的职权范围内，尽心竭力地为人民办实事，为他们撑起一片湛蓝的天。1995年经过有关部门的严格审核，北京市戏曲学校被评为全国重点中等专业学校、省部级重点学校和北京市重点学校。孙毓敏也在同年被任命为中国京剧艺术基金会理事。2000年9月18日，北京师范大学表演艺术学院正式开学，孙毓敏被派任该学院院长。三年后，又回到北京市戏曲学校（2002年北京市戏曲学院更名为"北京戏曲艺术职业学院"）任院长。孙毓敏是名副其实的教育家，她为戏曲艺术贡献了无数个春秋，也为自己沉淀了太多精华。

在孙毓敏的众多头衔中，还应该加上一个京剧活动家。一是因为孙毓敏不仅从事着本职工作，尽心竭力，更多的从事着超出本职之外的任务。孙毓敏按照自己的能力，循着自己的方法，毫无保留的为戏剧事业不停努力，不断突破，不断挑战极限。孙毓敏曾携弟子进行荀派传统剧目和改编剧目的整理与巡演，先后多次在京、津、沪、汉等地区进行表演以及演讲，为演出呕心沥血，得到了观众的热烈反响。这些演出与活动都是孙毓敏自发组织起来的，过程极其复杂烦琐，所有的筹划与准备，以及公关活动都需要她亲力亲为，在得到相关单位以及领导的理解、协助之后，才能够顺利进行。困难之大，阻拦之多，足以显示出她作为一名活动家所具有的满腔热情和杰出才干。二来孙毓敏策划、参与的活动，包括票友演唱会、研讨等，已数不胜数，大都从繁荣京剧本身出发，围绕京剧展开。现在京剧的

第十章　频获殊荣　享誉四方

发展，不仅需要造诣深厚的京剧艺术家的支撑，更需要活动家的策划与组织，通过各种各样的活动将精湛的技艺传承弘扬下去。在孙毓敏的身上，我们能看到一个活动家应该具备的活力和感染力。孙毓敏是一个说干就干的人，行动力强，说话幽默，富有感染力。无论什么场合，无论面对多么大的压力，孙毓敏都能一针见血的挑明事情的关键，直截了当，朴实率真，这是孙毓敏独有的个人魅力。

老艺术家永远的留影

教育家、艺术家兼活动家，孙毓敏从未停止跋涉的脚步，她在自己的画册中曾经写道："人到七十古来稀，这大概是我此生要做的最后一件大事了！"然而，事实上孙毓敏一直没有停歇，继续实现着"为演艺界多做善事，多做实事"的心愿。2011年前后，由孙毓敏担任会长的北京市京剧昆曲振兴协会，先后向各地方戏、京剧等老艺术家一百零二人颁发了"终身成就奖"。2012年9月，该协会又向资深编剧、理论家、作曲、媒体编辑、记者、编导和老教师等，颁发了"弘扬京昆艺术特殊贡献奖"，借此奖项来唤醒人们对这些艺术工作者们的认可与尊重。

在《他生未卜，此生长乐》一文中，孙毓敏说道："第二次生命来之不易……要达观、要开心、要知足、要快乐，这就是我七十后的'幸福指标'。"

孙毓敏荣誉目录

1964年1月，被共青团北京市京剧二团支部选为参加北京市五好青年大会，并荣获五好青年称号。

1984年3月，在北京市中青年演员调演中，获市文化局、市文联颁发的戏曲表演特别奖。

1985年，在1984年度首都戏剧舞台演出中，表演成就卓越，特被授予中青年优秀演员奖——梅花奖。

1987年6月，在北京市1986年度艺术评论评奖中，所撰写的文章《我对〈玉堂春〉的修改》荣获评论奖。

1991年1月，被北京京剧院评为1990年度先进工作者。

1989年3月，参加朝阳区首届妇女书画展，作品获优秀奖。

1990年3月，被授予1989年度北京市"三八"红旗手标兵称号。

1991年4月，在潍坊中国京剧演员邀请赛中荣获最佳表演奖。

1991年11月，在京剧《一代贤后》中，因饰演窦姬获得北京市1989—1991年度新剧（节）目评奖演出表演奖。

1991年11月，获全国文化系统先进工作者。

1992年9月，被评为北京市统战系统先进个人。

1993年6月，被评为1992年度文化部优秀专家。

1993年7月，被评为北京市文化局系统1992年度优秀共产党员。

1993年12月，在"梅兰芳金奖大赛"（旦角组）的比赛中，荣获金奖。

1994年3月，在改革开放和社会主义两个文明建设中成绩显著，特授予全国先进女职工称号。

1994年，获美国佛罗里达州颁发的"亚洲艺人终身成就奖"。

1994年9月，在1993—1994年度艺术教育工作中成绩突出，荣获第七届艺术园丁奖特等奖。

1995年4月，被授予北京市先进工作者称号。

1995年4月，被国务院授予全国先进工作者称号。

1995年7月，被评为北京市文化局1994—1995年度优秀党务工作者。

1995年9月，在参加联合国第四次妇女工作大会中，做出显著成绩，联合国第四次妇女大会中国组织委员会授予嘉奖。

1996年6月，被评为1993年度安全保卫先进工作者。

1997年9月，被评为1996年度优秀教职工。

1999年，被评为优秀共产党员（市级）。

2000年，被评为文化系统先进个人（部级）。

2001年5月，在贯彻《北京市公共场所禁止吸烟的规定》工作中，取得显著成绩，荣获"北京市公共场所禁止吸烟先进工作者"称号。

2001年6月，在2000—2001年度，被评为优秀党员。

2002年5月荣获北京市戏曲学校"毕业生成就奖"。

2003年1月，2002年度消防工作中成绩突出，被评为消防先进工作者。

2003年8月，论文《关于"亮点发声法"》《悟性的碰撞与交流》，在2002—2003年度学院教学论文评比中获优秀论文奖。

2003年9月，在北京市高等学校教学名师奖评选活动中，荣获2003年度北京市高等学校教学名师奖。

2003年11月，孙毓敏荣获"第四届中国金唱片奖"戏曲类演员奖。

2004年12月，孙毓敏在2003—2004年度在上海舞台演出的京剧《陈三两》中饰演陈三两，荣获第十五届上海白玉兰戏剧表演艺术主角奖。

2005年9月，孙毓敏连同邵钟世、李连仲、于俊海、王如昆等人，在艺术尖子人才的培养理念和办学模式的创新（北京戏曲艺术职业学院），荣获2004年北京市教育教学成果（高等教育）一等奖。

2006年9月，孙毓敏荣获北京市戏曲艺术职业学院"耕耘奖"。

2008年1月，孙毓敏在学院人才培养水平评估工作中成绩显著，荣获"创优奖"。

2008年2月，孙毓敏被命名为国家级非物质文化遗产项目京剧代表性传承人。

2008年12月，孙毓敏荣获改革开放三十年中国艺术职业教育优秀教师奖。

2011年6月，孙毓敏因在社会活动中做出卓越贡献，被授予"社会接触人士"称号。

2012年，孙毓敏因在专业领域为中国文化艺术事业做出卓越贡献，被授予"感动中国杰出传承人"荣誉称号。

附录一　孙毓敏大事年表

1940年1月，生于上海。母亲孙杰、父亲杨吉云、大妹孙毓皓、小妹孙毓伟。

1948年，随母亲和妹妹从上海迁到青岛谋生，开始受母亲影响，经常观看青岛荀派名旦许翰英演出的剧目。

1949年，母亲聘请许翰英的琴师葛绥芝为孙毓敏教授京剧《女起解》《红鬃烈马》《祭塔》等。

1951年，在青岛的一次联欢晚会上首次登台彩扮演出了《女起解》。

1952年，从青岛进京考入北京艺培戏曲学校。

1955年9月，经郝寿臣校长与新疆京剧团马最良联系，母亲和两个妹妹到新疆谋生。

1959年，毕业于北京市戏曲学校，7月分配到北京荀慧生京剧团工作。

1960年，母亲与小妹毓伟回到北京；同年在中国唱片社灌制首张唱片《荀灌娘》。

1961年，随荀慧生京剧团赴江浙与上海等地演出。6月3日起在上海中国戏院（牛庄路）主演《白蛇传》饰白蛇，别永德饰许仙，吴纪敏饰青蛇，赵炳啸饰法海，赵慧英饰"水斗"之白蛇；4日，日场主演《荀灌娘》，黄文俊、刘永贵、茹绍瑞参加演出；6日与徐和才合演《蝴蝶杯》，期间还演出了《贾巫云》等新编戏。17日起荀慧生老师开始主演《花田八错》《金玉奴》《红娘》《杜十娘》等。上海广播电台播放了孙的《荀灌娘》与《蝴蝶杯》选场。孙毓敏在《解放日报》撰文《看荀慧生老师演出杜十娘有感》。

1964年，奉调加盟梅兰芳京剧团，主演新创剧目和《蝴蝶杯》《生死牌》《白蛇传》等。

1965年，随梅尚程荀四个剧团合并入北京市京剧团（即四联）。同年3月被评为北京市五好青年。

1966年，调入河南省京剧团工作，演出现代戏。后因"文化大革命"停演。

1968年冬，因被诬陷为"特嫌"遭到残酷批斗，关押，被迫跳楼自杀后被救，但身体致残。

1969年春节（正月初十），母亲因"文化大革命"中惨遭迫害在北京自杀致死。

1972年底，经人介绍结识上海籍青年洪元凤先生，喜结良缘。

1975年，女儿蕾蕾出世。

1976年，在上海治病期间，应邀到荀派传人沈松丽家聚会，在座有荀夫人张伟君、王家熙等。席间，张伟君起身向孙赔礼道歉，孙毓敏不计前嫌继承发扬荀派艺术。

1977年，到北京出差，应张伟君邀请与王家熙、马永安等同游颐和园。

1978年，到北京去文化部上访，在黄镇部长关照下于9月在北京与梅葆玖、赵荣琛、李翔联袂登台演出梅程荀尚流派专场。孙连演三场《红娘》获得成功，受到中央文化部部长黄镇接见，为其回京工作奠定了基础。年底，河南省京剧团为其平反昭雪，为其母平反昭雪并举行追悼会。

1979年春，奉调回京，分配到北京京剧院三团工作。主演《红娘》《红楼二尤》《勘玉钏》《金玉奴》等荀派剧目。同年选举为中国戏剧家协会理事和北京市戏剧家协会理事。

1980年3月，主演根据吉剧《桃李梅》改编排演的《双玉缘》，剧中有女扮男装和反串老旦的情节，后录制成戏曲电视剧搬上荧屏。

1982年，赴上海治病期间，在王家熙帮助下学习整理荀慧生先生的老唱片。先后恢复了《晴雯》《霍小玉》《勘玉钏》《还珠吟》《美人一丈青》《十三妹》《贩马记》和《埋香幻》等，并由孙重新灌制成唱片。12月率团赴山东各地演出。

1983年，参加北京中青年演员调演获特别荣誉奖。同年与侯宝林、夏淳等发起成立"戏曲艺术语言研究会",并组织学术讨论。所在北京京剧院开始执行主演承包制。

1984年,新排剧目《三姑闹婚》和《痴梦》首演。筹划排演新戏《柳如是》未果。6月6日至9日应上海人民广播电台、上海电视台、中国唱片社上海分社的邀请参加"全国著名中青年京剧演员交流汇演",与上海昆剧演员刘异龙合演《荀灌娘·兄妹习箭》,并在《龙凤呈祥》中与刘长瑜、李维康三演孙尚香,反响强烈。8月,录制盒式带两盘:一为《玉堂春》,一为《痴梦》。

1985年初,率八人小组到武汉与王婉华合作演出《鸳鸯剑》《断桥》等,每场演出谢幕五次。4月当选中国剧协第四届理事会理事。是年秋,荣获中国戏剧第二届"梅花奖"。同年率北京京剧院三团赴上海、泰兴、嘶马、南京等地巡回演出。每场演出后谢幕七八次,观众称赞她是"拔萃荀门,誉满江南"。演出期间先后收徒渤海京剧团张兰芳和江苏京剧院龚苏萍,并为她们分别传授了《勘玉钏》《红楼二尤》。同年所撰《我的苦和乐》在《人物》杂志发表。夏季,北京出版社负责人王纪刚主持为其制作第一部唱腔专辑,包括全部《玉堂春》《红娘》。同年被聘为河北大学客座美学教授。9月,为庆祝新疆维吾尔自治区成立三十周年,应邀率七人小组前往演出十八场,场场爆满。演出期间与分别近三十年的大妹重逢。姐妹相互拥抱许久,泪流不止。年底演出新改编传统戏《翠屏山》。

1986年6月,在北京吉祥戏院举办"梅花奖获得者孙毓敏演出专场",共两场七折戏:张派《望江亭》,赵派《白蛇传·合钵》,荀派《荀灌娘》《棒打无情郎》和自创剧目《痴梦》《双玉缘》。欧阳中石为之题词:"毓秀钟灵今无二,敏而好学第一人"。同年6月加入农工民主党,后任农工民主党中央委员、妇女工作部副主任。

1987年2月,赴天津第一文化宫演出《霍小玉》《红楼二尤》《棒打薄情郎》,盛况空前。12月自传体《含泪的笑》一书出版。同年加入北京市作家协会。

1988年,选为北京市政协委员,同年担任山东大学客座教授。12月在上海参加"张君秋收徒仪式"并发表讲话。对张派艺术进行学术总结。

1989年7月1日,加入中国共产党。选举为国际东方文化学会理事兼学术委员。同年根据上级要求与张学津合组剧团。

1990年7月30日，在北京京剧院四团首演新排古装剧目《一代贤后》。赴河北省演出二十三场。赴鞍钢演出一个月。9月与裴艳玲、朱文相赴湖南长沙讲学。是年乔迁新居。10月为纪念徽班进京二百周年与中国京剧院、天津京剧团、战友京剧团和北京京剧院共一百三十人赴香港演出《红娘》《红楼二尤》《金玉奴》《霍小玉》。期间收台湾花旦李光玉为徒并传授《痴梦》一剧。同年获潍坊风筝节京剧大赛"最佳表演奖"。

1991年9月1日，被任命为北京市戏曲学校校长。同年选举为北京市人民代表大会常务委员会委员。同年演出创作剧目《一代贤后》。

1992年1月，赴杭州、上海两戏校参观。春，为郝寿臣校长铸造铜像，同时举办北京市戏曲学校建校四十周年庆祝大会，宋任穷、张百发、荣高棠等领导出席。同年赴美，在美国宾州丹吉洛音乐学院、爱丁堡大学、滑石大学等举办京剧讲座。秋，率北京戏校学生赴香港演出。冬，参加全国梅兰芳金奖大赛，荣获金奖。同年获文化部优秀专家称号。

1993年4月，应台湾剧协理事长魏海敏的邀请，与李光、李欣、李祖铭一起赴台湾十七所大学和十个文化艺术中心举办京剧示范讲座。6月8日北京戏校为张善麟老师和他的学生费洋等举办"盖派演出专场"和"盖派艺术座谈会"。11月赴上海参加东方电视台主办的南北京剧名家荟萃的"东方雅韵"演出活动，主演《金玉奴》反响热烈。同年获全国文化系统先进个人、北京市"三八"红旗手。

1994年8月下旬和9月中旬，率龚苏萍、常秋月、张兰芳等八名弟子分别在天津中国大戏院和北京工人俱乐部举办"孙毓敏率徒演出专场"，厉慧良先生给予大力支持。同时在天津国民大饭店举办"孙毓敏艺术研讨会"上，来自北京、上海、天津、武汉等众多京剧前辈和戏曲理论家厉慧良、王家熙、徐城北、魏子晨、翁思再、吴大棠、和宝堂等参加了研讨会。9月，与台北复兴戏校校长陈守让签订两岸京剧教学交流协定并派出了第一批五名教师赴台北教学，前后四年共派出一百零八位教师赴台教学，教学成果获奖，深得好评。12月率演出小组赴台北演出《红娘》《金玉奴》《红楼二尤》《痴梦》《霍小玉》等荀派名剧。

1994年2月11日，中共中央政治局委员、中共中央书记处书记、中宣部部长丁关根同志到北京戏校视察，与其商讨"双休日少儿京剧百场演出"的剧场、场租、广告宣传等问题。北京市常务副市长张百发、市委宣传部长强卫和文化部的有关同志一同参加现场办公。3月15日，与中戏附中联合举办的"双休日少儿京剧百场演出"在北京市工人俱乐部举行开幕式，中宣部部长丁关根同志出席了开幕式。

　　1995年，经有关部门的严格审核，北京市戏曲学校被评为全国重点中等专业学校、省部级重点学校和北京市重点学校。同年2月率北京戏校学生赴香港演出五场。同年被任命为中国京剧艺术基金会理事。5月赴台北复兴艺校视察并教学一个月。同年评选为全国劳动模范、北京市先进生产者。7月，华文出版社出版《孙毓敏谈艺录》。12月与蓝岛大厦总经理李贵保共同发起举办由五戏校参加的"海峡两岸五戏校蓝岛杯京剧大赛"。中共中央政治局常委李瑞环同志、中宣部部长丁关根同志出席了大赛的开幕式和闭幕式。

　　1996年12月20日，应佛罗里达州华商总会邀请赴美讲学，并接受"亚洲杰出艺人终身成就奖"。

　　1997年7月、8月，率"四小须生"下江南，在武汉和上海引起轰动。是年10月率北京戏校少年京剧团赴德国演出成功受到市政府嘉奖。返京后又赴香港演出七场。

　　1998年夏，率"四小须生"赴京津沪汉演出现代戏《智取威虎山》等。

　　1999年12月，中国戏剧出版社出版《孙毓敏唱腔伴奏曲谱集》。当年被选为全国政协委员。

　　2000年1月4日，发起并举办了以中央文化部、全国文联、市政府名义主办的"纪念荀慧生尚小云诞辰一百周年"的活动，二十三个省市的荀派和尚派弟子和再传弟子六十多人以及各地的戏曲理论家参加了演出和学术研讨活动。同时为两位大师铸铜像，召开纪念大会，发行《荀慧生自传》和《荀慧生影记》。宣告分别组织成立荀慧生与尚小云艺术研究小组。1月5日，在学术研讨会上发表论文《我们为什么要纪念荀慧生大师百年诞辰?》和《荀慧生大师的三化三感》。1月7日，在长安戏院的最后一场纪念演出，朱镕基总理和丁关根部长出席，演出后，朱总理和丁部长到后台接见并发表重要讲话，对这一纪念活动给予高度评价。1月8日，来自全国各地的同行与学生三十余人自发在北京全聚德为其庆祝六十岁寿辰。9月18日北京师范大学表演艺术学院正式开学，任该学院院长。12月参加由张君秋艺术基金会为纪念张君秋诞辰八十周年举办的艺术研讨会，发表论文《浅谈张君秋唱腔的变革与发展》。

2001年1月16日至31日，率北京戏校少年京剧团赴日本横滨21世纪座演出十四场。

2002年3月，当选为第十届全国政协委员。4月20日出席由李瑞环主席主持的中国京剧音配像工作总结座谈会。5月9日上午，北京戏校建校五十周年庆祝和演出、理论研究大会在其主持下隆重举行。朱镕基、李瑞环、贾庆林、丁关根以及张百发等出席或题词志贺。同年12月任北京戏曲艺术职业学院院长。

2003年10月11日，"孙毓敏舞台生活五十年展示演出和学术研讨活动"在北京、上海、天津和武汉分别举行，李瑞环同志题词，王选、万国权等出席。11月11日，荣获第四届中国金唱片奖。同年出版作品有：《孙毓敏演出剧目集成》（上、下）、《我这两辈子》、《孙毓敏艺术研究文集》。

2004年7月，任北京市京剧昆曲振兴协会会长，转任北京戏曲艺术职业学院名誉院长。12月22日，自编自导自演的《狮吼记》《陈三两》获第十五届上海白玉兰戏剧表演艺术奖。是年京剧二胡艺术家张似云在美国纽约逝世，孙毓敏发起举办追思会。谭元寿、梅葆玖、杨春霞、林鑫涛、燕守平、吴吟秋、曹宝荣、和宝堂以及家属张延培出席了追思会。

2005年3月，当选为第十届全国政协委员。1月至6月，率北京戏曲艺术职业学院师生分两次赴法国巴黎、里昂、西班牙的巴塞罗那，按"法国模式"演出获得成功。上海王家熙等人出版发行了《荀慧生老唱片全集》，北京并以此全集的首发推介式发起主办纪念荀慧生先生诞辰一百零五周年。5月27日，孙毓敏收王淑云为徒。6月10日，收刘荣为徒。8月，收汉剧主演彭玲为徒。8月13日，收尹彰芬为徒。11月6日，出席谭鑫培陵墓修复工程揭幕和祭扫仪式。12月，举办深见杯（八省市）戏曲艺术校际联赛。此次大赛从戏曲艺术教育的软肋入手，针对京剧人才的"弱势行当"促进京剧人才的均衡培养，（做工老生、花旦、架子花脸、武花脸、文丑）教学成果大赛，收到了良好效果。在北京、天津、山东、武汉、吉林、辽宁、黑龙江比赛区共评出一等奖24名，二等奖20名，三等奖19名，十所学校获优秀组织奖。

2006年3月1日，出席全国政协原副主席王选追思会。收李素萍为徒。5月8日至6月12日，分两次赴巴黎、米兰、马赛、雅典等三国四市演出，再次获得轰动效应。中国驻法国大使给北京市委书记刘淇发来电报，要求国内重视自己的民族艺术。遂引发了每年"民族艺术进校园"一千场演出的工程。8月，在京津沪汉举办"乾旦坤生巡回演出"。9月20日，出席天津中国大戏院开业七十周年庆典演出。11月4日，出席"纪念李少春先生诞辰八十七周年戏曲名家名段演唱会"。11月7日主持了牟元迪拜孙明珠为师仪式。17日，参加"百花芬芳——京剧名家演唱周"。27日，赴河北省东光县参加荀慧生纪念馆奠基仪式。

2007年1月9日，率北京戏曲艺术职业学院艺术团赴比利时演出；2月14日举行何凤仪先生追思会。4月5日、6日，在长安大戏院举行荀派艺术专场演出；4月20日，出席上海高一鸣作品演唱会；7月，为庆祝北京戏曲艺术职业学院建校五十五周年亲自率队以"法国模式"在北京、天津、上海、武汉、哈尔滨、大连巡回演出，历时一个月，影响广泛。8月24日，主编并参与《戏曲家丛书》为张学津、李玉芙、燕守平、李文敏、李元春、李韵秋兄妹、刘秀荣夫妇、谷文月、刘玉玲、陈国卿等出版个人传记共十种首发式。11月27日，收徒陈静的仪式在北京举行；担任阜城县荀慧生故乡戏迷联社名誉社长。12月，联合中央电视台十一频道"梨园擂台"栏目，举办第二届深见杯"天下武戏大赛"。

2008年1月12日，孙毓敏收张虹为徒。19日，策划并举办"荀派艺术培训班"，对河南、天津、山东、河北、安徽、贵州、江西、湖南、吉林、甘肃的荀派爱好者进行培训。27日、28日，在中央电视台"过把瘾"栏目播放了他们的汇报演出。2月12日，参加梅兰芳大剧院赈灾义演。3月15日，在国家大剧院举办"经典京剧艺术系列讲座"。4月，率领京昆协会代表团访问澳大利亚，参加了当地戏迷举办的各种联谊活动，受到中国驻当地大使馆、领事馆的欢迎，同时在墨尔本举行了收徒周桂兰、陈敏、宋晶拜师会。为汶川地震，以协会、基金会、品牌团队名义捐款两万元、以两个协会的名义捐助八万元。个人捐款两万元。这些年，孙会长三次组织为救治患病儿童的义演和捐助：2005年为患白血病的陆地园，2006年为患癌症的郭伟，2007年为患白血病的李尚同学义演和组织捐款，共筹集了资金数二十八万元给患病学生治病。11月17日，举办第四届终身艺术成就奖颁奖仪式为白元鸣、李金鸿、李甫春、徐鸣远、李金声、钱荣顺、张庆良、高长青、赵德勋九位老教师颁发"终身成就奖"大奖。12月4日，以北京振兴京昆协会名义主办了北京市首届京昆票社艺术节。

2009年3月当选为第十一届全国政协委员。4月6日，在天津中华剧院参加张君秋纪念演出，演出了张派的《西厢记》中一折。7月5日，参加纪念马连良从艺百年演出。8月12日，在武汉收方开柳为徒拜师仪式及专场演出，至此，收徒弟七十六人，加上未拜师的学荀派戏者共一百一十二人。8月22日，参加"国粹生香——2009北京京剧票友段位评授季"启动仪式。10月26日，参加"霜叶红于二月花——2009重阳节京剧老艺术家演唱会"。在西城区民族艺术进校园启动仪式做示范讲座演出。策划、扶持北京大兴一小成立戏曲文化普及基地。

2010年元旦开始至10日，分别在北京、天津、上海举办"纪念荀慧生诞辰一百一十周年演出和理论研讨会"，发行了荀派弟子和研究者撰写的关于"荀学"建构的研究文集，抢救挖掘了六出濒临失传的荀派剧目《绣襦记》《香罗带》《鱼藻宫》《棋盘山》《晴雯》《卓文君》演出录像制成视频光盘为日后留下宝贵资料。6月1日，出席了河北东光县荀慧生纪念馆落成典礼和演出活动，为缅怀恩师教诲，率弟子演出了荀派剧目片段。随后，参加自2005年开展的"老艺术家谈艺录"录制工作。为熊明霞、常秋月、唐禾香等弟子分别教授指导排演《杜十娘》《玉堂春》《霍小玉》《红楼二尤》《荀灌娘》和《勘玉钏》等荀派剧目。6月，与北京民间组织国际交流协会联合主办"首届海内外京剧艺术理论研讨会"在北京欧美同学会隆重举行。

2011年10月，组织"第二届海内外票社艺术节"历时六天，二十个国家的海外票社、国内一百余个票社四百多名代表参加，组织演出十二场，近二百个剧目参与评比并获奖。举办两场研讨会，有三十人做了重点发言，组委会印刷艺术简报十二期，闭幕式邀请中央电视台"过把瘾"栏目进行了录播。

2011年12月25日，"孙毓敏舞台生活六十年移植改编剧目展示演出和学术研讨活动"孙毓敏在继承荀慧生大师的荀派艺术特点基础上借鉴地方剧种编制新腔，多以折子戏形式出现，是对荀派艺术的传承和发展新的尝试。她率徒常秋月、唐禾香、熊明霞、许翠、张悦、方开柳在北京、上海、天津和武汉分别演出，剧目有：根据河北梆子改编的《陈三两》，根据越剧改编的《一代贤后》，根据昆曲改编的《痴梦》，根据昆剧《跪池》移植改编剧目《狮吼记》，根据荀派《金玉奴》"洞房"一折改编的《棒打》，根据吉剧《桃李梅》改编的《双玉缘》，根据河北梆子改编的《翠屏山》，根据吕剧移植改编的《姐妹易嫁》，根据评剧《哑女告状》改编的《掌上珠》等剧目。演出反响非常好。

2011年1月和2012年1月，在孙毓敏的积极举荐下举办第五届、第六届"京剧表演艺术家终身艺术成就奖"颁奖仪式。获奖者赵燕侠、吴素秋、杜近芳、王金璐、李慧芳、王则昭、谭元寿、张春华、梅葆玖、李世济、李金泉、赵慧秋、李元春、李韵秋、李荣威、江新蓉、迟金声、马崇仁、王玉田、于玉蘅、小王玉蓉、小麟童、马长礼、方瑞山、王雁、王君青、王洪宝、王紫苓、王鹤文、任钧、任德川、刘吉典、刘雪涛、刘曾复、孙元喜、吴吟秋、吴炳璋、宋士芳、张正芳、张宝德、张春秋、张荣培、李刚、李兰荪、李幼斌、李毓芳、李麟童、汪荣汉、周仲博、孟宪瑢、尚明珠、姜凤山、茹绍荃、赵鸣华、赵炳啸、殷宝忠、钳韵宏、黄天麟、黄少华、景荣庆、景惠生、小王桂卿、王家熙、艾世菊、孙正阳、朱云鹏、毕谷云、宋长荣、宋保罗、张信忠、张南云、张善麟、李妙春、沈祖安、杨荣环、汪正华、沈小梅、周云亮、赵麟童、高一鸣、童祥苓、薛正康、沈福存、班世超八十四位同志几十年来对京剧事业所做出的卓越贡献和在京剧艺术方面的杰出成绩，特此给予表彰。

2012年9月，在北京为常年在幕后为京昆事业常年做出贡献的理论研究者、京昆剧作者、曲作者：张永和、吴江、朱绍玉、续正泰、刘连群、翁思再、安志强、陆翱、刘纪宏、崔伟、许锦文、刘嵩昆、和宝堂、靳飞、田有亮、欧阳启名；电视广播媒体工作者：阎德威、卢子明、胡芝风、陈牧、赓续华、薛若琳、王瑞年、刘连伦、封杰、吴大棠、史艳芳、孙觉非、莫暄；戏曲教育工作者：张晓晨、赵景勃、张关正、王如昆、张毓文、黄鸣、李德山三十六位同志颁发了"弘扬京昆艺术特殊贡献奖"。

2013年4月，组织召开"京剧武生行当教学研讨会"，经基金会和北京戏曲艺术职业学院商定后，决定于4月29日至30两天在北京举行教学研讨会，来自全国各主要戏曲院校和戏曲表演团体的武生专家以及著名武生大师的亲传弟子四十余人到会。支持荀派京胡演奏家周志强成功举办《荀派失传剧目唱腔伴奏曲谱集与伴奏光盘》的首发式新闻发布会。部分著名京剧表演艺术家、京剧伴奏名家、新闻媒体、戏曲评论家一百二十多人参加了发布会。支持北京戏校青年鼓师胡小培拜师王玉海，并出版《表演命脉操之司鼓王玉海从艺五十周年经验谈》一书。支持北京京剧院青年老旦演员侯宇举办"李脉相承　宇中不同"——侯宇拜师五周年汇报演出。

附录二　孙毓敏源流谱系

截至2013年11月总数是一百一十七人，八十四人拜师，余未拜师。

专业演员：五十七人

唐禾香：国家京剧院	陈　静：国家京剧院
黄宜薇：北京京剧院	常秋月：北京京剧院
刘亚杰：北京京剧院	王岳凌：北京京剧院
熊明霞：上海京剧院	许　翠：北京戏曲艺术职业学院
赵月霞：天津京剧院	方开柳：北京戏曲艺术职业学院
陈　嫒：天津京剧院	张　悦：天津市青年京剧团
刘红雁：天津河北梆子剧院	董亚楠：河南省京剧院
马元素：河北省电视台（导演）	张　虹：湖北省楚剧院
陆艺君：湖北省京剧院	袁　婷：湖北省京剧院
武建荣：石家庄市京剧团	龚苏萍：江苏省演艺集团京剧院
王晓琳：云南省京剧院	李　静：云南省京剧院
孙小莉：江苏省戏剧学校	李素萍：陕西省京剧院
李光玉：台湾国光京剧团	马文侯：台湾五代艺术团
姚惠萍：黑龙江省京剧院	王虹娟：黑龙江省艺术职业学院
王桂荣：锦州市京剧团	王　萍：吉林省京剧院
张　虹：甘肃省京剧院	李敏惠：武汉市楚剧团
任丽红：鸡西市戏曲学校	刘艳华：伊春市京剧团

李阿涛：黑河市京剧团　　　　　刘淑芬：齐齐哈尔市评剧团
王　巾：原黄石市京剧团　　　　李　倩：温州市瓯剧团
梁　曼：原黄石市京剧团　　　　刘亚丹：原黄石市京剧团
李艺莉：原黄石市京剧团　　　　王彩虹：临清市京剧团
张兰芳：济南市京剧团　　　　　李海宁：福建省京剧院
王淑云：聊城市京剧团　　　　　张春红：保定地区老调剧团
彭　玲：常德市汉剧院　　　　　张晓燕：烟台市戏曲学校
杨艺萍：烟台市京剧团　　　　　张燕鹏：襄樊市京剧团
何青贤：原湖北省荆沙市京剧团　佟红梅：甘肃省兰州市陇剧团
宋　蕊：陕西省京剧院　　　　　毕艺琳：重庆京剧院
邵晓白：重庆京剧院　　　　　　张　灿：重庆京剧院
张　蓓：西安秦腔剧院

业余爱好者：二十七人

谭有缘：福建省福州市　　　　　王丽君：陕西省西安市
雷　红：湖南省长沙市　　　　　胡道菁：湖南省长沙市
刘　荣：湖南省衡阳市　　　　　郑月娟：湖北省武汉市
万腊梅：河南省洛阳市　　　　　阴天霞：河南省濮阳市
赵玉英：河北省沧州市　　　　　叶宇倩：上海市
倪云英：天津市　　　　　　　　金　英：天津市
宣葆华：安徽省合肥市　　　　　周　玲：河南省洛阳市
宫　丽：山东省泰安市　　　　　贾书茗：山东省菏泽市
赵玉芬：山东省淄博市　　　　　刘丽君：山东省淄博市
马艳芬：内蒙古包头市　　　　　贾春梅：大连市戏迷协会弘粹京剧团
刘玉兰：安徽省淮安市　　　　　程荣段：山西省大同市
尹彰芬：宁夏回族自治区银川市　张德平：浙江省杭州市
周桂兰：澳大利亚悉尼　　　　　宋　晶：澳大利亚墨尔本
陈　敏：澳大利亚墨尔本

未拜师的专业人员：二十四人

王　晶：北京京剧院　　　　王梦婷：北京京剧院
李艳艳：中国戏曲学院　　　葛锦娇：中国戏曲学院
吴戎秀：中国戏曲学院研究生　马　岚：北京戏曲艺术职业学院
李玉花：原北京军区战友京剧团　王　欣：中央电视台戏曲部
刘淑云：天津市青年京剧团　李　凤：天津京剧院
陈开群：重庆市京剧团　　　朱琦婉：武汉京剧院
刘子薇：武汉京剧院　　　　邱　悦：影视演员
刘晓燕：平顶山豫剧团　　　焦青华：江西省京剧院
李　伟：潍坊市京剧团　　　李　燕：河北艺术职业学院
王玉萍：青岛市京剧院　　　徐米弟：湖南省京剧保护传承中心
潘　灯：贵州京剧院　　　　卢碧霞：贵州京剧院
金　萍：河南省京剧院　　　刘湘乾：贵州省铜仁地区京剧团

未拜师的业余爱好者：九人

赵丽娟：北京市　　　　　　王玉梅：北京市
董晶晶：北京军区　　　　　李　琼：北京市
杨利红：河北省保定市　　　金树新：广东省广州市
何卫琳：贵州省贵阳市　　　何　恕：美国洛杉矶
刘倩怡：美国旧金山

代　跋

孙毓敏

　　李成伟先生是谢柏梁教授麾下的研究生，凡听"研究生"三字，我必另眼相看。因为这样的学生已经有了独立思维的能力，已经有了进行研究的智力和基础。初次接触之后，我给了他一些我过去出版的书籍，他对我进行了采访。不到几十天，他就送来厚厚一叠书稿，名字就叫《毓秀钟灵　荀韵新声——孙毓敏评传》，动作好快，我大概读来，觉得这位研究生真是善于研究啊。他将我的资料以时间排列，比我自己都明白自己的成长过程，太聪明了，也太会研究了。我后来了解到，这位研究生十分博学多才，会写剧本，又会写评论，又会搞科研，又会写评传。我的传记竟被他梳理得头头是道，夹叙夹议，娓娓道来，使人不得不觉得这是一个不可多得的文学天才。正如他的名字一样，将来必能成为一位剧界伟人。

　　我今已七十七岁，早成古稀之人，而我们的荀派艺术虽倡立了"荀学研究会"，但离成为一门"学问"，还有很长的路要走，我多么希望有一位年轻的学者能加入我们的队伍，成为这门艺术的分析家、理论家和知音，舞台上的从艺者拥有文化学者的合作和理解才能提升我们的学术价值啊。

　　一般演员均为舞台表演者，他们均为"茶壶里煮饺子"——肚里有货倒不出来，甚至有些所谓的表演艺术家，采访他时，连一句整话都说不全，只会"嗯""啊""要不然我给您来一个"，他站起来就比画上了，但却说不出所以然来，多么可怜。这就是我们所谓的"演艺界"的惨状和现状。而所谓研究所的那些研究家们，都是空对空的研究，对当代还活跃在舞台上或像我等这些已经离开舞台的艺术家们，是没人研究的。但我却历史地占据了一席"荀派艺术传承人"的头衔，有非常重要的历史见证作用，为何传承？为何留世？我们已被边缘化了。虽然眼前我们早已成立"荀派艺术研究会"，实际上是无人研究的，也无能力研究的。此时，我立即找到了李成伟，我如果把他引进到我们的"荀派艺术研究会"里来，不是又多了一名理论家和研究家吗？激动之下，我为他准备了十四出戏的光盘，一本前几年出版的《荀学理论文集》和八出整戏的剧本，作为研究资料赠送给他，以弥补我现已七十七岁高龄无法上台展现舞台形象的遗憾，让他根据我在台湾演出的实况录像有一个具象的感受，进而对荀派的特点及表演方法进行进一步的了解和解析。研究我就是开始研究荀派了，更何况我还有84个入室弟子，他们一直活跃在舞台上，这不是最好的活材料吗？

我为自己的聪慧感到欣慰，因为我视才如命，发现一个天才绝不放过。李成伟非常高兴地拿走了那些材料，相信他会产生兴趣，也会认真地去研究。

今年的11月份，将会召开"荀慧生大师诞辰115周年"的理论研讨会，仅论文一书，我已写成了12篇文章放入其中，可以送给参会者进行讨论和研究。我希望李成伟在参加这次研讨会时，能有一篇具有一定深度和高度的研究文章在会上朗读。若干年之后，更希望他能成为一个真正意义上的"荀派艺术研究家"，这是我的期盼，但愿我心想事成。

再一次感谢谢柏梁教授培养了这么好的一个研究人才，更感谢李佩伦教授为我写了文采飞扬的序和李成伟为我辛苦撰写的《毓秀钟灵　荀韵新声——孙毓敏评传》全书。

2015年3月15日

"中国京昆艺术家传记丛书"出版情况

2010年

	书　名	作　者	出书时间
1	曲学大成　后世师表——吴梅评传	王卫民	2010年7月
2	清风雅韵播千秋——俞振飞评传	唐葆祥	2010年6月
3	幽兰雅韵赖传承——昆剧传字辈评传	桑毓喜	2010年8月

2011年

	书　名	作　者	出书时间
4	仙乐缥缈——李淑君评传	陈　均	2011年4月
5	春风秋雨马蹄疾——马连良传	张永和	2011年5月
6	寂寞言不尽——言菊朋评传	张伟品	2011年7月
7	余叔岩传（修订本）	翁思再	2011年8月
8	夜奔向黎明——柯军评传	顾聆森	2011年9月
9	昆坛瓯韵——永嘉昆剧人物评传	沈不沉	2011年11月
10	傲然秋菊御风霜——程砚秋评传	陈培仲 胡世均	2011年11月
11	梅兰惊艳　国色吐芬芳——梅兰芳评传	李伶伶	2011年12月
12	义兼崇雅　终朝采兰——丛兆桓评传	陈　均	2011年12月

2012年

	书 名	作 者	出书时间
13	烟花三月——扬州昆曲人物评传	林 鑫	2012年1月
14	燕南真好汉 江南活武松——盖叫天评传	龚义江	2012年3月
15	雅部正音 官生魁首——蔡正仁传	谢柏梁 钮君怡	2012年5月
16	剧坛大将——吴石坚传	顾聆森	2012年6月
17	艺融南北第一家——李万春评传	周 桓	2012年6月
18	清风吹歌 曲绕行云飞——尚小云评传	李伶伶	2012年10月
19	舞古今长袖 演中外剧诗——欧阳予倩评传	陈 珂	2012年11月
20	铁板铜琶大江东——侯少奎传	胡明明	2012年11月

2013年

	书 名	作 者	出书时间
21	桃李不言 一代宗师——王瑶卿评传	孙红侠	2013年6月
22	响当当一粒铜豌豆——田汉传	田本相	2013年7月
23	月下花神极言丽——蔡瑶铣传	胡明明	2013年5月
24	四海一人 伶界大王——谭鑫培评传	周传家	2013年8月
25	天海逍遥游——厉慧良传	魏子晨	2013年9月

2014年

	书　名	作　者	出书时间
26	菊坛大道——李少春评传	魏子晨	2014年1月
27	画梁软语　梅谷清音——梁谷音评传	王悦阳	2014年4月
28	银汉三星鼎立唐——唐韵笙评传	宁殿弼	2014年5月
29	夫子继圣　春泥护花——程长庚评传	王灵均	2014年6月
30	皮黄初兴菊芳谱——同光十三绝合传	张永和	2014年8月
31	清代伶官传	王芷章	2014年8月